孔子学院汉语教育与海外语言教育研究书系

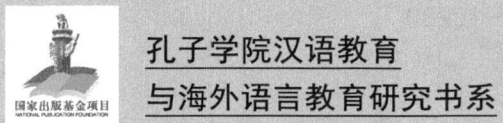

孔子学院汉语教育
与海外语言教育研究书系

法语国家与地区汉语教育研究

FAYU GUOJIA YU DIQU HANYU JIAOYU YANJIU

（第一辑）

(DI-YI JI)

杨志棠　　［法］安其然 (Arnaud Arslangul)　主编

北京语言大学出版社
BEIJING LANGUAGE AND CULTURE
UNIVERSITY PRESS

© 2020 北京语言大学出版社，社图号 18280

图书在版编目（CIP）数据

法语国家与地区汉语教育研究．第一辑 ／ 杨志棠，
（法）安其然（Arnaud Arslangul）主编．－－ 北京 ：北
京语言大学出版社，2020.4
（孔子学院汉语教育与海外语言教育研究书系）
ISBN 978-7-5619-5423-2

Ⅰ．①法… Ⅱ．①杨… ②安… Ⅲ．①汉语－对外汉
语教学－教学研究－法国 Ⅳ．①H195.3

中国版本图书馆 CIP 数据核字 (2018) 第 289727 号

法语国家与地区汉语教育研究（第一辑）
FAYU GUOJIA YU DIQU HANYU JIAOYU YANJIU (DI-YI JI)

排版制作：北京创艺涵文化发展有限公司
责任印制：周　燚

出版发行：北京语言大学出版社
社　　址：北京市海淀区学院路 15 号，100083
网　　址：www.blcup.com
电子信箱：service@blcup.com
电　　话：编 辑 部　8610-82303647/3592/3395
　　　　　国内发行　8610-82303650/3591/3648
　　　　　海外发行　8610-82303365/3080/3668
　　　　　北语书店　8610-82303653
　　　　　网购咨询　8610-82303908
印　　刷：北京中科印刷有限公司

版　次：2020 年 4 月第 1 版　　印　次：2020 年 4 月第 1 次印刷
开　本：710 毫米 × 1000 毫米　1/16　　印　张：16.75
字　数：322 千字
定　价：89.00 元

PRINTED IN CHINA

序 / 柯理思

本论文集是北京语言大学和巴黎东方语言文化学院（Institut National des Langues et Civilisations Orientales，INALCO）于 2012 年和 2014 年联合主办的两次汉语国际教学学术研讨会的部分成果。北京语言大学是汉语国际教育领域的精英院校，自 1962 年建校以来为国内外培养了大批优秀汉学家和留学生，在汉语国际教育的教学理论和教学实践方面积累了丰富的经验，成绩斐然。进入 21 世纪后，北京语言大学更逐渐成为汉语国际教育及其相关领域的科学研究核心基地。法国是欧洲国家中最早实施汉语教学的国家之一，19 世纪初叶就开始举办汉语讲座。巴黎东方语言文化学院的汉学讲座创立于 1843 年，其中文系设置汉语言文学，中国历史、地理、社会、宗教，人类学等一系列科目，其教学和研究规模在欧洲堪称首位。因此，北京语言大学和巴黎东方语言文化学院两所高校的合作应该最能体现"对外汉语教学"和"在外汉语教学"这两个领域之间的交流。

法国巴黎举办的两届研讨会以"促进教学与科研之间的紧密合作、增强教学领域的学术气氛"为宗旨，分别于 2012 年 6 月 1 日至 2 日和 2014 年 6 月 6 日至 7 日在巴黎东方语言文化学院的新校区召开。大会围绕对法语母语者的汉语教学展开，涉及语法与词汇教学、口语交际能力的培养和训练、网络教育与远程教育、多媒体在教学中的运用等多个主题。大会除了研讨法国的汉语教学外，对加拿大、瑞士、比利时等国家的汉语教学研究也予以高度重视，并邀请了这些国家的多位专家学者分享其教学经验和研究成果。

本论文集收录了这两届研讨会的 19 篇优秀论文，这些论文以高等院校背景下的汉语教学研究成果为主体，同时也囊括了多篇法国中学汉语教学方面的研究成果。

在拟议、筹办和组织这两届研讨会的过程中，法方的杨志棠教授和中方的陈丽霞教授做了大量的工作。同时，这两届研讨会得到了孔子学院总部/中国国家汉办和中国驻法大使馆的大力资助。时任北京语言大学校务委员会主任的李宇明教授、时任北京语言大学副校长的曹志耘教授、时任北京语言大学校长助理的张旺熹教授、巴黎东方语言文化学院的两任校长、中国驻法大使馆教育处朱小玉公参和马燕生公参等著名人士也参加了开幕式。

两届大会的学术报告发言兼有汉语和法语，本论文集收录的论文也用这两种语言撰写。

作为两届研讨会学术成果的一部分，本论文集的出版显示出了汉语语言学研究和对外汉语教学研究在世界范围内的长足发展。我们相信，中法双方在此领域的学术互动和交流会更加密切并且会取得更大成就。

Christine Lamarre（柯理思）

2018 年 9 月

目　录

汉语教学方法研究

法语地区汉语学习者词汇偏误分析与教学对策 / 2

谈任务教学法在对外汉语口语课程中的应用
——以巴黎东方语言文化学院二年级口语课为例 / 33

跨文化视角下的对法汉语教学策略 / 43

面向欧洲学员的初级汉语教学策略 / 53

汉语教材及工具书研究

法国汉语学习者对汉法词典的需求及使用调查分析 / 64

法国中高级中文写作教材的本土化 / 76

从法国中学数学教材的特点谈中文数学课的教学方法 / 93

汉语教学理论研究

Quelle terminologie employer pour une grammaire pédagogique?
– À propos de la dénomination des liàngcí / 106

对外汉语教学中的听觉强化正音法 / 124

La prise en compte de la dichotomie oral- écrit dans l'élaboration en
cours d'un cadre européen de référence pour le chinois / 134

法国高等教育机构里的汉语听力、口语课程特点分析 / 144

针对法国学生的汉语影视作品教学探索 / 153

法国巴黎中文国际班汉语教学研究 / 161

汉语教学语法研究

Faut-il introduire les classes de verbes dès le niveau débutant?
– Le cas du suffixe -zhe / 172

Les contraintes syntaxiques régissant le groupe verbal en chinois : l'importance de l'opposition traditionnelle zhuàngyǔ vs. bīnyǔ et bǔyǔ / 188

Ambiguïté des syntagmes interrogatifs en chinois mandarin / 202

La grammaire de l'espace : composés verbaux directionnels et intégration au contexte / 218

计算机辅助汉语教学研究

谈谈计算机辅助听力教学建设中的几个问题
——以法国司汤达大学汉语混合课程为例 / 234

La conscience interculturelle dans l'apprentissage du chinois langue étrangère à travers un projet de webcollaboration / 247

汉语教学方法研究

法语地区汉语学习者词汇偏误分析与教学对策

谢红华

[瑞士] 日内瓦大学

摘　要　词汇是语言的三大要素之一，其重要性不言而喻，可是不管从教学指导性文件、工具书、语法著作，还是从课程设置、教材等方面来看，词汇教学一直是汉语教学的一个薄弱环节。本文通过对笔者在法语地区的多年教学实践中遇到的跟词汇有关的常见偏误现象进行梳理、分析，研究法语地区汉语学习者在词汇上遇到的难点、重点，考察目前对法汉语词汇教学中存在的种种问题，最后对词汇教学对策提出一些想法与建议。

关键词　法语地区汉语学习者　词汇教学　偏误分析　教学对策

作为语言三要素之一的词汇，其重要性不言而喻。"词汇是语言的建筑材料"，没有材料，自然谈不上建筑。没有词汇，发音再好，语法再好，表达也是空谈。语音学习的阶段性十分明显，是汉语初学者学习的主要内容；语法是分层次、分水平、分易难来进行的；而词汇则贯穿学习者的整个学习过程，从第一天到最后一天，学习者一直在学习词汇。对法语地区的学习者来说，因为汉语与法语距离遥远（其他欧洲语言的情况也差不多），属于非亲属语言，法语的母语词汇无法帮助学习者学习汉语词汇，因而词汇习得的任务显得尤其繁重与重要。本文的目的主要是针对目前词汇教学中存在的问题，用笔者从教学实践中收集到的中介语材料，分析法语地区汉语学习者的主要词汇偏误现象，并分类总结其规律；由此明确指出法语地区汉语学习者词汇学习的重点与难点，希望引起广大教师与教材编写者的重视；最后，尝试对教学实践、教学对策提出一些建议。

一、目前词汇教学中存在的问题

词汇如此重要，可是在对外汉语教学的实践中，词汇教学几乎可以说是最不受重视的一个环节，词汇教学存在各种各样的问题。下面我们从几个方面来看词汇教学的现状。

1.1 词汇大纲

中国国家汉办先后研发过几个词汇大纲：《汉语水平词汇与汉字等级大纲》《高等学校外国留学生汉语教学大纲》《新汉语水平考试大纲》等。这些大纲中跟词汇有关的部分基本上都是按音序、等级排列词，给出汉字和拼音，除此之外再没有多少跟词汇教学相关的说明或解释。所以词汇给大家的印象，似乎就是一个简单的词汇表，少则只有汉字、拼音，多则加上词性、翻译。词汇教学似乎别无他法。

1.2 课程设置

统观各大学和各种语言教学机构的课程设置，我们可以看出词汇教学一直处于从属的地位。我们很容易找到语音课、听力课、口语课、汉字课、语法课（实际上，绝大部分是句法课）、阅读课、翻译课、写作课或者综合课，可很少听说什么地方设置了词汇课或词法课。词汇可以放到任何课堂上来讲，因为大部分的教学都离不开词汇的教学；但也可以不讲，只列出一张词汇表，简单地用翻译法注解。因为对词汇教学没有系统、细致、深入的研究，大部分教材基本不介绍构词法知识，专门的词汇教材也不多见，词汇基本上靠教师个人处理，效果自然就会参差不齐。词汇教学的现状总体上给人的印象就是词汇教学可有可无，可长可短。对于某些照本宣科的老师来说，词汇教学实际上只是空洞的概念。

1.3 教材

随便一本初级对外汉语综合教材，一般开始都有详细介绍语音的部分，课文里也都有详细介绍语法的部分，现在很多教材还增加了汉字知识部分，可是很少有教材把词汇知识作为一个独立分支来介绍的。跟词汇有关的就是课文后的词汇表，这个词汇表可以说是千篇一律，由生词、拼音、词性、翻译组成，好像词汇知识的内容就是它的发音、词性和在外语中的对应语义（这个对应语义常常还有翻译不准确甚至错误的地方）。至于这个词跟它的构件是什么关系、这个词跟别的词可以有什么联系、跟它的近义词的区别是什么、用法如何、跟所给出的外语对应词是否完全相等等内容，教材一般不涉及，也没有太多详细、准确的说明。汉语词汇的义项非常丰富，可是多数教材缺乏对汉语词汇不同义项进行教学的合理安排。这一缺陷在汉语水平词汇大纲中也有所体现，一个词只出现一次，是否应该教授所有的义项？如果不是，先教哪个后教哪个？比如一个看似简单的"请"，就有请进、请问、请你、请他出去、有请等不同的用法，是出现"请"的时候都说清楚，还是分步来进行？如果分步，谁先谁后？再比如，"学习"就是 étudier 或者 apprendre，至于它是否只有一个义项，它跟两个构成语素"学""习"是什么关系，跟学生、学校、大学、教学、汉学等词有什么联系，跟学好、学医的结构形式是否一样，是不是其对译词 étudier 或 apprendre 的所有义项都可以说成"学习"，诸如此类问题，学生只好自己去琢磨了。

1.4 工具书

字典、词典等工具书的误导作用不可低估。每位教师都有这样的经历，学生来找老师争辩，不明白为什么他对某个词语的运用是错的，因为他是根据词典对这个词的翻译来造句的。一个典型的例子是"些"及由"些"组成的词语，如一些、有些、这些、那些、哪些的翻译，说"些"是 quelques 或 plusieurs 的意思，是不全面、不准确的，因为实际上"些"表达的是不定量，根据上下文它可能是几个、几百个、甚至几千个、几万个。"图书馆里有一些中文书"一句中，中文书是几十本还是几十万本，完全得看这个图书馆的规模。所以，"些"更接近法语的不定冠词 des 或英语中的 some，而不只是"几个"的意思。

造成这种情况的原因是多方面的。比如，人们一贯认为词汇学习没有什么共性，纯粹是学习者的记忆工作，每个人记忆的方法、速度、角度不同，必须自己在实践中摸索，找到适合自己的记忆方法，所以没什么可教的。另外，跟大部分的印欧语言相比，汉语没有严格的形态变化，词法不很发达，词语的构造似乎没有明显的规律，所以词汇学习主要靠死记硬背，没有规律可循。再者，对各种母语背景的汉语学习者的中介语目前还缺乏系统、深入的研究，反馈太少；对法语背景汉语学习者中介语的系统研究成果（谢红华，2018）刚刚出版，这些研究成果应用到教材编写、教学实践上可能还需要一些时间。

正因为词汇教学没有得到应有的重视，目前学生的词汇学习存在许多问题。

其中，最大的问题是汉语学习者词汇量不足，尤其是中高级阶段的汉语学习者；另外，还存在汉语学习者区别近义词的能力比较差、母语的负迁移现象到处可见等问题（张和生，2010）。

二、偏误分析与探源

中介语的收集与分析对教学起着不可忽视的作用，特别是其中对偏误部分的分析。偏误分析有很多方法：可以按词性来分析；按语言的要素来分析；按偏误的性质来分析，如遗漏、误加、误代、错位、分化、杂糅等；按语际之间的因素来分析，如母语的负迁移；按语内的因素来分析，如目的语的规则泛化等。

这里，我们从语音偏误与词形偏误、词性偏误、词义偏误、词语搭配偏误、个别词语用法偏误、语体偏误与风格偏误几个方面来列举汉语学习者跟词汇学习有关的偏误现象，对它们进行分类并力求总结其规律。

2.1 语音偏误与词形偏误

语音偏误根据偏误原因主要有两种情况：一是因为同音词而误；二是因为近音词而误。如果老师接受学生用电脑打印作业，那么要特别注意同音词问题，由于汉字多、音节少，汉语存在大量的同音词，尤其在电脑打字的情况下，很容易出现同音词的误用。

近音词偏误经常是因为两个字声、韵母相同但声调不同，如那—哪、受到—收到、眼睛—眼镜、既（然）—即（使）、买—卖、子—字、种—钟。当然，近音词偏误除了音近，还有形近或意义相关等其他原因，高频错误怎么—这么、怎么—什么即属于这一类型。

词形偏误与汉字书写相关，其原因多种多样，而词形相似是最重要的原因之一，如我—找、住—往、很—得、己—已、土—士、复—夏。

如果两个汉字既形近又音同或音近（有共同的声旁时它们不仅形近，而且可能音同或者音近），就更容易出错，如：晴—睛、记—纪、租—祖。

这一类偏误还有一种情况是双音词中两个语素的顺序颠倒。汉语中两个语素可以颠倒的双音词的数量并不多，可分成两类：一类是颠倒前后的意义完全不一样，如语法—法语、故事—事故、现实—实现，对于这一类，学生一般不会出错，因为它们的意义不同，有的词性也不同，使用的语境区别比较大；另一类是颠倒前后意思基本相同或相近，如再不—不再、合适—适合、演讲—讲演、色彩—彩色、开展—展开、为难—难为、式样—样式，此类词偏误的现象就比较常见，这实际上是近义词的区别的问题，我们将在 2.3.4 中详细分析。

最后一种现象是两个词有共同的语素，给学生造成视觉上的错觉，容易混淆。一个典型的例子是由"不"与"得"组成的多对词语，如不得了—了不得、不由得—由不得、巴不得—恨不得、不得不—不得已—不见得。这些固定词语有两个、甚至三个共同的语素，不仅形似，而且意义也密切相关，即使是高年级的学生也经常混淆。

2.2 词性偏误

过去，有人认为汉语教学中不用讲词性，因为汉语没有严格的形态变化，词性是由词在句子中的位置和功能决定的。但大多数人认为词性在汉语教学中非常重要，因为大部分的词都有单一的词性，少部分的兼类词其词性也可以标明。连 2005 年出版的供汉语母语者使用的工具书《现代汉语词典》（第 5 版）都给全部的词标上了词性。目前，绝大多数的对外汉语教科书，新、旧《汉语水平考试大纲》都给所列词语标上了词性。

标注词性有助于法语母语者的汉语学习，这是毫无疑问的。习惯于形态严格的欧洲学生本能上就需要了解词性。多数情况下，标明词性已经可以避免很多偏误，需要注意的只是个别的情况。下面我们根据偏误的原因来列举、分析教学中最常见的跟词性相关的偏误现象。

（一）汉语词的词性跟法语中对应词的词性不对等造成的偏误。既然大部分教材都用翻译法来解释词语，一般也没有别的说明，学生就自然而然地把汉语词与法语对应词完全对等起来。对学生来说，这两个词不仅意义对等，而且词性、用法也都是一样的。如果给"一会儿"只注 un moment，学生就会以为"一会儿"是时间名词，必须把它放在动词或形容词之后。

（1）*山上的天气晴一会儿，阴一会儿。——山上的天气一会儿晴，一会儿阴。

En montagne, il fait tantôt beau tantôt sombre.

实际上，学生要表达的是副词的"一会儿"，相当于法语的 tantôt…tantôt…，表示两种情况交替，此时，"一会儿"应置于动词或形容词之前。又如"有一点儿"，翻译为 un peu，于是学生就以为"有一点儿"跟"一点儿"是一回事，都是名词，但如果把"有一点儿"译成 légèrement，就既说明了它是程度副词，也说明了它跟"一点儿"存在区别。还有"一点儿"与"一下儿"，也常常都被注为 un peu，可是前者指的是数量，后者指的是时段，如果能分别注成 une petite quantité 与 un petit moment，不仅更加准确，而且能避免两者的混淆。

（二）没弄清楚词类内部的小类造成的偏误。例 2 中的"经常"可以做副词，也可以做非谓形容词，但学生常把它当作谓语形容词。目前多数教科书只注"形容词"，不注小类。我们花了很多精力让学生牢记汉语的形容词跟法语的不一样，因为前者可以直接充当谓语，但必须同时指出有一部分形容词是非谓形容词。而目前大部分教材都不把谓语形容词与非谓形容词分开。再有，动词只注"动词"不注及物、不及物小类。例 3 中的"成功"是不及物动词，可是学生不知道，以为它跟法语的对应词 réussir 一样，是及物动词。

（2）*在这个城市偷自行车很经常。——这个城市经常有人偷自行车。

Le vol de vélo est très fréquent dans cette ville.

（3）*老师让我们复习汉字后成功每个测验。——老师让我们复习汉字，并通过所有的测验。

Le professeur nous demande de réviser les caractères et de réussir tous les tests.

（三）混淆不同词性造成的偏误。

1. 把"双音节动词可以当名词用"的规律泛化，以为所有的双音节动词，包括离合词都可以当名词用。笔者认为，应该把"离合词一般不当名词用"作为一条规律来说明，不可以当名词用的双音节动词也应该特别指出。如：

（4）*今年夏天我们将一起准备好这个结婚。——今年夏天我们将一起好好儿准备这个婚礼。

Cet été nous allons bien préparer ensemble ce mariage.

2. 混淆形容词与名词造成的偏误，如意义—有意义、意思—有意思、能力—有能力，名词前加"有"后才能变成形容词性词组。

（5）*大学安排很多意义的活动。——大学安排了很多有意义的活动。

L'université organise beaucoup d'activités intéressantes.

3. 混淆指示代词与疑问代词造成的偏误。这类偏误都跟疑问代词的非疑问功能（疑问代词的活用）有关。这种疑问代词的非疑问功能的用法、句式跟法语的表达方式相差非常远，必须重点练习。在学习疑问代词活用的过程中，教师应该明确指出，这类句式中它们都是疑问代词，而不是指示代词。如：

（6）*你喜欢哪个，就拿那个。——你喜欢哪个，就拿哪个。

Tu prends ce que tu aimes bien.

4. 混淆副词与形容词近义词、动词近义词、名词近义词造成的偏误。副词与其他词类的区别也应该成为副词教学的组成部分之一，细分起来有几个方面：一是很多形容词都可以做状语，修饰动词，两者之间有时加"地"，有时不加，但它们不是副词；另一方面，很多近义词之间的区别仅仅在于词性，而学生不知道，结果造成偏误，如刚才—刚刚、突然—忽然中，每组的前一个词都不是副词，可以有很多功能，而后一个词都是副词，只能充当状语。例 7 中的"恐怕—害怕"意思相近，但"恐怕"在这里已经虚化成副词，表示估计、担心（不好的事情会发生）。

（7）*很多人恐怕最后一个体制不稳定。——很多人害怕最后一个体制不稳定。

Beaucoup de gens craignaient que le dernier régime n'était pas stable.

2.3 词义偏误

学生对词义的不正确或不准确的理解也会造成偏误。因为大多数教材的词汇解释都只给出了相应的外语词，没有例子，也没有具体说明生词与学过的近义词的区别，所以学生常常对词义一知半解，用起来就会产生偏误。

下面我们举一些有代表性的例子，每个例子都说明了如何释义才能避免偏误。2.3.1、2.3.2 与 2.3.3 是母语与目的语语际之间的偏误，2.3.4 与 2.3.5 是目的语内的偏误。

2.3.1 因汉法对应词的解释不够准确或不够全面造成的偏误

很多课本，特别是初级教材的词语解释一般都使用翻译法，这无可厚非。只是简单的一对一的翻译是不够的，有时甚至会误导学生。词汇部分的解释必须加以改进，最好增加适当的说明，让学生先入为主，避免产生偏误，这是词汇教学最急需的。比如，"别"和"另"在课本中都翻译成 autre，这个解释并没有错，但显然是不够的，因为单靠这个解释，学生就会写出下面的句子。

（8）*我有两个弟弟，一个15岁，别的13岁。——我有两个弟弟，一个15岁，（另）一个13岁。

J'ai deux petits-frères, l'un a quinze ans, l'autre treize ans.

所以注释时至少得说清楚，在 autre 这个意义上，"别"不单用，应该说"别的"，而且肯定是复数，两个及两个以上才能用"别的"，所以准确的对应词该是 autres。"另"的习得一般在"别"之后，也不单用，格式是"另＋一＋量词"，肯定是单数。在释义时，可注明"单数"，并与"别"做比较，这样既复习了"别"，也区分了"另"与"别"。又如"旅游"和"旅行"，法语解释都是 voyager 或 voyage，学生不知道它们的区别，就有了下面的错句。

（9）*她不喜欢在联合国工作，因为要常常旅游。——她不喜欢在联合国工作，因为要常常旅行。

Elle n'aime pas travailler à l'Office des Nations Unies, car il faut souvent voyager.

如果在解释"旅游"时注明 touristique，说明"旅游"是游玩；而"旅行"则注明 touristique ou pour affaires，说明"旅行"既可以是游玩，也可以是为了工作，就会避免这个偏误。

教材当然不可能做到面面俱到，老师在讲解生词时，必须考虑学生已经学过的近义词，加以比较，把它们的区别讲清楚。这样的"先入为主"就可以尽量避免学生出错。

2.3.2 因同译词[①] 造成的偏误

大量的同译词常常成为偏误的根源。翻译没有错，可是学生不知道这些同译词之间有什么区别，以为它们都是一样的，可以互相代替。实际上，它们或者有词义上的细微的差别，或者用法有所不同。

这个问题存在于各个学习阶段。比如，"请""请问"是初级教材第一课或第二课就会学到的词语，如果都被译成 s'il vous plaît，就有问题。"请"不完全等于法语的 s'il vous plaît，"请问"可以单用，但后面紧跟的一定是一个问句，而 s'il vous plaît 引出的可以是问句，也可以不是问句。所以，如果使用翻译法来释义，就必须更加准确。比如，可以用 prier de 来注"请"，因为 prier de 后面也一定要跟一个动词；单用的"请问"则可以注 je vous en prie / s'il vous plaît。又

---

① "同译词"指用相同的外文词来诠释不同的汉语词语的现象。

比如"试"，所有的教材都注为 essayer，可是，没有一本教材清楚地指出这个词极少单用，一般要重叠使用或搭配使用，如"试试""试一试"或常用于"试一下儿"或"试着……"中，学生如果不知道这个用法，就会说出"＊我不知道我有没有能力，可是我试""＊我试说这个句子"这样的错句。"停"也有同样的问题，只说它是 arrêter 的意思很不够，因为所有的学生都会根据这个注释说出"＊车在红灯前停""＊十二点了，我停复习"之类的错句。"停"常见的用法是后面跟一个单音节名词，如"停车、停电、停水、停工"等；或者作为不及物动词用，如"雨停了""手表停了"；或者带时段补语，如"停了三个小时""停了一会儿"。下面的 2.5 节还会讲到这个问题。可见，讲词的用法非常重要。

中高级阶段的汉语教学中这样的例子也很多，比如，汉语的"事实、真理、真相"都可以跟法语的 vérité 对等，而汉语中这三个词并不是完全对等的。

（10）＊他发现了事实的真理。——他发现了事情的真相。

Il a découvert la vérité de cette affaire.

（11）＊真理不是这样。——事实不是这样的。

La réalité n'est pas ainsi.

"真理"是哲学意义上的概念，"事实"是事情的真实情况，"真相"也是事情的真实情况但强调区别于表面的或假造的情况。这三个词虽然法语都可以说 vérité，但在汉语中大多数情况下是不可互换的。

2.3.3 因母语的多义词造成的偏误

很多偏误是由母语的多义词造成的。成年人学习目的语都是建立在母语的基础之上的，母语的知识会对目的语的学习产生极大的影响。一般来说，法国当地汉语教师的法语都比较好，在一定程度上知道学生可能会出现的问题。如果当地汉语教师能认真思考学生的偏误，找出原因，就可以在以后的教学中"先入为主"，避免偏误。

比如，"家"与"家人"，法语都可以用 famille 来表达；绝大部分教材的生词表中只出现了"家"，不出现"家人"，更没有说明两者的区别。"家"与"房子"，法语都说 maison，好像没有什么太大的区别，因为 Ma maison n'est pas à Genève 和 Ma famille n'est pas à Genève 都可以说成"我的家不在日内瓦"。于是，学生就会说：

（12）＊昨天我跟家一起去中国饭馆吃饭。——昨天我跟家人一起去中国饭馆
吃饭了。

Hier, je suis allée manger au restaurant chinois avec ma famille.

（13）＊日内瓦家一个比一个贵。——日内瓦的房子一个比一个贵。

Les maisons à Genève sont toutes plus chères les unes que les autres.

避免这些偏误本来是很容易的事情，只要在学"家"时（一般学了几个星期
的汉语后，在介绍家庭情况的课文里就会出现"家"这个词），特别说明"家"
指的是"家庭"，需要表达 membre de famille 时必须用"家人"，而 maison 的义
项 lieu、construction 则必须用"房子"。词汇教学如果加上这些简单的说明，学
生的偏误就会大大减少，甚至消失。

又如法语的 chose 是一个使用频率极高的口语词，学生一概用"东西"来翻
译，但他们不知道"东西"与"事／事情"有何区别。

（14）＊今年，他们都要做一个重要的东西。——今年，他们都要做一件重要
的事情。

Cette année, ils veulent tous faire une chose importante.

（15）＊为了环保，我们在我家做下面那几个东西。——为了环保，我们在家
做下面几件事。

Pour protéger l'environnement, nous faisons les choses suivantes à la maison.

看了这些句子，我们就知道在汉语教学的初级阶段至少得说明"东西"是表
示具体物品的 chose；而"事情"是抽象的，应翻译成 affaire 或 événement。

这种因母语负迁移造成的偏误非常普遍，必须引起同人的高度重视。

2.3.4 因不清楚近义词的细微差别造成的偏误

汉语本身存在大量的近义词，到了汉语学习的初级阶段后期或中级阶段，学
生会遇到很多近义词，在课堂上，教师也经常用学过的近义词来解释生词。这
时，如果教师没解释近义词之间的差别，学生就会以为这两个近义词是完全对等
的，在任何语境下都可以互换，于是就出现了偏误。所以，教材应当根据学生的
水平，适当地、有针对性地注明汉语近义词的细微差别，这也是词语解释的一个
重要部分。

细分起来有以下几种情况。

（一）单、双音节近义词偏误。汉语中存在大量的单、双音节近义词，几乎每一类词都存在单、双音节近义词。它们虽然义近但也有一些不同，选择时有很多限制因素（谢红华，2000a）。无论哪个程度的学生都会遇到单、双音节近义词的选择问题，如国—国家、学—学习、帮—帮助、刚—刚刚、快—赶快、急—着急、从—自从、或—或者等。很少有教材明确说明它们的区别，如果学生不了解它们之间的区别，偏误就很难避免。

这类偏误形成的原因还有其他两个方面：一是法语地区的汉语教学比较重视汉字，很多教师都是"字本位"理论的支持者，"字本位"理论最大的缺点是学生不大了解字与词的区别，也多不了解语素与词的区别，结果就是很多不能独立使用的语素也被学生当作词来使用；二是大学中文系或汉学系的学生一般也学习古代汉语，而古代汉语以单音节词为主，学生搞不清哪些单音节词只能出现在古代汉语中而不能用于现代汉语，哪些单音节词只能在书面语里或一些固定用法中出现。下面是一些实例。

（16）*他们要骑自行车去这个离瑞士这么远的国。——他们要骑自行车去这个离瑞士非常远的国家。

Ils voulaient aller à vélo dans ce pays si loin de la Suisse.

（17）*天上有彩虹的色。——天上有彩虹般的颜色。

Il y avait dans le ciel les couleurs de l'arc-en-ciel.

（18）*我们能住姥姥的家庭。——我们能住姥姥家。

Nous pouvons habiter chez ma grand-mère (maternelle).

"国"与"国家"、"色"与"颜色"基本同义，但它们的使用环境不一样；"家"与"家庭"都可以表示抽象的概念，但"家庭"不可以表示实物的房子。如果用两者来互相注释，学生必然会造出错句。

（二）因拥有共同语素造成的近义词偏误。拥有共同语素的近义词（上面提到的单、双音节近义词一般也拥有共同的语素），如巨大—重大、意思—意义、本身—本人、一点儿—有点儿、已经—曾经等。这些近义词的区别不仅仅表现在词义上，同时也表现在用法上。这类偏误很多，希望能引起广大同人的充分重视。请看下例。

（19）*对我而言，这两个故事都具有巨大的意思。——对我而言，这两个故事都具有重大的意义。

Pour moi, ces deux histoires ont toutes une signification importante.

（20）*我去年买的衣服曾经不流行了。——我去年买的衣服已经不流行了。

Les vêtements que j'ai achetés l'an dernier ne sont déjà plus à la mode.

（21）*我很开心，可是也妒忌一点儿。——我很开心，可是也有一点儿妒忌。

J'étais très contente, mais en même temps aussi un peu jalouse.

"巨大"一般修饰具体的事物，如"巨大的工程"。"意义"也有"意思"(sens) 这一义项，可是"意思"没有"价值"(valeur) 这一义项。"已经"表示动作完成，"曾经"表示过去的经历。跟"一点儿"与"有一点儿"有关的错句实在太多了，主要是因为学生对"有一点儿"一般位于形容词或心理动词之前这一点没掌握好，以为跟"一点儿"或"一下儿"用法一样；或者以为"一点儿"有副词的功能。

（三）一般近义词的偏误。有的近义词并没有共同语素，它们或者在意义上有细微的差别，或者对句法有特殊的要求。如说—告诉、懂—明白／理解、知道—认识、同——样等。

（22）*我说我朋友我明天不在家。——我对我朋友说，我明天不在家。／我告诉我朋友，我明天不在家。

J'ai dit à mon ami que je ne serais pas à la maison demain.

跟"告诉"相反，在表达"说话"这个意义时，"说"一般不带双宾语（表达"责备"意义时才可以带双宾语），指人的宾语要由介词引出。所以"说"与"告诉"虽然是近义词，可是用法不一样。跟"说"意义相近的还有讲、谈、聊、讨论等。学一个新词时，用学过的近义词解释新词是一个极好的方法，因为这样可以复习旧词，但这样做必须同时照顾学生的水平，讲清楚近义词之间的区别。"讲"是"说"的意思，"讲话"与"说话"意义相近，但不可以处处互换，比如"领导发表了重要的讲话"中的"讲话"就不可以换成"说话"，因为后者不可以当名词用。讲故事、讲课、讲道理等搭配中的"讲"也都不可以换成"说"。

2.3.5 虚词的语义与功能偏误

大多数的虚词没有具体的意义，只具有某种语法功能。如果学生不清楚其功能，也会出错。最常见的是"和"，所有的课本都把"和"翻译成 et 而没做具体的说明，结果学生都以为"和"等于 et，不知道"和"只可以连接名词性成分。就是到了高年级，在口语中，学生仍用"和"来连接句子，或作为句子停顿、寻找下句的拖延词。教师在教授"和"时，至少得强调"和"只能连接名词或名词性词组，说清楚连接动词性词组可用也、还、又等，连接句子可用还有、而且、另外等。在口语中，最常见的是什么也不用，只短暂地停顿；书写时用顿号（、）或逗号（，）表示。

（23）＊这个旅行很安静和有意思。——这次旅行很安静，很有意思。

Ce voyage a été très calme et intéressant.

再如"还是"与"或者"，前者多用于疑问句中，后者多用于陈述句。学生如果不了解或者忘记了这些规则，就会出现类似例 24 的错句。例 25 中"可是"与"却"都表示转折，但性质不同，前者是连词，位于主语之前；后者是副词，位于主语之后。

（24）＊我明天还是后天给你打电话。——我明天或者后天给你打电话。

Je te téléphonerai demain ou après-demain.

（25）＊我们决定去公园，却天气不好。——我们决定去公园，可是天气却不好。

Nous avions décidé d'aller au parc, mais il ne faisait pas beau.

有些虚词，如副词、介词、连词，有意义上的细微区别。比如，但是、不过、就是、反而都可以翻译成 mais、cependant，可是其意义并不完全相等。

（26）＊食堂饭菜没有太多的选择，就是很方便。——食堂的饭菜没有太多的选择，不过很方便。

La cantine ne propose pas beaucoup de choix de nourriture, mais elle est très pratique.

"就是"和"不过"都表示限制性的转折，但是"不过"之后的内容可以是褒义的，也可以是贬义的；而"就是"之后的内容一般只能是贬义的。所以上句中的"就是"应改为"不过"。

（27）＊春天来了，但是更冷了。——春天来了，反而更冷了。

Le printemps arrive, mais il fait encore plus froid (qu'avant).

按正常的逻辑，春天比冬天暖和。所以，如果春天不暖和，而且比冬天更冷了，应该用的连词是"反而"而不是"但是"，因为"反而"表示两层逻辑关系，一是转折，二是递进。

介词对、给、向、为、替都可以引出表人的宾语，都可以翻译成 à quelqu'un，可是其具体语义有所区别。"跟"也可以引出表人的宾语，可是意思是"跟……

一起"，而不是"对（面对）"的意思。

（28）*因为她跟我总是很诚实。——因为她对我总是很诚实。

Parce qu'elle est toujours très honnête avec moi.

（29）*为什么政府跟和平主义者那么残酷？——为什么政府对和平主义者那么残酷？

Pourquoi le gouvernement se montre-t-il aussi cruel envers les pacifistes?

即使……也……、哪怕……也……、再……也……，都是表示假设的逻辑关系，但是也有不同之处。"即使"比"哪怕"适用面更广，因为它是中性的；"哪怕"因为"怕"，所以引出的肯定是不好的情况，比如下面的句子就不可以用"哪怕"。

（30）*哪怕他们继续投资，工厂也会关闭。——即使他们继续投资，工厂也会关闭。

Même s'ils continuent à investir, l'usine sera quand même fermée.

在"再……也……"格式中，"再"之后大多是形容词，而且句首可以加上"即使"或"哪怕"（后者只用于引出不好的情况）。

（31）*再不休息也得把小说看完。——即使不休息，也得把小说看完。

Je dois finir de lire ce roman, quitte à ne pas pouvoir me reposer.

2.4 词语搭配偏误

词语搭配问题既是词汇问题，又是语法问题，单讲词义是不够的，还要讲用法，而用法的一个重要方面就是词语的搭配。在这里，我们举例分析母语为法语的汉语学习者的一些常见的词语搭配偏误。

2.4.1 名词性词语之间的搭配偏误

（一）量词与名词搭配偏误。错用量词是汉语初学者最常见的偏误之一，而"个"的泛化（例32与例33）与量词的遗漏（例34）则是量词偏误中出现频率最高的两种。

（32）*我不要一个汽车。——我不要一辆汽车。

Je ne veux pas une voiture.

（33）*每个小事情可以保护我的世界。——每件小事情都可以保护我的世界。

Chaque petite chose peut protéger ma Terre.

（34）＊我们每晚上打电话。——我们每天／个晚上都打电话。

Nous nous téléphonons chaque soir.

有时，量词与名词会出现混淆，特别是一些可以充当量词的名词。

（35）＊我要一个瓶啤酒。——我要一瓶啤酒。

Je veux une bouteille de bière.

（36）＊我父母跟一群组人离开了。——我父母跟一群人离开了。

Mes parents sont partis avec un groupe de personnes.

极少数的名词如天、年等不跟量词搭配，忘了这一点就会出现下面的偏误。

（37）＊每个年我和我父母捐钱给 WWF。——每年我和我父母都捐钱给 WWF。

Chaque année mes parents et moi faisons don à WWF.

（二）主宾搭配偏误。主语与宾语的搭配不合适也会造成偏误，如下句"精力"一般用于人，这里应用"能量"，这两者法语都可以说成 énergie。

（38）＊春天有很多精力。——春天的大自然有很多能量。

Au printemps, la nature a beaucoup d'énergie.

2.4.2 动词和名词的搭配偏误

（一）动宾搭配偏误。汉语的动词非常丰富，有的动词用法比较复杂，是教学的难点。建议在教授动词的时候，教师要讲清楚这个动词可以跟哪些或哪类名词搭配，至少要讲清楚常见的搭配，避免学生造出错误的句子。

（39）＊我不同意你。——我不同意你的看法。

Je ne suis pas d'accord avec toi.

（40）＊他们不是朋友了，交上了对手。——他们不再是朋友了，变成了对手。

Ils ne sont plus amis, mais sont devenus adversaires.

（41）＊根据可信的专家……——根据可信的专家的看法……

Selon les spécialistes dignes de confiance...

例 39 中汉语的动词"同意"后不可带指人的名词，这一点跟法语正好相反，如果教材或教师不明确指出这一点，而只把这个词跟 être d'accord、être de l'avis de 简单地对等起来，那学生肯定会造出错误的句子。例 40 可以说"交上了朋友"，不可以说"交上了对手"。例 41 中"根据"后面的中心语必须是意见、看法、研究、调查、考察之类的词语，不可以是表人的词语，这跟法语的 selon 的用法不一样。

（二）主谓搭配偏误。主语与谓语的搭配也主要是名词和动词的搭配问题，下面两句中"消息"与"播放"、"车"与"倒下"的搭配都不合适。

（42）* 这个消息在校园播放了。——这个消息在校园传开了。

Cette nouvelle s'est répandue sur le campus.

（43）* 车离开公路，在一个悬崖倒下。——车离开公路，从一个悬崖滚下。

La voiture a quitté la route, fait un tonneau et chuté au bas de la falaise.

2.4.3 形容词和名词的搭配偏误

跟动词和名词的搭配一样，形容词和名词的搭配也有很多句法限制，必须一个一个地掌握，不可生造。常见的偏误有两种情况：形容词做定语的偏误和形容词做谓语的偏误。

（一）定中搭配偏误。

（44）* 你怎么会说出这些坏词？——你怎么会说出这些难听的词？

Comment peux-tu prononcer ces vilains mots?

（45）* 他终于找到了一个微小的房间。——他终于找到了一个极小的房间。

Il a finalement trouvé une chambre minuscule.

"坏"可以修饰表示人、脾气、天气等的名词，但不能修饰"词"；"微小"一般只用于修饰抽象名词，如作用、力量、进展、进步等，不能修饰具体名词"房间"。

（二）主谓搭配偏误。

（46）* 我的成绩一直很低。——我的成绩一直很差。

Mes résultats scolaires étaient toujours très médiocres.

（47）* 这部电影很感动。——这部电影很感人。/ 这部电影感动了大家。

Ce film est très émouvant.

"成绩"可以说很好或很差，"分数"才可以说很高或很低。"感动"(émouvoir) 与"动人 / 感人"(émouvant) 涉及主动与被动的区别，还有"累、疲劳"(fatigué) 与"累人"(fatiguant)，"生气"(être en colère) 与"气人"(rendre quelqu'un en colère) 这两组，每组的前者是主语处于某种状态，后者是主语让某人处于这种状态（使动用法）。

2.4.4 否定副词与动词（状语与中心语）的搭配偏误

这涉及现代汉语的三个常用的否定副词——不、没、别的区别与用法。初学者常见的偏误首先是动词"有"前用"不"，这一偏误当然也可视为"不"的泛化；其次是在祈使句中把否定词"别"误用为"不"。

（48）＊你决不有时间！——你绝对没有时间！

Tu n'as absolument pas le temps !

（49）＊父母让你不看电视。——父母让你别看电视。

Tes parents te demandent de ne pas regarder la télé.

2.4.5 关联词语的搭配偏误

关联词语的搭配有三种偏误：一是关联词语本身的遗漏；二是混淆了形近或义近的关联词语；三是误用关联词语。

（一）关联词语的遗漏。汉语大部分的关联词语都是成双成对的，这跟现代法语里的情况正好相反，所以学生的偏误可能是单纯由于记忆造成的，也可能是受母语的影响造成的。一般来说，关联词语的连词部分（也就是前置的从句部分的连词）不会被遗忘，因为复句的两个分句的逻辑关系主要由它们来承担，这些连词一般都有具体的逻辑意义，如虽然（bien que）、如果（si）、因为（parce que）、既然（puisque）等，可是后置的主句部分的副词或连词就经常被遗忘，如都、也、就、才、可是等。如：

（50）＊虽然我的工作很无聊，我很喜欢我的同事。——虽然我的工作很无聊，可是我很喜欢我的同事。

Bien que mon travail soit très ennuyant, j'aime beaucoup mes collègues.

（51）＊如果你保护环境，你都会保护你和你的家人。——如果你保护环境，同时也就是保护你自己与你的家人。

Si tu protèges l'environnement, tu protèges toi-même et ta famille.

（二）混淆形近或义近的关联词语。有的关联词语拥有相同的构成语素，有的关联词语只有一字之差，有的是词序不同，有的意义相近，这些都会造成偏误。最常见的偏误发生在以下几组关联词语之间。

只有……才……，只要……就……

既然……就……，即使……也……

不管……也……，尽管……也……

不是……就是……，不是……而是……

因为……所以……，之所以……是因为……

宁可……也不……，与其……不如……

请看实例：

（52）＊只要有文凭，才找到好工作。——只要有文凭，就会找到好工作。

Il suffit d'avoir un diplôme pour trouver un bon travail.

（53）＊不是看美术展览或读美术的书，也是画画儿。——不是看美术展览或读美术的书，而是画画儿。

Il ne s'agit pas de visiter des expositions ou de lire des livres d'art, mais de peindre.

（54）＊不管洗碗很麻烦，也不用一次性塑料餐具。——尽管洗碗很麻烦，也不用一次性塑料餐具。

Bien qu'il soit embêtant de faire la vaisselle, nous n'utilisons cependant pas de couverts jetables.

（三）误用关联词语。关联词语的误用，有时是因为学生搞不清楚两个分句的逻辑关系，有时因为受母语的影响，导致关联词语搭配不当。下面的偏误很有代表性，"因为"与"以便"为误用，"可是"与"还"位置不对。

（55）＊我还喜欢旅行，以便可以说外语。——我喜欢旅行，还因为可以说外语。

J'aime voyager, c'est aussi parce que je peux pratiquer les langues étrangères.

（56）＊中国经济发展得非常好，可是在中国有非常富的人，因为也有非常穷的人。——中国经济发展得非常好，在中国有非常富的人，可是也有非常穷的人。

L'économie chinoise se développe très bien ; en Chine il y a des gens très riches, mais il y en a des très pauvres.

因此，在关联词语的教学中，要特别注意指出这些关联词语的区别。

2.5 个别词语用法偏误

有的词用法比较特殊，教师如果不对学生做特别的讲解，进行特别的训练，学生出现偏误的概率会很高。比如前面2.3.2节说到的停、试，还有半、多、使等。

（57）＊现在五半点。/ 现在五点一半。——现在五点半。

Il est cinq heures et demie.

（58）＊大学的图书馆有多汉语书。——大学的图书馆有很多汉语书。

Il y a beaucoup de livres en chinois à la bibliothèque de l'université.

（59）＊父母使我同意弟弟的选择。——父母让我同意弟弟的选择。

Mes parents me demandaient d'approuver le choix de mon frère.

跟"半"相关的问题有三个：一是"半"的位置（在量词之后）；二是"刻"

使用规则的泛化，表示钟点必须说一刻、三刻，没有一半、两半的说法；三是表达"半"的意义的，法语中有 demi 和 moitié，其中 demi 就是"半"，而 moitié 是名词，是"一半"或者"半＋量词"。"多"有很多用法，学生容易混淆，偏误非常多，建议每学习一个新用法，都要复习学过的意义与用法，最后列个表，归纳一下，让学生集中练习。"使"是使动动词中偏误最多的一个，教"使"的时候，教师一定要说明"使"只有"让"的"致使"义（无意识的、自然的结果），而没有"让"的"使令"义（故意、人为的结果）。

还有十、百、千、刻前面的"一"经常漏掉，因为法语中不用。

（60）* 我还你一百十法郎。——我还你一百一十法郎。

Je te rends cent dix francs.

（61）* 我们中文系大概千多学生。——我们中文系大概有一千多名学生。

Il y a environ mille étudiants dans notre département de chinois.

（62）* 明天得六点刻起床。——明天得六点一刻起床。

Demain on doit se lever à six heures et quart.

有些结构也不太容易掌握。"越来越……"问题不大，可是"越……，越……"的偏误就很多。

（63）* 越我想去，越她不想去。——我越想去，她越不想去。

Plus je voulais y aller, plus elle ne voulait pas y aller.

（64）* 我越工作，他越批评。——我工作越多，他对我的批评也越多。

Plus je travaille, plus il me critique.

前一例是位置的问题，后一例是由于学生不完全了解"越……越……"句式中的两个成分必须具有可量化性特点造成的。实际上"越……，越……"的用法比法语的 plus... plus... 的限制要多得多。

在教学中，广大教师应该注意收集学生经常出错的词语，然后认真研究其根源，不要只满足于改正，要多问几个为什么。这些研究成果会对以后的教学起积极作用。

2.6 语体偏误与风格偏误

2.6.1 口语与书面语的偏误

跟法语比起来，汉语的口语形式与书面语形式的区别比较大。一般来说，学生在初级阶段接触的主要是口语词汇，在中级阶段既有口语也有书面语词汇，到了高级阶段主要是书面语词汇。可以说的词有时不可以写，阅读中学到的词有时不可以用在口语中，这些情况并不罕见，学生经常搞不清楚。另外，大学里的汉语专业一般也学古代汉语，古代汉语的一部分词语仍用于现代汉语书面语，但相当一部分不用了，学生不容易分清楚哪些可用哪些不可用。

目前，如何在教学实践中教授词语的语体风格等知识，仍是一个待研究的问题。最简单的做法是在解释词语的用法时，加上"口语"或"书面语"的说明，但这两者的区别有时并不分明，或者加了说明用处也不大。可喜的是，已经有学者（冯胜利、胡文泽，2005；冯胜利，2006）为书面语的研究与教学提出了一些积极的建议。

语体偏误的一个典型的例子是单、双音节近义词的选择偏误。汉语中存在大量的单、双音节近义词，它们的区别是多方面的，但其中一个重要的方面是语体色彩的差别。研究证明，46.9%的单音节近义词具有口语色彩，19.4%（多用于特定格式）的单音节近义词具有书面语色彩，而33.7%的单、双音节近义词的语体色彩差异不突出（张博等，2008）。在教学中，我们应该明确指出这66.3%的词语的语体色彩，如找—寻找、问—询问、缺—缺乏、闭—关闭、派—派遣、陪—陪同、藏—躲藏等，前者多用于口语，后者多用于书面语。

造成偏误还有一个原因，即教材、工具书等一般释义不全。学生通常在课本或词典中查找表达所需要的词语，而课本或词典对词语的注释一般极少涉及词语的语体或语用环境，学生照本宣科，就会出现用词不当、行文别扭等问题。中高级水平学生的作文中，这类错误可以说是数不胜数。如下句中的阅读、犬、拯救、肮脏等都属于此情况。

（65）*我弟弟喜欢阅读小说，妹妹看电视。——我弟弟喜欢看小说，妹妹喜欢看电视。

Mon petit frère aime lire des romans, et ma petite sœur aime regarder la télé.

（66）*这么可爱的犬，为什么不买呢？——这么可爱的狗，为什么不买呢？

Un chien si mignon, pourquoi ne l'achète-t-on pas?

（67）*他想把他的孙女拯救出来。——他想把他的孙女救出来。

Il voulait sauver sa petite-fille.

（68）*电车里面没有垃圾桶，所以很肮脏。——电车里面没有垃圾桶，所以很脏。

Il n'y a pas de poubelle dans les tramways, ils sont très sales.

又如，个体名词与集体名词的差异也常常跟语体风格有关，如病—疾病、岛—岛屿、海—海洋、书—书籍、船—船只等。下面句子中的"海洋"与"疾病"都是集体名词，指的不是具体的海或病，而是所有的海、所有的病的统称，所以不能用在下面的语境中。

（69）*夏天他们喜欢去海洋度假。——夏天他们喜欢去海边度假。

En été, ils aimaient aller passer leurs vacances au bord de la mer.

（70）*他经常生疾病。——他经常生病。

Il est souvent malade.

2.6.2 褒义与贬义的偏误

有时候，很多词语的褒义与贬义色彩是可以而且应该明确指出的，否则学生造句就会出现偏误，尤其是高级词汇。比如《新汉语水平考试大纲》六级的很多词都是褒贬分明的，我们主张在释义时加上"褒"或"贬"的字样。如下列句子中"公然""聪明"等的使用都有偏误，不适用于说话人表达的态度。

（71）*我公然告诉大家这个事情和我没什么关系，我是被选中的替罪羊。——我公开告诉大家这个事情和我没什么关系，我是被选中的替罪羊。

J'ai annoncé publiquement (à tout le monde) que cette affaire n'avait pas de lien avec moi, et que j'avais été désigné le bouc émissaire.

（72）*小偷很聪明，警察和我们都不知道他怎么做。——小偷很狡猾，我们和警察都不知道他是怎么做的。

Le voleur est très malin ; la police et nous-mêmes ne savons pas comment il a agi.

有时，词义程度的深浅也跟语体色彩有关，选用不当就会影响表达的正确性与效果。下面两句中的"愤怒"皆为"生气"的误用，前者一般用于表达极度的不满，不常用于家人之间。

（73）*后来，我姥姥很愤怒，她三天不说话。——后来，我姥姥很生气，她三天没说话。

Ensuite, ma grand-mère fut très en colère et ne prononçait pas un seul mot pendant trois jours.

（74）*我愤怒的女儿撕了她姐姐的书。——我女儿很生气，撕了她姐姐的书。

Ma fille était très en colère, elle a déchiré le livre de sa grand-sœur.

总而言之，跟词汇有关的偏误多种多样，但原因不过几个方面：首先是法语的负迁移，学生常把法语近义词、易混淆词的使用规则误用于汉语，或者使用简单的法语对应词；其次是某些汉语词的使用规则泛化或误用某些词的使用规则；再次是交际策略的误用，因交际过程受种种限制而出现生造词与混淆；最后，教学的误导因素也不可忽略，教材、工具书的释义仍有待完善与改进。

三、词汇学习的难点、重点

从以上的分析可以看出，对法语地区的学习者来说，汉语词汇教学的难点、重点主要集中在以下几个方面。

3.1 汉语本身的难词

有些词，不管什么母语的学习者都感觉不容易，如：动词的用法；离合词的运用；汉语近义词的区别，如不—没、都—全、二—两、每—各，尤其是多个义项有交叉的近义词，如究竟—毕竟—到底；虚词如结构助词"的"，时态助词"了"，语气副词、连词等的用法。这些对所有外国学生来说都是难点、重点。这一部分无须举例，因为在中国，研究疑难问题的著作绝大多数都是这方面的成果。

3.2 汉法比较中多对一的近义词（同译词）

两种语言的词汇对照大多数情况下都不是一对一的，汉语与法语的对照也一样。成年人外语学习的特点是始终以母语为参照，不管教师用什么教学法，学生学习一个新词时总是自觉或不自觉地跟母语的相应词进行比较。结果，记忆中就产生了很多简单的等号，如问、让 = demander，经历、经验 = expérience，系统、体系、制度 = système 等，任何一个级别的汉语学习都存在大量因多对一的关系造成的偏误。

3.3 法汉比较中一对多的近义词（多义词）

法语跟汉语一样，也有大量的多义词，可是因为学习者在学习汉语新词时已经把某个法语词跟这个汉语词对等起来，结果是忽视这个法语词的其他意义和用法，造成偏误。典型的例子如 avec、beaucoup、bien、de、devenir、faire、jouer、montrer、pour、rester、toujours / jamais 等在汉语不同语境中的多种表达法。

我们用一个实词和一个虚词来说明。例如，répondre 有几个意思，可绝大多数的学生只知道或只记得它的"回答"之意，于是就出现了下面的句子。

（75）＊我写信了，可是她没有回答。——我写信了，可是她没有答复／回信。

Je lui ai écrit une lettre, mais elle ne m'a pas répondu.

（76）＊我爸爸没回答电话。——我爸爸没接电话。

Mon papa n'a pas répondu au téléphone.

第一句的"回答"应改为"答复"或"回信"，第二句的"回答"应改为"接"，这些意思法语都可以用 répondre 来表达。再以 pour 为例，法语的 pour 有很多意思，可学生一般只记得它的"为、为了"之意，结果别的意思都用"为、为了"来表达：

（77）＊我去饭馆为吃饭。——我去饭馆吃饭。

Je vais au restaurant (pour) manger.

（78）＊为青年工资不太低的工作很难找到。——对青年人来说，很难找到一个工资不太低的工作。

Pour les jeunes, il est difficile de trouver un travail avec un salaire pas trop bas.

例 77 中的 pour 用于连接两个动词，后一个动词是前一个动词的目的，汉语中这样的句子不用"为"。例 78 中的 pour 是"对于某人来说"。

3.4 易混淆词

易混淆词既包括汉语本身的近义词、多义词，也包括同译词。但有时候，两个词既不是近义词，也没有什么直接的关系，但因为某种原因（经常是母语法语的负迁移影响）变成了易混淆词。比如，"怎么"与"这么"经常因为发音相近而混淆；"收到"与"受到"因为音近，部分义项相似而混淆；"半"与"一半"因不清楚词性而混淆；"经历"与"经验"因为在法语中是同译词而混淆；"当、是、成为、当作、作为"也因为有时可以用同一个法语词 devenir 来表达而混淆，初学者偏误率极高，例如：

（79）＊以后我想是翻译。——以后我想当翻译。

Plus tard j'aimerais devenir traducteur.

（80）＊她是大学汉语老师一年。——她当了一年大学老师。

Elle est devenue enseignante de l'université pendant une année.

（81）＊我要变成老师。——我要成为老师。

Je veux devenir enseignante.

（82）*我和我的同屋当了好朋友。——我和我的同屋成为好朋友了。

Mon colocataire et moi sommes devenus bons amis.

尽管这些不同的动词在法语里都是用 devenir 来表达，但在汉语里，情况就比较复杂。"是"表示的是一种固定的、长期的状态，而"当"则含有时间长短的概念，所以后面可以带"过""了"等表示时态的助词。"当"也可以带表时段的时间词，前面可以有能愿动词或表示假设的词语；而"是"却没有这些用法。"成为"作为一个带结果补语的复合动词，表示的不是一种状态，而是一个结果。

四、教学建议与对策

多项研究表明，在各种类型的言语错误中，词汇错误是占比例最大的，如张博等（2008）认为词汇错误与语法错误的比例是 3:1。不同母语背景的汉语学习者在词汇表达上出现的错误都是最多的，据罗青松（1997）统计，英语国家学生学习高级汉语时的词汇错误占总错误数的 66.0%。据吴丽君等（2002）统计，词汇错误占总错误数的 88.0%。总而言之，词汇学习是学生最大的拦路虎之一，词汇的有效研究与深入教学是广大汉语教师的当务之急，必须引起广大同人的充分重视。

上文在分析各种词汇偏误现象与词汇学习的重点、难点的过程中，已经就具体问题提出了有针对性的、具体的教学建议与对策。这里从宏观的角度来论述词汇教学对策。

4.1 控制词汇量

在欧洲，一般来说，学期、学年比中国的要短，课时比中国的少很多。汉语课一般不细分课型，传统的教学会花大部分的时间来学习语法，词汇部分除了一张词汇表和一些对应的法语词，没有其他的说明与练习，而语法经常有专门的讲解与练习。另外，因为课时的限制，单独开设汉字课的情况也很少见，所以，教师在上汉语课时，必然涉及汉字教学。在此，我们呼吁广大同人在教学过程中或编写教材时，给予词汇应有的地位与关注，重视汉字在组词中的作用，努力改变学生词汇量严重不足的局面，尽量帮助学生避免种种词汇偏误。

目前，对外汉语教学界比较公认的词汇量标准是：初级 3000、中级 5000、高级 8000。值得特别提醒的是，这个目标是按照国内的教学体系制定的，也就是说，一学期 20 个教学周，一个教学周 20 个学时，一学年一共 800 个学时。而欧洲的课时相对国内少很多，一学年一般为 30 个教学周左右，一周不超过 10 个学时，一学年 300 个学时左右，差不多只有国内课时量的三分之一。如瑞士日内瓦大学汉学系，一学年才 28 个教学周，一年级现代汉语一教学周 6 个课时（一学年共 168 个课时），二年级一教学周 7 个课时（一学年共 196 个课时），三年级一教学周 5 个课时（一学年共 140 个课时）。在这样的条件下，适当的词汇量显得特别重要，过多或者过少都应该避免。我们的经验是，以汉语为专业的学生，一周可以教的词的数量为 25 到 35 个之间，如果以 30 个来计算，一学年 28 周共教 840 个词。非汉语专业的学生，一周可以教的词的数量为 15 到 20 个之间，如果以 20 个来算，一学年共教 560 个词。教太多了记不住，太少就是浪费时间。因为学年较短，课时不多，教师必须要求学生利用假期时间补充词汇量。比如，暑假、寒假各两个月可以各补充 200 个词（共 400 个词）。利用假期也有两种做法：或者在学期末、学年末列出一个词汇清单，要求学生在假期掌握这些词（只是被动掌握，能阅读但不一定能运用）；或者在学年中加大词汇量，但其中一部分是被动词汇，是留给学生假期去消化、掌握的。所以，汉语专业的目标更接近 1200 → 2500 → 3800 这样的标准（当然，其中大部分学生都会到中国留学至少一年）。也正是因为时间短，没有语言实践的环境，学生词汇量不足的情况更加严重。所以，研究汉语词汇的特性与对外汉语教学的关系，重视词汇的有效教学，总结各种学习方法，实在是广大汉语教师的当务之急。

4.2 加强汉字知识传授

汉字的重要性已无须多言。如何提高汉字教学效果，消除西方学生"汉字难学"的观念，使汉字从"绊脚石"的角色变成汉语学习的动力，变成趣味无穷的"游戏"，广大专家与教师已提出了很多极好的建议。但在目前国外对汉语教师需求猛增的情况下，很多汉语老师是"半路出家"，自己对汉字的了解不多，也就无法教给学生相关的知识，造成汉字学习除了死记硬背还是死记硬背的局面。所以在教师培训、教材编写时多加汉字知识的内容，肯定会使广大教师受益无穷。

据张和生（2006）的调查，外国特别是欧美留学生进入中级水平后，词汇学习的主要问题是词汇量严重不足，缺乏辨别近义词的能力，缺乏由汉字类属推断词义的能力。张和生（2010）的研究也得出以下结论："利用字义（语素义）推导词义无疑是扩大词汇量的有效方法之一。加强汉字教学，或者说把汉字教学纳入词汇教学中，应当是改进汉语词汇教学的一个重要途径。"从前面列举的种种词汇偏误中，我们也可以看出，学生如果具有一定的汉字知识，很多偏误都是可以避免的。比如，在请、晴、清、情、蜻中，如果学生知道各个部首的意义与语素意义之间的关系，书写过程中出错的可能性就相对低得多。如"请"是用言语来邀请，所以用言字旁；"晴"说的是有太阳，所以是日字旁；"清"说的是水很干净，所以是三点水；"情"是感情、心情，所以是竖心旁；"蜻"是词语"蜻蜓"的一部分，"蜻蜓"是一种昆虫，所以用虫字旁。"事故"与"故事"相混，也是因为学生不知道两个构成语素的关系。"经历"与"经验"的区分对法语地区的学生很难，可是如果教师解释"历"是"历史"，"验"是"验证过的"，也许学生就会觉得简单多了。

4.3 适当引入构词法知识

构词法属于语法教学的范围，却跟词汇学习有密切的关系。构词法的基本知识对理解、记忆生词及扩大词汇量有着重要的作用，谢红华（2001）对此进行过专门的研究。

从不同阶段所学词汇的特点来看，初级阶段的词汇大约有一半是单音节词（旧《汉语水平词汇与汉字等级大纲》1033 个甲级词中，单音节词占 45.0%），所以应该多讲汉字知识；可总体上双音节词占优势（同一大纲中 8822 个词中，双音节词有 6343 个，占 70.0% 以上），所以中高级阶段的汉语教学应该适当教授构词法知识，重视构词能力强的语素的教学。

4.3.1 初级阶段

具体来说，初学者最重要的是要搞清楚一些基本概念，特别是跟他们的母语不同的部分。字、语素、单用语素、自由语素、黏着语素、词首语素、词尾语素、首尾语素、词、音素、音节、单音词、双音词、复合词、词性、兼类词等等，这些概念在汉语里都有特殊的含义，跟学生母语的情况有很大的不同，教师必须跟学生解释清楚。学生学了五六课、一两百个词后，教师就可以简单地介绍、区分这些基本概念，效果很明显，学生开始对汉语的字、词、音节、词性等有初步的认识。初级阶段的汉语教学后期，学生的词汇量达到五百个到一千个的时候，教师可以介绍构词法中最简单的内容，也就是双音节词中的加缀类和重叠类，介绍常见的前缀、后缀，这些词缀也都是构词能力极强的语素，应该尽早教给学生。另外，可以介绍汉语中几乎各类词中都有的重叠现象；也应该开始重点介绍一些高频语素，让学生逐步拥有用语素构词的意识，比如，学→学生、小学、中学、大学、小学生、中学生、大学生、学习、学校、学子、学人、学员、学者、学士、学徒、科学、数学、语言学、医学、法学等等。我们的具体做法是，在每一课后都用表格列出要重点掌握的高频词，让学生熟悉这些高频词的语义与组词规律。如此，可以使一部分词互相联系起来，而不都是一个个孤立的个体。最后教师还可以介绍词的基本结构、构词语素之间的语法关系等，因为词的基本结构与句子的基本结构是一致的，学生已经学了差不多一年，对各种句法结构已经有一定的感性和理性认识，所以常常是一点就通，恍然大悟。教这些知识也是复习句法结构的好机会，而且给词法与句法搭起了一座桥梁。

4.3.2 中级阶段

到了中级阶段，词汇教学的重点应该放在扩大词汇量与区别近义语素方面。首先，大规模地重点介绍构词能力强的基本语素，特别是它们的构词域与构词规律。教师可以继续使用上面提到的高频词表的形式，只是词表的内容更加丰富、细化，涉及高频语素的位置、义项、与近义语素的区别等。这些知识的传授可以在语法课中进行，也可以在阅读课中结合正在学习的词汇来进行。"滚雪球"的效果非常明显，学生的词汇量可以成倍地增长，他们甚至很吃惊，好像散沙一盘的汉语词汇原来这么有规律，原来死记硬背并不是唯一的记忆方法。其次，与前者紧密相连，教师有意识地介绍多义语素的各个义项的构词情况。语素的成词能力不同，同一语素的不同义项的成词能力也不同，教学中教师必须根据义项的构词能力的强弱来合理安排教学内容，让学生意识到有些义项可以类推，有些不可以，限制比较多。再次，在学生已经掌握了大量的单、双音节近义词后，如何区别与运用这些近义词便成了当务之急。选择使用单、双音节近义词是有多方面的限制的，音律方面的、语法方面的、语体方面的、风格方面的等，其中也涉及构词法的问题。如果我们能解决一些方法论上的问题，学生就可以举一反三，以一带十。最后，可以开始涉及语素义与词义的关系。如果学生也在学习古代汉语，教师可以用他们学到的古代汉语知识来解释构词法中的词义问题。

4.3.3 高级阶段

在高级阶段，几乎可以无所不谈。教师可以帮助学生分析汉语构词法的规律与各种例外的情况，重点可以放在音律对构词的影响，多音词尤其是三音词和成语的组成规律，专名、外来词、缩略语的构成情况，成语、惯用语、歇后语、谚语等固定用语的特点。高年级学生的学习重心主要在阅读上，而报刊阅读最大的拦路虎之一是大量专名与缩略语的识别与理解。文学阅读的困难则主要表现在词汇与句子结构的丰富多彩，以及作者是如何通过这些语言形式来表达深层意义和作品主题的。学生如果知道这些书面语、新闻常用词的基本规律，对各种语言形式有所了解，就可以大大地降低阅读的困难，提高阅读的速度与理解的准确率。

4.4 重点词、难点词、易混淆词必须重点讲解与训练

"的"是个重点词，这是不言而喻的。"多"是个难点，因为它有很多功能，位置不同时，语义也有所不同，学生理解没问题，可是使用起来非常吃力。"一点儿"与"有一点儿"经常被混淆，因为它们的结构、意义都很接近。法语的 demander 总是被不分青红皂白地译成"问"。faire 被一概用"做"来代替。这样的情况非常多，老师讲解时，要"先入为主"，先告诉学生某一词语的具体功能和用法，避免学生出错。前面的偏误分析部分大多跟重点词、难点词、易混淆词有关，这里不再重复。

词汇教学有两个重要的方面，一是词义解释，二是词语用法讲解。具体怎么做，方法很多，比如：可以用汉字的字形；用汉字的偏旁；用已经学过的反义词；用已经学过的近义词；用其中一个已经学过的语素的意义，因为这个语素比较容易；用一个语境，用这个词来组成一个词组，来造一个句子；用一个例子；用一些图形、符号；看上下文；用法语翻译；等等。在法语地区的汉语教学，翻译法是最常见、最容易、最简单的释义法。在初级阶段，学生词汇量极其有限，翻译法是不可或缺的，但翻译法对学生记忆的效果是最不明显的。到了中高级阶段，应该尽力避免使用翻译法。另外，怎么翻译也大有学问，实践证明，不适当的翻译是造成偏误的主要原因之一，一定要谨慎而行。

一位称职的老师，应该根据学生的水平及每个词的具体特点来选择最有效、最合适、最准确、最能避免学生出错的释义方法。

4.5 加强汉法、法汉词语比较研究

偏误分析已经充分显示出母语对外语学习的巨大影响。法语地区的汉语教学，是不可能避开汉法比较的。教师不仅应该对法语有一定的了解，而且还应该对一些偏误率较高的词语进行深入的研究与比较，然后在教学中正确地引导学生。

一般来说，在法国出版的教材都比较注重汉法、法汉的比较，也适当加入了一些对两种语言的对译词、近义词的比较。但在我们看来，量还不够，深度也不够。不管初级、中级、高级，汉法、法汉比较都十分重要。比如，汉语表示约数的方式很丰富，如几、多、来、左右、上下、前后、以上、以下等，学生不明白各种方式有什么细微的区别。"管、负责、带、照顾、关心"法语都可以说 s'occuper de，老师必须说清楚前者与后者的异同。分不清"系统、体系、制度"，也是因为这些词在法语里只有一个说法 système。法语的 faire、prendre 可以对应汉语很多不同的词语，作为高频词我们必须深入比较，让学生运用起来得心应手。

在这方面我们已经做了一些工作。根据在多年教学实践中收集到的材料，我们对法语地区学生经常出错的对译词与近义词进行了研究，结果基本上都记录在 *Mots chinois, mots français*（《汉语词，法语词》）与 *Nuances et subtilités de la langue chinoise*（《汉语的微妙》）这两本专门为法语地区学生而写的词语分析的专著中。前者集中了初中级阶段的常见词，后者则集中了中高级阶段的常用词。

4.6 多练习

不是所有的词语都需要大量的练习，练习的量应该因词而异。汉语的中高级语法现象中有一部分是跟某个词联系在一起的，有些词的使用规则很复杂，而且只适用于这个词，所以背规则用处不大，不能举一反三，还不如在实践中记忆。让学生从练习中总结词的用法不失为一种有效的方法。练习的形式要多样化，要有针对性。最理想的是教师根据学生的具体情况来编一些练习，有的放矢。教师要根据学生的弱点，针对那些易出错的词语编写练习。比如，"好不容易""好容易"是"很难、不容易"的意思，但它们是有区别的。"* 很多法国人觉得毕业的年轻人好不容易找到稳定的工作。"就是最好的说明。实际上"好不容易""好容易"只用于过去时，是已然态，而"很难、不容易"没有这个限制。如果教师在教授"好不容易、好容易"时，能编写一些练习来突出它们与"很难、不容易"的区别，就可能避免学生的一些偏误。

五、结语

我们通过列举与分析法语地区汉语学习者跟词汇有关的常见偏误现象，找出词汇教学的核心，为词汇教学提出一些个人肤浅的意见。希望拙文能抛砖引玉，吸引更多的同人注重收集中介语，注重偏误分析，根据法语背景学生的具体需求与学习困难，有的放矢，以达到提高词汇教学效果的最终目标。

参考文献

冯胜利，2006. 汉语书面用语初编 [M]. 北京：北京语言大学出版社.

冯胜利，胡文泽，2005. 对外汉语书面语教学与研究的最新发展：哈佛大学高年级对外汉语教学研究会论文集 [C]. 北京：北京语言大学出版社.

李　慧，等，2007. 汉语常用多义词在中介语语料库中的义项分布及偏误考察 [J]. 世界汉语教学（1）.

鲁健骥，1987. 外国人学习汉语的词语偏误分析 [J]. 语言教学与研究（4）.

罗青松，1997. 英语国家学生高级汉语词汇学习过程的心理特征与教学策略 [A]. 第五届国际汉语教学讨论会论文选 [C]. 北京：北京大学出版社.

吴丽君，等，2002. 日本学生汉语习得偏误研究 [M]. 北京：中国社会科学出版社.

谢红华，2000a. 现代汉语单双音节同义词选择的限制因素 [A]. 第六届国际汉语教学讨论会论文选 [C]. 北京：北京大学出版社.

谢红华，2000b. 法语的 beaucoup 与汉语的"很、很多、多"——兼谈对外汉语重点词教学与外汉比较 [J]. 世界汉语教学（2）.

谢红华，2011. 构词法与对外汉语教学 [J]. CHUN[德国]（26）.

谢红华，2018. 法语背景学生学汉语偏深分析 [M]. 巴黎：友丰.

张　博，等，2008. 基于中介语语料库的汉语词汇专题研究 [M]. 北京：北京大学出版社.

张和生，2006. 外国学生汉语词汇学习状况计量研究 [J]. 世界汉语教学（1）.

张和生，2010. 对外汉语词汇教学研究——义类与形类 [M]. 北京：北京大学出版社.

赵金铭，等，2008. 基于中介语语料库的汉语句法研究 [M]. 北京：北京大学出版社.

周小兵，2009. 对外汉语教学入门（第二版）[M]. 广州：中山大学出版社.

周小兵，朱其智，邓小宁，等, 2007. 外国人学汉语语法偏误研究 [M]. 北京：北京语言大学出版社.

Poizat-Xie, H. & Zufferey, N. *Mots chinois, mots français – Manuel d'analyse lexicale pour francophones I*. Paris : You-Feng. Paris : l'Asiathèque (édition revue et corrigée 2010), 2003.

Poizat-Xie, H. *Nuances et subtilités de la langue chinoise – Manuel d'analyse lexicale pour francophones II*. Avec la participation de Marie Wyss. Paris : l'Asiathèque, 2010.

Erreurs lexicales des apprenants francophones : analyse et stratégies d'enseignement

Honghua Poizat-Xie

Université de Genève

Résumé Etant l'une des trois composantes essentielles de la langue, le lexique a une importance capitale dans l'enseignement du chinois langue étrangère. Pourtant, que ce soit dans les documents à visées didactiques, les ouvrages de référence, les grammaires ou les manuels de cours, l'explication du vocabulaire a toujours été un chaînon faible. Dans cet article, l'auteur analyse un échantillon représentatif des fréquentes erreurs lexicales commises par les francophones. Elle explore les difficultés lexicales des apprenants et ses causes à travers ces erreurs, tout en examinant un certain nombre de questions pédagogiques subsistant dans le domaine du lexique. Enfin, des mesures et des stratégies à adopter ont été proposées.

Mots clés apprenants francophones du chinois, enseignement du lexique, analyse d'erreurs, stratégies d'enseignement

谈任务教学法在对外汉语口语课程中的应用

——以巴黎东方语言文化学院二年级口语课为例

廖 敏

［法国］巴黎东方语言文化学院

摘 要 任务教学法自提出以来，在外语教学中广为应用。该教学法从学习者角度出发，强调交际能力及语言学习的实用性。笔者就任务教学法在对外汉语口语课堂上的应用进行举例探讨，并根据巴黎东方语言文化学院口语课的教学实践，重点对角色表演这一有效的任务形式展开讨论。角色表演不仅适用于课堂的口语练习，也适用于一些语法点的口语操练，如"把"字句。此外，评估是任务教学法的重要组成部分，本文就形成性评估的常见形式举例探讨，以强调其在教学中的重要性。为交际任务寻找最常用的语法项目，为语法项目寻找最合适的情景和恰当的任务，是每个教师的职责所在。

关键词 任务教学法 任务设计 角色表演 形成性评估

一、前言

任务教学法 (task-based language learning and teaching) 是从 20 世纪 80 年代逐渐发展起来的，在外语教学中被广泛认可和接受的一种外语教学方法。在任务教学法中，任务就是人们在日常生活、工作、娱乐等活动中所从事的各种各样有目的的活动。任务教学法的核心思想是要模拟人们在日常生活中运用语言所从事的各类活动，把目标语与学习者的日常生活结合起来。

在法国的汉语教学中，常规教学模式配以信息技术手段（PPT、video、网络等）的教学方法较为常见，真正在课堂上应用任务教学法的教案并不多，尤其是大学汉语课堂。在此，我们对已经发展成熟的任务教学法从理论上进行了简单的梳理，在实践上以巴黎东方语言文化学院二年级口语课为例，设计了课堂任务教案实例，最后对任务教学法的重要组成部分——评估进行探讨。

二、任务的特点

任务教学法以"学习任务"为主导。关于"任务"的特点，外语教学中已有众多探讨（Long，1985；Prabhu，1987；Ellis，2003；温晓虹，2011），总结起来至少包括六项：

- 主题。任务指人们日常工作与生活中不断重复的各项活动，以课堂外的真实世界为参照。

- 意义。任务活动以理解为基点，以意义交流为核心。互动双方进行可理解的输入、输出。有意义的交流体现了交际的真实性，能提高学习者参与和表达的积极性。

- 条件。如何提供输入的内容与怎样运用输入是任务设计的重点。教师在设计活动时制造信息（Information）、推理（Reasoning）、观点（Opinion）上的差异（Prabhu，1987），促进学生在活动中积极地传递信息，交换意见，达成新的共识。

- 方式。学习者在接近自然的语言环境中以互动的方式进行意义协商。互动能强化语言习得的过程，参与双方的信息差、推理差、观点差，使互动成为交际方式。

- 目标与结果。任务是为达到具体的学习目标而设计的一系列活动，要有具体的结果。任务的完成会给学习者带来喜悦。

- 评估。评估内容广泛，如学习者是否有效地准备了题目，是否积极参与了任务的执行，输入是否理解，输出是否准确，语言难度是否适当，认知、学习策略的运用是否合适，词汇的运用是否准确，词汇是否丰富，课文长度与难度是否合适，文化背景是否鲜明，等等。

以上六项的一个共同特点就是从学习者出发，重视对交际能力、语言技能、认知策略、分析问题、解决问题能力等的培养。教学理念着重于语言学习的实用性，基于学习者的兴趣和学习特点来启发、诱导，促进其学习过程。

三、任务的组成

任务由三部分组成：任务前活动、任务活动和任务后活动。每一项任务都建立在前一项任务完成的基础上，任务与任务之间环环相扣，循序渐进。

任务前活动。首先确定任务，然后根据任务来决定在执行任务过程中所要用到的语言项目。任务教学法重视学生表达的正确与得体，并不排斥对语言形式的操练，语言训练的目的是使学习者用正确的语言形式去完成任务，比如教师可以对可能要用到的词汇、句型、表达方式等进行语言方面的训练。任务前活动直接关系到任务是否可以完成以及完成得是否顺利。

任务中学习者自己完成任务。如两人一组或以小组的方式，互相咨询、解释、澄清、陈述。由于以意义为主，学习者在互动中处于一种积极主动的心理状态，既有理解的要求，又有表达的意愿，需要双向互动。另外，学习者会自然地运用语言环境，调动各种语言和非语言的资源来解决问题，完成任务。教师在这一过程中与学习者互动，如提供有关语言项目和必要信息，检验他们是否在用目的语进行交流等。教师启发、诱导，尽可能让学习者独立完成任务。教师参与的多少取决于任务的难度、学生的水平等因素。

任务后活动把任务的结果展现出来，主要以表达的形式展现给他人，让学生学以致用。这一阶段可以是任务的扩展和延伸，为学习者创造更多的真实交际的机会。对任务"产品"的准备常常可以作为家庭作业留给学生。任务的"产品"形式可多种多样，或是书面总结，或像一页宣传品，或是口语展示，或是自制的电视、广播节目，或是采访录像，或是用目的语做的新颖游戏。任务后活动也是对任务完成的检验、评估的过程。当学习者在班上做汇报时，班上所有的学生都参与检验，这对每个学生来说都是一个取长补短的机会。

四、任务教案示例

在上述理论基础之上，我们根据法国大学生经常半工半读的情况，设计了下面的任务。

表 1　课堂任务设计

任务	内容输入	建议语言形式	执行任务	评估
制订一份你认为最合适的课程表	这是课程表的草稿，里面是这个学期的所学科目，但是大部分课程具体时间未定，请根据自身情况制订一份对你来说最合适的课程表	我觉得最好（星期一上写字课）；对我来说/而言，……更合适/更重要	两人一组互动： a) 先根据个人情况填写课程表 b) 看着自己的表格告诉对方：我觉得最好……；……对我更合适；对我来说，…… c) 如果双方意见不一致，讨论一下，看看是否能达成一致 d) 对意见不一致的科目，记下对方不同意的原因 e) 把结果组织成一段话，在班上汇报	每人根据任务完成情况进行自我评估；教师对任务汇报者进行评估/语言点评

在该任务设计中，教师提供的内容使学生之间产生了意见差，这使交际成为必需。各项任务之间具有紧密的连续性，通过建议的语言形式，学生能够完成协商、发表个人观点等有语言意义的任务。

五、任务的有效形式——角色表演

角色表演能给语言学习者提供运用语言的机会，同时能帮助学习者体验生活、体验语言、锻炼交际能力，是任务展开的有效形式之一。和普通的对话练习有所不同，在此我们强调表演前的充分准备，以及表演过程中动作的大方、自然，而不是一味地背台词。只有尽量使模拟场景真实化才能更好地提高学生使用目的语交际的能力，激发学生灵活应变的潜力。

5.1 情景角色表演

结合笔者在巴黎东方语言文化学院中文系的工作实际，本文就情景角色表演进行探讨。巴黎东方语言文化学院中文系二年级所使用的教材为自行编写并出版的教材《初级汉语》(*Méthode de chinois*)，教材口语练习常见形式有：看图说话、角色表演、主题讨论、个人成段表达和根据课文回答问题。任务多种多样。在此，本文以教材为基础，对角色表演进行重点阐述，对角色表演中涉及的主题、情景、主要的语言形式和语言的意义功能等进行介绍。

表 2　角色表演举例

任务	内容输入	建议语言形式	任务前准备	角色表演	任务后
买房/租房	你和同伴去参观房子，然后决定是买房还是租房	表能力/可能的述补结构"买得起、租不起"；表距离的句式"A离B……"（房子离买东西的地方太远）；存现句；比较句"A比B……"；方位表达	三个人一组互动，每人设想自己能提供的有关房屋的信息，比如理想中的房子是什么样子、地理位置、房价等，然后与同伴交流	房客两人，房东一人 a）房客参观时就房子的状况提出各种问题，房东解答 b）房客将该房子和自己现在所住的房子或已参观过的房子进行比较 c）房客之间如果意见不一致，需要协商统一意见 d）最后决定是买房还是租房 e）将决定告知房东，并解释原因	每组同学到台前进行表演（任务展示），全班学生根据任务完成过程中的表现进行点评，教师对表演进行评估/点评

该角色表演所涉及的语言形式包括存现句、比较句、方位表达、地理位置表达等，而语言的意义功能涉及提出异议、咨询、赞美、表达喜好等。角色表演结束后，全班同学就表演进行点评，老师就语言的流畅性与准确性进行评估。尽管任务教学法更强调语言的流畅性，但我们认为，语言运用的准确性是语言教学的一个重要目标。成功的语言学习者在语言运用方面应该做到准确性、流畅性和得体性的有机统一。过分强调一个方面而忽视其他方面，在很大程度上违背了语言教学的基本规律。鉴于巴黎东方语言文化学院的课程是专业中文教学，对语言的准确性要求很高，对角色表演中出现的错误语言形式进行修正仍是教师任务后阶段的重点。

表3　巴黎东方语言文化学院二年级口语课角色表演形式

主题	情景	角色	主要语言形式	语言的意义功能
订旅馆房间	旅馆前台/电话预订	旅游者、旅馆人员	询问价格、单位	询问、要求、讲价
找工作	面试	申请者、面试者	动词后缀"–了""–过"，句尾"了"，"是……的"	自我介绍、陈述、说服、解释
买房/租房	在房东家参观	参观者、房东	存现句，方位表达，描述地理位置，买得起、租不起	提出异议、咨询、赞美、协商
迟到	学校/公司	学生—老师职员—经理	比较句，形容词、副词的用法	比较、解释、澄清
订机票	打电话	旅客、卖票者	时间、地点的语序，"从……到……"	介绍、要求、推荐、商议
交朋友，用名片	在晚会上互相介绍，认识	三个人	姓名、工作、爱好、兴趣的表达	认识、了解、邀请、表扬
制订暑期旅行计划	收集广告信息，利用信息做计划	想一起旅行的朋友	时间、地点、系列活动的表达	商议、说服、同意、否定
法国人的请客方式	朋友咨询	中国人、法国人	表达动作的先后顺序，段落结构的组织，"每……，都/就……"	比较差异、习俗介绍、信息提供
去谁家过春节	在家讨论	太太、先生	比较句，时间副词"才"，假设句，"好"引导目的	商议、提出异议、否定、说服、找到解决办法

主题	情景	角色	主要语言形式	语言的意义功能
询问旅行信息	用地图来介绍说明	想旅行的人、熟悉目的地的人	"跟……差不多"，A比B+形容词，A是B的×倍	询问、介绍信息（气候、语言、美食、交通）、比较、建议
交流看病经验	朋友偶遇	两个朋友	"把"字句，病情描述，"既……又……"	特点介绍、比较差异

正如上面提到的，我们强调充分的准备时间和表演的真实性。笔者曾尝试任务前准备阶段为两个星期，任务的主题是选择学生熟悉的故事进行角色表演，语言形式以复习学生所学到的语言形式为主，同时笔者强调动作和道具的真实性。准备阶段的第一个星期确认合作伙伴和题目，第二个星期编写台词，老师帮助学生修改。由于准备的时间充分，学生精心设计了道具和服装，在表演时投入专注，语言的流畅性和准确性都令人满意，连平常不愿开口的学生都大胆加入，也增强了自信心。由于教学进度的要求，在实际工作中不可能每次都有如此充分的准备时间，但笔者认为一学期一到两次这样的戏剧性角色表演能丰富口语课堂形式，增加学生的兴趣，提高学习的成就感。

5.2 语法操练角色表演

除了课文的口语练习中涉及角色扮演，在一些语法点的口语操练中，我们也可以以角色扮演的形式展开。语言知识加交际的机会比仅仅讲语法更能提高学生使用语言的流利程度与语法的准确度，在此以"把"字句举例。常用的"把"字句都是命令或表位移的，常用的介词有在、到、给等。面对刚接触到"把"字句的学生，老师在讲解完语法后，可以设计"搬家"或者"看医生"这样的场景让学生在实践中运用。

表4 "把"字句角色表演1——搬家

任务	语言的意义功能	语言形式
两人搬进新家，各自都想按自己的想法布置房子，请与你的同伴商量，最后把新家布置得让你们都满意	命令、协商、表达个人意见	"把"字句（把电视放在那儿；把这个拿出去，放到……）

表5 "把"字句角色表演2——看医生

任务	语言的意义功能	语言形式
你去看医生，请根据医生的指示配合诊断	命令、介绍病情、表达医生看法	"把"字句（把手给我；把外套脱下来；把舌头伸出来）

对于更多更难掌握的语法点，老师需要认真思考，设计出接近生活的角色表演任务来帮助学生理解。

六、评估

任务教学法很重视对学生进行评估，教学评估不仅包括以标准化考试为代表的终结性评估，也包括以学习为目的、注重学习过程的形成性评估。20 世纪 90 年代以来，更多的学者开始关注形成性评估在教学中的作用和影响。形成性评估能够更加全面地体现学习者在学习过程中的学习行为，强调对学生的学习过程进行评价，提供反馈信息，并对学生的情感、态度和策略等方面的发展做出评价。任务教学法通过设计不同的任务，以学生为中心，为他们提供发挥积极性、主动性的空间。如果只采取终结性评估的方法，以阶段性测试的结果为依据评判教学和学习的成果就会有失公正性和全面性。因此，在任务教学法实施的过程中有必要采用贯穿各个环节的形成性评估，同时，结合终结性评估对教师教学和学生学习的完成情况进行全面评估。

形成性评估的形式多样化，常见的有学生自评、学生互评、教师评估三种。我们在此借鉴加拿大学者 Lafontaine 设计的学生自评表，供读者参考借鉴。

表6 学生自评表

项目	标准及评价	等级：A（优秀）、B（很好）、C（好）、D（及格）、E（失败）
1. 参与度	整个讨论过程中， • 我是否积极参与了讨论？ • 我是否认真对待了主题？ • 我是否向队友提问以使讨论深入？ • 我是否经常发言？ • 我的强项：_____ • 我的弱项：_____	

（续表）

项目	标准及评价	等级：A（优秀）、B（很好）、C（好）、D（及格）、E（失败）
2. 口语质量	整个讨论过程中， • 我是否注意了用语？ • 我的用词是否准确？ • 当我发言时，是否特别注意了课堂上强调的语言知识？ • 我意识到我犯的语言错误了吗？ • 我改正了我犯的语言错误了吗？ • 我的强项：_____ • 我的弱项：_____	
自我评价		

　　该学生自评表以自我提问的方式促使学生进行反思，从中我们也可以看出形成性评估对学生习得过程的重视，而这正是实际工作中被忽视的部分。随着《欧洲统一语言参考标准》的实施和完善，我们完全可以在欧洲标准的基础上，同学生商议、协调，共同制定出符合自身实际的、让学生都乐于执行的评估标准。

七、小结

　　任务教学法的优势在于把实际的生活搬进课堂，使课堂成为一个大家所熟悉的真实的小世界，让学生在这个小世界里用目的语再现生活。思考并探索如何设计不同的话题和语言环境来把语言的形式、内容与功能自然地联系在一起；如何为交际任务寻找最常用的语法项目。为语法项目找到最合适的情景和恰当的任务，将是每个对外汉语教师的职责所在。

参考文献

王永阳，2009. 试论戏剧化教学法在汉语作为第二语言教学中的运用——以澳大利亚的一个课堂教学为例 [J]. 世界汉语教学（2）.

温晓虹，2011. 语言习得与汉语课任务的设计 [J]. 国际汉语（1）.

张笑难,2010.基于任务型模式的主题单元教学在对外汉语写作课中的实践[J].内蒙古师范大学学报（教育科学版）(3).

Ellis, R. *Task-based language learning and teaching.* Oxford : Oxford University Press, 2003.

Lafontaine, L. Designed some auto-evaluation tables, 2001. http://www.lizannelafontaine.com/PDF/eval.pdf.

Long, M. A role for instruction in second language acquisition : task-based language teaching, *Modeling and assessing second language acquisition*, édité par K. Hyltenstam & M. Pienemann, Clevedon, Avon : Multilingual Matters, 1985, pp. 77-79.

Prabhu, N. S. *Second language pedagogy.* Oxford : Oxford University Press, 1987.

Willis, J. Perspectives on task-based instruction : understanding our practices, acknowledging different practitioners. *Task-based instruction in foreign language education, practices and programs*, édité par B. Leaver & J. Willis, Washington, DC : Georgetown University Press, 2004.

A propos de l'application de la didactique de tâches aux cours de conversation orale – L'exemple d'un cours de conversation orale de deuxième année à l'INALCO, Paris

Liao Min

Institut National des Langues et Civilisations Orientales

Résumé   Depuis son apparition, la didactique de tâches a été largement appliquée dans l'enseignement des langues étrangères. Orientée sur les apprenants, elle met l'accent sur la nature pragmatique des compétences de communication et de l'apprentissage des langues. Dans le présent article, l'auteur discute de l'application de la didactique de tâches aux cours de conversation orale en chinois langue étrangère à l'INALCO, et montre l'efficacité des jeux de rôle dans les exercices de conversation orale en cours, mais également dans l'acquisition de points de grammaire tels que par exemple les phrases en « 把 ». Par ailleurs, l'évaluation constitue une partie importante de la didactique de tâches. Afin de démontrer son importance dans l'enseignement, l'auteur discute de différents types d'évaluation formative fréquemment utilisés. Il appartient à l'enseignant de chinois langue étrangère de déterminer les situations et les tâches à effectuer, en fonction des règles de grammaire qu'elles sollicitent.

Mots clés didactique de tâches, conception des tâches, jeux de rôles, évaluation formative

跨文化视角下的对法汉语教学策略

臧　清

北京语言大学

摘　要　中法两国在语言文化背景上的差异，对法国留学生的汉语跨文化交际存在制约。为此，中国教师需要了解教学对象的民族性格、思维方式、价值观念以及语言学基本特征，根据法国学生的文化特质，设计相应的国别化教学策略。在语言技能型课上，教师需要引导学生在中法两种语言特征的对照中学习目的语；在文化知识型课上，教师则应围绕中国文化世界对于法国学生的差异性意义来选取文化教学节点。针对法国学生对中国文化理解上的盲点和误区，教师可从可操作的视角切入有关社会文化生活的讨论。在文化对比环节应避免东方主义的误导，教师应引导学生对自身的观察位置有所反省和检讨，同时关注法兰西文化的独特性，从而深化跨文化理解和交流。

关键词　跨文化意识　对法汉语教学　文化对比　教学策略

当前，在汉语国际教育中，跨文化交际带来的问题是语言教学上一个不可回避的干扰因素。在面向法国来华留学生的汉语教学中，我们发现，中法两国在语言文化背景上的差异，对法国留学生理解和运用汉语存在着某种程度的制约。为此，中国教师需要理解和把握两国文化的不同特质，了解教学对象的民族性格、思维方式等文化特征，从而在传播中国语言文化中避免文化冲突，消除文化隔阂；同时也应注意针对法国学生对中国文化理解上的盲点和误区，在教学中适时加以指点和引导，破除文化迷信，帮助他们了解中国语言深层的文化背景，领略中国语言的丰富意蕴，更好地达到语言交际的目的。基于这一跨文化的视角，本文在此进行操作层面的国别化语言文化教学策略的探讨。

一、有关法国社会文化的知识储备

在教学活动开始之前和进行之中，面对来自法国的教学对象，中国汉语教师有必要对法国社会文化有一个比较全面而深入地把握。一般来说，外派到法国承担汉语国际教育任务的中国教师，赴任之前大都有比较自觉的意识去了解有关法国和派遣地区的文化概貌，作为即将展开的异域生活和工作的必要准备。生活上入乡随俗，尊重对方的文化礼俗和生活习惯，充分掌握所在地文化背景知识以便跟同事和学生沟通感情、交流思想，这差不多已经是每一位训练有素的外派教师的常识。然而，面对来到中国本土求学的法国留学生，中国教师往往会忽略这一文化层面的准备。这固然是因为目前教师面对的主要是多国学生混合编班的"联合国式"班级，教学对象的文化背景各异，教师无暇一一顾及，但主要还是由于置身中国本土环境，对接触和把握异文化的重要性和紧迫性缺乏切身体会，跨文化意识相对置身异域工作环境时淡薄得多。毋庸讳言，知悉教学对象的来源状况，分门别类地着手搜集世界多种文化的资料，并建立国别和区域档案，根据学生状况随时补充、整理和浏览，对教师来说的确是相当大的工作量，但既然选择了对外汉语教学这一行业，就应当勇于面对这样的挑战，况且这样的课前准备虽然上手时难度较大，但只要适时更新，会有长期的适用性，教师能够长久受益。

服务于教学的这样一份法国文化档案，涵盖的范围应是广泛的。有关法国的历史、地理、政治制度、社会经济等国情概况，思想、宗教、科学、艺术等的发展脉络，民族性格的基本特质，日常生活的风土人情，甚至包括饮食、时装、影视、音乐、建筑、流行时尚等亚文化层面的内容，都要有所涉及，目的是保证教师在广义的文化领域内不至于产生因寡于见闻而导致的隔阂。

这项看似外围的、与近期授课目标无直接关联的前期准备工作，绝不是可有可无的，一定要做足了功课，越充分越好，它直接关系到良好教学环境的营造和维持。在刚刚确立的师生关系中，教师作为强势主导的一方，如能在看似随意的言谈和课程的开场白中主动表现出对学生文化背景的认知和尊重，往往就顺利迈出了师生接触的第一步。教师可以以此迅速拉近与学生的距离，赢得学生的信任，这是一种有效的人际破冰技巧，在有经验的教师那里可以说是屡试不爽。对于多数性格开朗的法国学生来说，在一种有亲近感的课堂里上课，更易营造一种自由交流、轻松愉悦的学习环境，感受到他们熟悉的类似法国国内的学习氛围。学生在无焦虑的学习环境中可以建立自信，并催生和强化学习动机，这是保证日后克服其他学习障碍的主观先决条件，教育者对此应予以充分的重视和呵护。

文化背景备课，要求教师因课型、教学目的的不同而有不同的侧重。在语言技能类课型中，教师对法国文化了解的广博程度当大于专精的程度。而在文化专题型课程中，教师除了要视野开阔，知识丰富，最好还要对文化领域的某一专题有一定的造诣，显示出汉语国际教育者专家级的学术水准。

二、语言技能型课程的跨文化实践

语言是文化的载体，属于文化的一部分。在汉语国际教育过程中，无论是语言技能训练课还是文化背景知识课，都与跨文化实践活动密不可分。

分类言之，语言技能型课程的教师首先要对法语的语言学特征有较为充分的了解。教师虽不一定需要对法国文字和语言学有深入广博的知识，但跨文化意识中应当包含对中、法两种语言的特征的对照性把握。教师应基于对学生母语——法语的语言学特征的认知，在语音、语汇、语法的教学中紧扣学生的薄弱环节有针对性地讲练，这样才会收到事半功倍的教学效果。

教师应该帮助法国学生逐步建立这样一些基本的认知。其一，语音方面，对于法语母语者，语音方面的困难是，同样有塞音，法语塞音只有浊音和清音的相对，而汉语普通话塞音只有送气和不送气的相对，所以法国人不容易区别汉语中［p］和［p'］、［t］和［t'］、［k］和［k'］等音；汉语鼻音韵尾不同于法语；法语中没有声调和变调现象，但有语调，提示法国学生注意其母语中语调的区别意义的作用，有助于他们理解汉语声调的重要性。这些语音特点，明朝末年最早学习汉语的西方人就已经意识到了，他们在制定汉语拉丁化的拼音方案时就遇到了这些棘手的难点。在今天的对法汉语教学中，这些难点仍是初级阶段正音训练的重点。另外，由于中国幅员辽阔，各地方言差异很大，即使是作为中国官方语言的"普通话"，在实际使用上也存在着差别，因而外国人很难听懂各种汉语方言，学习者对此应当有心理准备。其二，语法方面，汉语属于非形态语言，与法语、英语及多数欧洲语言所属的形态语言完全不同，所以对法国人来说，学习汉语要比学习英语、德语或西班牙语困难得多。学生熟悉的形态语言的词法、句法，比如句子构成成分的位置、时间表达、动词形态变化的关联等，完全不能套用在汉语上。他们必须面对许多新的概念，如"主题"与"述语"、动量词、名量词、重叠词等。汉语有自己独特的构词法，汉语中指示动作的动词丰富而具体，动宾搭配比法语中更固定，因而对法国汉语学习者来说，汉语搭配词典非常重要，建议汉语教师根据学生的学习进度和需求分阶段推荐使用。汉语由于书面语与口语分离的状态已存在千年，至今使用的书面语像报章、杂志、指示牌、说明书等，仍有文言文的痕迹，常采用许多不见于口语的词汇和语法形式；简体字和繁体字在世界华文地区同时使用。教师于此可以引导法国学生思考法语在使用中的类似情况，从法国不同历史时期、法国内部各区域、世界范围内不同法语地区之间呈现的法语的种种变异等，启发他们理解汉语的驳杂性质并在使用中加以注意。归根结底，我们审视汉、法两种语言的不同面貌时，不难看出语言特征是与其文化特征深深交织在一起的，对大多数成年汉语学习者来说，面临差异时，适当地解释语法和文化因素，有助于培养他们对语言对比的敏感性，帮助他们更准确地领悟语言的使用方法和意义，迅速找到通往另一种语言的奥秘之门。

语言技能课不需要结合社会文化背景专门讲授，但这并不意味着教师要对文化背景内容完全排除。语言课堂虽然不专门设定文化阐释环节，但是从文化背景中剥离出来的"纯语言"是不存在的，因此语言技能的演练其实总是在具体的文化情境中进行的。教师在课堂活动之中，应随时激活自己和学习者的跨文化意识，使这种意识贯穿在教学的整个过程中。在法国学生占多数的课堂上，教师应根据教学内容和进度，适时插入可与法国文化相对照的内容，有时甚至只需要呈现与法国社会生活相关的一鳞半爪，一带而过，点到即止，不着痕迹地将文化知识与语言技能的训练结合在一起并为之服务。这样的处理与其说是依赖课前备战技巧，毋宁说更多的是靠教师的临场经验和灵感火花。事实上，教师最重要的是要显示出对学生所属的语言文化世界的关注和兴趣，这样，即使教师的文化知识储备不能涵盖学生涉及的领域，也不必担心学生的负面评价，反而会引起学生展示、解说的欲望，从而使汉语教学避免了师对生的单向传授，而实现了文化内容沟通的互动诉求。语言学习归根结底是要达成文化交际的目的，从此意义上看，汉语教师完全可以尝试一种逆向思维的文化导入策略，随时创造真实的语言环境，鼓励学生大胆沟通。

三、文化知识型课程教学重点的选择

文化知识或文化专题讨论课型，要求教师以"专家"的身份进行普及性的传授，教学内容在深入浅出的同时，还应体现一定的学术性。选择文化类型课的学生，往往对中国文化的某些方面有较为浓厚的兴趣，或多或少有一些文化知识储备。教师应针对学生的知识背景状况，对文化课的讲授内容和讲授方法做出合理的构想和设计，其中的关键是了解学生对中国文化的兴趣点、认知盲点和理解误区。那么，怎样才能比较准确地抓住这些教学关节点呢？实际调查的结果表明，法国学生易于产生隔膜和误解的中国文化点言人人殊，而且有一定的时效性和区域性。笔者认为，比较可行的方法是围绕中国文化世界对于法国学生的差异性意义来选取文化教学节点。

文化的差异性包含两个层面：一是古代与现代的不同；一是自我与他者的不同。我们的任务就是要教留学生如何解读另一种文化的文本。古代的中国与今天的中国，已是不同的世界。就文学而言，教法国学生阅读唐诗，学习平仄声律没有太大意义，只讲一下基本规则即可。但唐诗五律、七律和绝句的基本格式，格律诗的对仗，意境的构成，等，会是学生领略中国古典诗歌的要津。再比如，章回小说的特色——叙事中用诗歌来描写风景、人物形象、心理活动、争斗场面等，是中国传统小说的特别笔法；中国戏曲有特定的母题、结构和角色类型。这些都不同于西方的叙事文学，只要讲出其间的差别，都会引起学生的强烈兴趣。社会生活的其他方面，如各种宗教、阶级、性别、家庭关系的结构、建筑、音乐、食馔、车马及其他日用百物、服饰器玩中，都可以找到中国性格凝聚的载体。当然，学生往往会对中国文化中的传统与现代混淆不清，延续和断裂无从判断，误解丛生；把复杂现象简单化地加以蔑视或否定，甚至带有居高临下的文化优越感；这些不能体察历史文化生态复杂性之处，都是应予以纠偏的部分。

讲到近代的中国，学生的无论正面的还是负面的评价都与现实感受纠结更深。如鸦片战争对中国的影响，清末西方列强与中国的关系，中国在内外交困中的衰落，民国时期的"上海摩登"与租界，中华人民共和国成立，社会主义制度下的单位、集体、个人的关系，改革开放的重大变化，中国特色的社会主义道路，等等。选择这类文本组织教学，备课时一定要仔细预想留学生的异己之感，运用忍耐力和涵养功夫，以平和心境讲述中国人的悲欢离合的故事，冷静剖析，不虚美，不隐恶，不曲为之说。

四、文化对比切入视角的重要性

汉语教师应对中法文化的异同处有清楚的认识，并善于从有效视角引导和深化有关文化不同特质的讨论。

文化存在于各种内隐和外显的模式之中，借助于符号的运用得以学习和传播，并构成人类群体的特殊成就。学界目前有人把文化分成显性文化和隐性文化；有的人把文化分成表层文化、深层文化和核心文化。目前广为人接受的一种文化概念将文化分成三层：第一层是物质文化，它是为人的主观意识加工改造过的；第二层是制度文化，主要包括政治及经济制度、法律、文艺作品、人际关系、习惯行为等；第三层是心理文化，或称观念文化，包括人的价值观念、思维方式、审美情趣、道德情操、宗教感情和民族心理等。

进行中法文化的对比，选好观察、分析的立足点和切入点是至关重要的。在文化的第一层和第二层这样的显性层面，中法两国的差异应当说是比较容易观察到的，——对照之下归纳异同也是有意义的，在初中级汉语教学阶段不妨引导学生大量列举比较项，进行穷尽式对比。而第三层的深层文化，即隐性的核心价值观方面，才是某一国家或民族文化内涵和民族精神的关键，对它的观察更具高屋建瓴、纲举目张之效，应当是文化对比的焦点所在。这就不但需要相对复杂些的汉语表达能力，而且要具备敏锐的剖析眼光。由于深层观念文化具有民族基因的性质，其凝成更受人们所处的自然环境和社会环境的影响，一般处于相同的自然地理环境的人，其宗教信仰、历史文化、生活习俗等方面具有一定程度的相似性，其文化价值观念也会趋同；而不同民族之间文化价值观的特殊面貌也与它们各自不同的自然和社会环境息息相关。因此，笔者认为，在语言文化教学中援引文化人类学的地理环境决定论，不失为探索两国深层文化差异的一个便捷门径。引导学生从中法两国所处的地理环境入手审视两国文化，既可避免局限于浅表层面的文化现象对举，对学生来说又真实可感，有据可依，便于开展讨论，并且由此追踪下去，可以到达民族价值观这一核心问题，深化学习者对目的语文化的感知和理解。

选择适当的文化切入视点还有助于突破中高级阶段口语讨论课的一个瓶颈，即课堂讨论层次无法提升，或是学生避重就轻，重复简单话题，使用简单句式，回避逻辑性思考和多重复句的运用；或是教师设置的话题难度与学生能力差距较大，学生不知如何表达。根据第二语言教学中课堂活动的设计原则，课堂活动需要调动的能力层次应略高于学习者的实际能力，这样才能刺激学习者向更高阶段攀升的学习动机，有效提升学习者的能力。在中高级阶段的教学实践中，这个"略高"的尺度是比较微妙、难以量化把握的，而适当文化视点的切入，恰能给出一个具有可操作性的参照。以"中国文化专题讨论课"为例，这门课的授课对象是已经在中国学习两年以上，汉语水平在中高级程度的来华留学生，是一门文化知识传授和高级口语表达训练有机结合的综合技能课。授课教师依照课程大纲将中国文化内容划分为若干单元，每个单元的题目基本上是诸如中国农耕文化、中国家族观念、儒道互补的精神世界之类。如果直接将这样抽象、宏观的文化分析话题作为课堂任务，容易将学生导向宏大的文化框架叙述和抽象的文化理念概括，与之相对应的是哲理性"大词"，这与学习者的分析理解能力，尤其是汉语表述能力距离较远，容易使学生产生无法掌控的挫折感，课堂表现为被动接受，主动参与度低。如果变换一下任务设计，不从文化框架和文化理念的抽象议论开始，而以学生自身熟悉的本国地理环境的具体描述开始，则会出现另一种情景。面对这一激发学生爱国心的任务，学生无一不表现出能够胜任的自信和热情，富有民族文化自豪感的法国学生更是乐于领受任务并积极准备。同时，这一任务还要求学生对已知的本国国情略加整理，并努力尝试用新的目的语表达出来。在此，文化知识和语言结构都经历了一个完成度颇高的转换。接下来，从学生熟悉的题材导入，进入对中国地理环境的认知、中国地理环境和本国地理环境的对照，渐渐进入中外不同文化形态的特征及其成因的探究和讨论，由简入繁，思考、推论、归纳、概括，新词汇、新知识会自然地融入表达的需求中。学习者从被动接受变为主动参与讨论，语言技能得以锻炼，文化理解得以深化，跨文化交际的任务得以顺畅完成。

五、文化比较中的理性的眼光

在国别化教学中，文化比较一直是采用度颇高的课堂互动项目，不过也往往存在着不同程度的浅表化和偏执化倾向。笔者认为，中国教师如果能在以下两个方面保持理性的眼光和清醒的意识，深化对文化问题的思考，提升交流讨论的品质，或能弥补这一缺失。

一是应持有平等对话的文化交流心态，注意换位思考，发扬反思批判的精神。从中国这一方来说，不可以大国心态妄自尊大，也不可盲目崇拜西方，不自觉地以西方的标准作为裁断事物的普世标准。比如讲中国饮食文化，不可一味地鼓吹自己的饮食文化登峰造极、无与伦比，还应明白法国也是饮食文化大国，具体表述上既要弘扬中国独到的文化成就又要有分寸，可以借鉴法国人是如何展示其饮馔之美，如何以其美食在欧美世界的龙头地位自豪的。这样，回过头来，我们就能比较容易地找到客观的角度和充足的自信。在向法国人讲述中国故事的时候，不要迎合对方的好恶，不要以展示东方奇观来获取关注，也不要以自我的"东方化"建构进行阐释，对于自身和他人以任何形式流露的文化霸权都应保持警惕。另一方面，对于法国学生观察中国文化的视角，中国教师也可以给予思想理论指导，帮助他们学会自我省思。在探索东方时，培养学生提出批判性和反思性的问题，比如，作为置身21世纪全球化时代的法国人（西方人），观察中国时是从什么样的立场和角度出发的？自身一直以来接受的教育中有关中国的话语是什么样的？自己意识中是否有东方主义造成的影响？自己带有哪些隐形的过滤镜？有关中外文化对峙的叙述与现代国家民族的利益有何关联？通过引导这样的思考，破除留学生自身习焉不察的成见和偏见，有效地打破有关中国文化的刻板印象。开展这样的理性追问和自我审视，理想的方式应该是师生双向的，师生互为镜像，互相启发，会将彼此之间的交流引入更高境界。

一是西方文化有着不同于东方文化的鲜明特色，法兰西文化作为欧洲文化的典型代表，在西方文化的共性下又有法兰西民族的特性。教师在国别化教学中，还应注意不可将法兰西文化泛化处理为广义的西方文化，应关注其独特的性格，关注在讨论中国文化问题时法国学生特有的观点、立场及其连带产生的语言应用偏误，分析其背后的文化土壤，以针对性地消除其文化理解和语言学习中的障碍。例如，在全球化格局中各国文化交互流动的政策方面，美国和法国就有很大的不同。美国的文化政策体现了其自由主义传统，强调文化产品生产、销售的高度市场化和政府干预的最小化；而法国则强调文化产品不同于一般商品的"文化"属性，其文化政策模式大多强调政府对本国文化产业的理性规划，这是法国自路易十三、路易十四以来一直延续的具有文化保护主义色彩的政策，两者之间体现了不同的历史文化积淀。特别是法国近年来又高举"文化例外"和"文化多样性"两面旗帜，抵抗美国文化日益强大的全球覆盖，确保其"思想独立、善于创新"的文化大国的地位。这两种文化政策在美法两国都取得了与其文化传统相适应的成功，各自都得到了本国国民的高度认同和支持。因此，在中国的文化讨论课堂上，诸如世界贸易组织的文化产业谈判、全球化与民族化的关系等冲突汇聚的热议话题，来自西方国家的学生的观点必定带有同源却不同流的观念烙印，教师对此绝不可一概而论，而应对留学生各自的文化脉络细加甄别，有区别地予以回应。

六、结语

综上所述，在国别性汉语国际教育中，跨文化意识的养成和贯彻具有举足轻重的作用，本文即基于这一思路尝试提出了若干对法汉语教学的操作性策略，希望能够有助于同步培养教师和学生双方对中法文化差异的敏感性，增强对异文化的适应能力，进而克服文化差异和文化冲突，真正掌握跨文化交际的能力。

实际上，这里提出的与其说是对法教学的具体方略，不如说是一种实践性思路的示例。笔者认为，只要将跨文化意识贯彻于教学设计和教学实践的始终，每一位汉语国际教育者都能够开发出多姿多彩的适合法国学生的课堂教学策略和课后自主学习策略。我们要把握的原则就是，在充分尊重学生个性差异的基础上，根据法国学生的性格、心理、语言和思维特点，因势利导，设计活泼多样、富有新意的教学法。当然，尊重学生个性并不是一味迎合其学习习惯，有时候以逆向思维，让法国学生尝试中国式的学习方法，反倒会带来意想不到的良好效果。比如，西方学习者学习第二语言时偏重"理解"法，注重理解第二语言的语音系统、语法结构和词法句法，中国人学习外语时则强调"背诵"，讲究把一些常用的句子、段落和短文背得滚瓜烂熟，用时不假思索，张口就来。这两种学习习惯自然是各有短长，不可彼此替代。在教法国学生时，我们不妨给学生布置一些句段甚至诗文篇章等背诵的作业。学生事后反映，这种作业新鲜有趣，对培养汉语的语感很有帮助。

没有了解就没有共情，就没有学习的兴趣和交流的愿望。因此，教学法不分中西，无论新旧，只要善用文化对比，能够调动起学生的主体性，让学生在学习中体会到跨文化交际的乐趣，就都是值得尝试的。拥有跨文化视野的学生，一方面依循教师的精心设计去领略异文化的胜境，另一方面则主动以他者视角观照自我，随时随地在螺旋上升式地探索中理解文化。如此，在发现中学习语言，就一定能收到事半功倍的学习效果。

参考文献

陈俊森，樊葳葳，钟 华，2006. 跨文化交际与外语教育 [M]. 武汉：华中科技大学出版社.

胡文仲，1994. 文化与交际 [M]. 北京：外语教学与研究出版社.

胡文仲，高一虹，1997. 外语教学与文化 [M]. 长沙：湖南教育出版社 .

吕必松，1999. 对外汉语教学概论 (讲义)[M]. 国家教委对外汉语教师资格审查委员会办公室 .

田珊珊，2010. 法国的文化政策：一个基于民族文化视角的研究 [J]. 法国研究（2）.

邢福义，2000. 文化语言学 [M]. 武汉：湖北教育出版社 .

Stratégies pour l'enseignement du chinois langue étrangère aux francophones sous l'angle interculturel

Zang Qing

Université des Langues et Cultures de Pékin

Résumé　Les différences de contexte culturel entre la Chine et la France constituent pour les apprenants français un obstacle à la communication interculturelle. C'est pourquoi les enseignants chinois devraient connaître les traits fondamentaux de la culture française, les modes de pensée, les valeurs ainsi que les caractéristiques fondamentales de la langue de leurs apprenants afin d'adopter des stratégies d'enseignement appropriées à leur spécificité culturelle. Dans les cours de langue, il convient d'amener l'étudiant à étudier la langue cible (le chinois) par la comparaison avec le français. Dans les cours de connaissances culturelles, il convient d'aborder des points de culture chinoise qui présentent des différences avec la culture française, afin de combler la méconnaissance des apprenants ou de corriger leurs idées reçues vis-à-vis de la culture chinoise. Lors des comparaisons entre les deux pays, il convient d'éviter l'écueil de l'orientalisme et d'amener les apprenants à conduire leurs observations avec introspection et sens critique. Dans le même temps, on s'attachera à prendre en compte la singularité de la culture française afin de parvenir à une compréhension et une communication interculturelles réussies.

Mots clés　conscience interculturelle, enseignement du chinois aux Français, comparaison des cultures, stratégies d'enseignement

面向欧洲学员的初级汉语教学策略

张 丹

北京外国语大学

摘 要 目前，汉语作为第二语言的教学在欧洲方兴未艾，与此同时，也面临众多挑战。笔者以在法国和比利时从事对外汉语教学的实践为依据，通过分析欧洲初级汉语学习者在语言学习观、语言学习策略和语言学习动机三个层面表现出的外语学习特点，认为科学地引导欧洲学员"入门"是关键，激发并培养他们对汉语及中国文化的持久兴趣则是重中之重。

关键词 欧洲 汉语 兴趣 策略

一、欧洲初级汉语学习者的外语学习特点

20 世纪 70 年代初，发端于欧美的交际教学法（approche communicative）最重要的贡献在于强调语言教学应把学生作为学习的主体，着重培养学生灵活运用所学语言知识完成有效交际的能力（Germain，1993）。而要实现向这种以学和学生为中心的教学模式的转变，（教师）首先就必须了解学生，包括他们的语言学习观、学习策略、学习动机等（文秋芳、王海啸，1996），这也是我国自古以来就有的所谓因材施教的前提和基础。那么，包括法国和比利时在内的欧洲国家的初级汉语学习者，在外语学习方面，有哪些共同的特点呢？

首先，在语言学习观上，也就是学习者对外语学习的看法上，在多数欧洲人眼中，学习外语是为了通过外语获得其他专业知识，更是为了便于了解和认识目的语国家的社会及其文化，因此在外语学习中，他们的文化意识非常强，文化兴趣往往胜过对语言形式或技能的掌握。而且，随着语言学习的深入，他们的文化触角愈加敏锐和广泛，这一特点在学习博大精深的汉语言文化的欧洲学员中表现得尤为明显，且具有稳定性和交互性。稳定性指这种文化意识贯穿整个汉语学习过程，为汉语学习提供持久的原动力；交互性指他们对汉语言文化的敏感度和

兴趣点会在与其老师、同学、家长以及与社会的接触和交流中产生互为推动的关系。的确，不少欧洲人先是接触了中国文化，产生了兴趣，继而开始学习汉语，最终与汉语结下不解之缘，如当代的法国著名语言学家、法兰西公学院名誉院士海然热（Claude Hagège）先生。

其次，在学习策略上，也就是学习者对如何学好第二语言或外语的认识上，具体可表现为学习者采用的系列化的外语学习方式方法，包括学习计划的制订、解决困难的措施等。这里需要指出的是，欧洲国家的大学中文系中的和社会机构中的汉语学习者一般都是成年人，有大学生、教师、医生、律师、公务员、外交官、商人，也有退休者，甚至失业人员，他们社会背景复杂，社会阅历丰富，自主管理和自主学习的能力比较强。特别是在欧洲一体化的今天，他们大多都有学习第二外语的经历。但是，丰富的社会阅历和外语学习经历导致有的学员不能正确评估自己的外语学习能力，轻视语言基本功的刻苦训练，一味地寄希望于"做中学"（李珠、姜丽萍，2008）；较强的自主管理和自主学习能力导致有的学员过分相信和依赖自己的个人学习风格和个性，缺少开放的外语学习的互动意识；第二外语，主要是英语的学习经历误导了部分学员对汉语学习的特点和难度的认识，以为语言学习可以"以不变应万变"，错将以往学习外语的经验全盘照搬到汉语学习中来。

最后，关于学习动机，外语教学界将之分为融入型动机（motivation intégrative）和工具型动机（motivation instrumentale）两大类。事实上，众多的研究已经表明，外语学习的动机远不止上述两大类，还有其他类型的动机，如兴趣爱好型动机和旅游临时型动机等。更为重要的是，人们同时发现：第一，学习动机会受语境的影响，亦即受学习环境的影响；第二，现实生活中，学习者很可能同时具备好几种学习动机，或者说，各类学习动机不可能那么泾渭分明，非黑即白，它们"时而结合在一起，时而分界模糊"（刘润清、戴曼纯，2003）。纵观笔者这些年在欧洲和中国的教学对象，便能充分印证上述观点。在欧洲语境下学习汉语的人多数是想通过学习汉语了解中国文化和中国人，有的甚至仅仅是为了"自我完善"，但我们能因此将之简单地归结为融入型动机或工具型动机吗？反过来看，在中国学习汉语的留学生大多懂得利用在中国留学的机会，积极主动地接触当地社会，亲近当地社群，希望学到原汁原味的汉语及中国文化。但无论怎样，我们很难就此判断他们具有融入型动机倾向，也许他们这样做只是为了学好汉语，将来能够用汉语工作，代表自己的机构或者国家更好地跟中国打交道呢。从这个意义上说，他们的工具型学习动机似乎更明显。

分析欧洲汉语学习者的外语学习特点当然不仅限于上述三个方面，但以上三个方面应该是最基本的和最值得关注的。上文意在表明，"教的法子必须根据学的法子"（方明，2005），这对科学地引导欧洲汉语学员"入门"尤为重要。

二、面向欧洲初级汉语学习者的教学策略

如果说对欧洲汉语学习者的外语学习特点进行分析是为了研究他们是怎样学习汉语的，那么，下文讨论的面向欧洲初级汉语学习者的教学策略实际则是在引导他们如何学汉语。

2.1 兴趣为支点，"交际文化"做路径，激发学生持久的学习热情

爱因斯坦说过，兴趣是最好的老师。笔者曾对部分法国和比利时学生的汉语学习动机进行过问卷调查，结果显示，"觉得汉语有趣""想去中国旅游"和"对中国历史文化感兴趣"成为选择由多到少排列的前三项，其中80.0%的受访者"觉得汉语有趣"。上文对欧洲汉语学习者语言学习观的分析则从另一个方面印证了兴趣是欧洲人选择学习汉语的支点，他们的兴趣源于对中国文化的喜好，源于对汉字的好奇。然而，应当指出的是，欧洲汉语学习者对汉语、汉字以及中国文化的兴趣大多起始于偶然，有的是受到老师、同学、同事或家人的影响，有的甚至源于他们以前的语言学习经历，期待新的挑战和新的超越，总之，他们的学习兴趣具有某种程度的下意识性、冲动性、脆弱性和不确定性。由此可见，发现欧洲汉语学习者的兴趣点固然重要，但更重要的是在他们学汉语的入门阶段，教师应选择相应的教学策略，采取有针对性的措施，使学生偶发的和无意识的兴趣转化为主动的、有意识的积极性学习。比如汉字，是欧洲汉语学习者的兴趣点，他们对这种优美繁复的方块字充满好奇，法国人觉得汉字本身就是一门优雅的艺术，一笔一画给人无限的遐想。但对习惯于拼音文字的欧洲人来说，汉字是他们汉语学习的难点，不少学员就是在短暂的热情之后对汉字望而却步。汉字教学因此成为"对外汉语教学进一步向纵深发展的关键"（李珠、姜丽萍，2008）。我们以"通过汉字联想大自然""通过汉字认识古代中国""通过汉字了解中国传统社会文化""方形汉字与中国传统思维模式"等主题，进一步激发学生学习汉语

和汉字的兴趣，让他们切身领略汉字文化的博大精深，因势利导地教会他们写汉字。

通过汉字联想大自然是汉字教学的一大特色。中国古代的哲学讲究"观物取象"，即取万物之象，加工成象征性的意义符号。例如"旦"，上面是"日"，下面是地平线，从地面升起的太阳，表早晨之意。又如"云"，上面两横寓意天空，下面即是云的形状。古人认为，云的功能就是降雨，所谓"云行雨施"，即云一流动就下雨。古代中国是典型的农业国度，百姓靠天吃饭，雨水及时，收成才好，云崇拜应运而生。"云"常被称作"祥云"，祥云图案在中国人的生活中随处可见。

通过汉字认识古代中国。结合汉字构形的本义，教师可以向学生揭示古代中国的奥妙文化、社会习俗、生活器物等。以"女""盥"为例，"女"，其字形是一女子双手温婉地放在胸前，呈跪坐之势，从"女"字的字形中，我们可看出中国古代妇女在家庭中的地位卑微低下；"盥"是生活用品，下面是装液体的盆具"皿"，上面的中间是"水"，两侧是左右手，表示两手在其中互相搓洗的器具，标志着中国古人很早就有洗手讲卫生的习惯了。

通过汉字了解中国传统社会文化。汉字的形体构造有着深厚的民族文化心理基础，能反映出许多中国古代文化现象。这里不妨以"里"为例，"里"在金文中，上面为"田"，下面是"土"，反映了当时中国农业社会的特征，百姓"恃田而食，恃土而居"。有土就有农业，有农业就有衣食，有土有田才能生活，才能形成居民聚居的地方。"今天，'里'依然是人们聚居的地点，如北京的平安里、和平里，天津的德厚里、诚原里等。"（郭锦桴，1993）

方形汉字与中国传统思维模式。在中国古人心目中，地是方的，天是圆的，天圆地方。中国传统思维模式是一种方形模式，所以许多文化现象都被纳入四方形之中或呈现四方形形状，如传统建筑、装饰物、印章、汉字等等。汉字方形的形成也与传统审美思想有关，古人以平衡、匀称为美，而方形具有平衡、对称的特征。如左右对称的字小、山、文，上下左右对称的字田、王、回。古人喜好方形，并让汉字呈现方形。

法国汉语教育家、前汉语总督学白乐桑先生说："如果没有汉字，我就不会选择学习汉语。"他最初就是把学写汉字作为一种挑战，看看自己到底能学会写多少个汉字而开始汉语学习的，足见汉字的魅力所在。

如前所述，中国文化是欧洲汉语学习者的另一个兴趣点。的确，语言是文化的载体，汉语就是中国文化的载体。但是，通过观察和教学实践分析，笔者特别注意到，欧洲汉语学习者对中国文化的初始兴趣通常指向外语教学法中所说的"知识文化"（culture savante），即目的语国家的经济、政治、地理、历史、文学、艺术等。发现这一点的最重要的教学启示在于：如果我们在汉语教学的入门阶段和初级阶段不及时、科学地引入"交际文化"，那么，随着语言教学的深入，难点的增多，学生的学习兴趣及动力将明显下降。理据何在？这与以下两种不同类型文化的特性及其对外语教学的影响密切相关。

根据法国学者加利松（Galisson）的定义，"知识文化"是人们描述或表述出来的一种显性、抽象的文化，属知识范畴。讲授"知识文化"，旨在"使学生了解和理解目的语文化中那些能够反映其民族文学、历史、地理、艺术和科技等成就及其发展进程的背景性系统知识。"（傅荣，2010）如金字塔之于埃及、圣女贞德之于法国、长城之于中国、比尔·盖茨之于美国等。"知识文化"的第二个特性是它的缺失和不足一般不会直接影响或者妨碍特定的语言交际活动。与之相反，"交际文化"主要指暗含在语言内的文化因素，以及人们具体实践中的日常生活文化，它的缺失和不足则会影响甚至阻碍交际活动的有效进行。由此可见，相对于"知识文化"，"交际文化"和语言的联系更为紧密，也就是和语言教学的联系更为紧密。所以说学习包括汉语在内的任何一种第二语言，不能仅满足于掌握目的语国家的"知识文化"，还必须掌握目的语国家的"交际文化"，这在外语学习的入门阶段和初级阶段尤为重要。有学者明确指出："交际文化在汉语教学的开始阶段就要导入。"（李珠、姜丽萍，2008）

在众多的文化教学方式方法中，笔者深受法国学者加利松的"法语文化词汇语用学"（la pragmatique lexiculturelle française）的启迪，比较推崇他主张的从词汇入手，通过词汇学习目的语国家大众共有的文化观念。譬如，"泰山"一词，字面义为山名，文化附加义有"重要"之义，古人以泰山为高山的代表，常用来比喻重大的、有价值的事物和所敬仰的人，常说"重如泰山""有眼不识泰山"，把"岳父"称为"泰山"。又如汉语里的一语双关词：年年有余（鱼）、真功夫（蒸功夫）包子店等。这类例子在教材和生活中比比皆是。如果我们能在初级阶段及时、科学地导入语言中的"交际文化"，那么，学习者的兴趣就会随着学习的深入而增强，汉语学习就会进入一种良性循环状态。

2.2 汉法对比，揭示汉语特点，破除汉语难学的思维定式

汉语入门阶段的教学，固然应该十分重视发现学生的兴趣并加以正确地引导和培养，但这只是手段，归根结底还是要落实到语言教学上，因为正像所有的现代外语教学那样，对外汉语教学的根本任务是"培养学生运用所学语言进行交际的能力"（吕必松，1993）。为最终实现这一教学目标，我们认为在汉语学习的入门阶段，首先必须破除欧洲学生的汉语难学、汉语学不好的思维定式。的确，在西方传统的社会文化语境中，但凡复杂难懂的问题，人们都习惯性地称作"这就像汉语"(C'est du chinois)。可以想见，抱着这样一种思维定式走进汉语课堂的欧洲学员，他们的内心是多么忐忑！为了解决这一观念问题，笔者利用自己法语专业出身，通晓汉法两种语言和文化的优势，采用汉法对比的方法，帮助刚入门的法国和比利时的汉语学习者揭示汉语的基本特性，掀开笼罩在汉语身上的种种神秘的面纱，使他们认识到，世界上的"语言和语言之间没有质的差异，只有结构上的不同"（蓝纯，2009）。世界上所有的语言既有与其他语言相通的共性，又有其独特的个性（卢福波，2001），汉语也不例外。比如，跟法语相比，汉语词类似乎更简单，因为它们没有形态变化，名词没有阴阳性，动词也没有变位形式；又如，汉语的一般疑问句跟法语几乎一样简单，只需在陈述句的句尾加疑问语气词"吗"即可（如，他学汉语吗？），正如法语的"est-ce que"置于陈述句句首便构成一般疑问句（Est-ce qu'il apprend le chinois?）。汉语的特指疑问句无须改变语序，疑问代词"谁""什么""哪儿"等在句中的位置往往就处于所提问的那个词的位置上，仅在句尾加问号，法语也有类似的表达，不同的是，汉语的特指疑问句无论用于口语还是书面语都仅此一种句式，而法语则还有另两种相对规范的表达形式。汉语量词非常丰富，这是汉语的一大特点。法语虽然没有量词这一词类，但也有不少计量事物的大小和多少的语言表达形式，如 une tasse de thé（一杯茶）、une bouteille de vin（一瓶酒），可见法语跟汉语在量的表达方面有相通之处。至于汉语量词所具有的其他特征，如临摹性等，则要跟它所修饰的名词的形状、特点结合起来学习（如一条河、一轮明月）。另外，汉语语序不仅是表达语法意义的重要手段，而且还体现了中国人的思维习惯，跟中国人的"思维之流完全自然地合拍"（卢福波, 2001）。例如，时间、地点从大到小（2012年3月15日、北京市海淀区魏公村路），整体先于部分（市中心广场），特别是汉语比许多其他语言更直接、更普遍、更一贯地按事物或事件的发生发展的先后顺序叙事（卢福

波，2001），这是汉语最重要的特点之一，抓住这个特点进行教学，能够吸引学生，增强记忆，将大大减少诸如"她借书去图书馆""我有课下午三点"之类的典型的西式汉语的出现。

2.3 分散学习难点，突出学习重点，帮助学生树立学好汉语的自信心

我们讲破除汉语难学的思维定式，并不是说学习汉语没有困难，恰恰相反，对习惯于拼音文字的非汉字文化圈的欧洲学生来说，汉语入门本身就不是件轻松的事情，这正应了中国那句古话：万事开头难（C'est le premier pas qui coûte）。但是，我们应当像毛泽东倡导的那样，"战略上藐视敌人，战术上重视敌人"。换言之，我们要在观念上改变汉语难的思路，而在行动上必须按照汉语自身的规律教学，讲究教学策略和实效。就此而论，教师的主导作用或者说导学作用不可或缺。作为教学过程的组织者，我们在汉语入门阶段最常采用的教学策略就是分散学习难点，突出学习重点，让初学者分阶段、分步骤地学习并感知汉语，使学生每一堂课都学有所获，从而享受成功的喜悦，树立"我能行"的学好汉语的自信心。

对于零起点的法国、比利时的汉语学习者来说，汉语入门时的难点是语音和汉字同时出现，需要同步学习。汉语语音的声调、舌面音（j、q、x）、舌尖前音（z、c、s）、舌尖后音（zh、ch、sh、r）、送气音与不送气音、前后鼻音韵尾等等都是难点。而汉字对于他们就是一幅幅图画，或是复杂凌乱的线条符号，不知从何下手。采用"语"和"文"同行不同步是一个分散学习难点的行之有效的教学策略。具体做法如下。

第一阶段，口语教学先行约一个月，我们用汉语拼音教基本口语和课文内容（课堂板书、课堂练习和课后作业均使用拼音）。这样，习惯于拼音文字的欧洲学生能够及早开口说话，小有成就感。与此同时，辅以汉字知识启蒙，用学生母语或英语介绍汉字的起源、造字原理及其形体演变。用法汉比较的方式告诉学生，法语再复杂的词超不过 26 个字母，汉语成千上万的方块字不外乎由 5 种基本笔画组合而成，从这个意义上说，汉字应该比法语还容易。用这 5 种基本笔画，按照笔顺规则，写出独体字人、大、天、木、日、月、女、水等，引导学生建构起"笔画→笔顺→汉字"这样一个初步书写方块字的新概念，再教由它们演变来的偏旁及合体字。

人 → 亻 → 你、他、们

女 → 女 → 妈、姐、妹

日 → 日（日）→ 明、晴、旱

水 → 氵 → 江、河、海

如此，可以使学生初步感受汉字的方形概念以及形体与意义结合的概念。我们始终要求学生用田字格本子学写笔画、简单的独体字和合体字，切身体验汉字的方形结构。这样的教学组织过程张弛有度，既缓解了语音学习阶段的枯燥和操练口语的辛苦，又使学生比较轻松地获得了一些汉字的基本知识和感性认识，为以后的汉字教学做了铺垫。

第二阶段，我们要求学生借助拼音认读汉字，内容为语音阶段已学过的词语和句型，并有选择地出现课文新词。课堂板书拼音、汉字并存，同时教授与新字相关的汉字知识。

第三阶段，学生逐步丢掉拼音，每课词语、句型和语法的教学尽量使用学过的汉字，以"滚雪球"的方式，"旧字"带"新字"，循序渐进地进行"纯汉字"教学。

三、结语

初级阶段汉语和汉字的教学法不得当，会加大学习者的学习难度，挫伤其积极性，使不少学习者浅尝辄止。如何帮助欧洲学习者实现汉语学习的可持续发展，已经引起学界决策层面的高度重视和深入研讨，因为这实际上事关我国汉语国际推广与传播事业的可持续发展。基于此，本文相应提出了三点初级汉语教学策略：兴趣为支点，"交际文化"做路径，激发学生持久的学习热情；汉法对比，揭示汉语特点，破除汉语难学的思维定式；分散学习难点，突出学习重点，帮助学生树立学好汉语的自信心。

参考文献

方　明，2005.陶行知教育名篇 [M].北京：教育科学出版社.

傅　荣，2010.外语教学中文化教学法的演变与分类 [J].法国研究（3）.

郭锦桴，1993.汉语与中国传统文化 [M].北京：中国人民大学出版社.

何九盈，胡双宝，张　猛，1995.中国汉字文化大观 [M].北京：北京大学出版社.

蓝　纯，2009. 语言学概论 [M]. 北京：外语教学与研究出版社.

李　珠，姜丽萍，2008. 怎样教外国人学汉语 [M]. 北京：北京语言大学出版社.

刘润清，戴曼纯，2003. 中国高校外语教学改革现状与发展策略研究 [M]. 北京：外语教学与研究出版社.

卢福波，2001. 针对汉语特性，确立对外汉语教学策略 [A]. 语言教育问题研究论文集 [C]. 北京：华语教学出版社.

吕必松，1993. 对外汉语教学研究 [M]. 北京：北京语言学院出版社.

文秋芳，王海啸，1996. 大学生英语学习观念与策略的分析 [J]. 解放军外国语学院学报（4）.

Germain, C. *Évolution de l'enseignement des langues : 5000 ans d'histoire* . Paris : CLE International, 1993.

Galisson, R. *Dictionnaire de compréhension et de production des expressions imagées*. Paris : CLE International, 1984.

Stratégies pour l'enseignement du chinois aux apprenants européens au niveau débutant

Zhang Dan

Université des Langues Étrangères de Pékin

Résumé　Alors que l'enseignement du chinois langue seconde en Europe connaît actuellement un formidable essor, il se trouve dans le même temps confronté à de nombreux défis. S'appuyant sur son expérience d'enseignement en France et en Belgique, et analysant les caractéristiques des apprenants européens débutants à 3 niveaux (conception de l'apprentissage des langues, stratégies d'apprentissage et motivation), l'auteur considère qu'il est crucial d'initier les apprenants européens au chinois de manière scientifique. Le plus important est de susciter et d'entretenir leur intérêt pour la langue et la culture chinoises.

Mots clés　Europe, langue chinoise, stratégie axée sur l'intérêt des apprenants

面向欧洲学员的初级汉语教学策略

汉语教材及工具书研究

法国汉语学习者对汉法词典的需求及使用调查分析

陈　潇[1]　金晔之[2]

1. 广州大学　2.[法国]拉萨尔中学

摘　要　随着教学词典理论和实践的发展，外向型学习词典的研究逐渐从传统的以编者为中心转变成以用户为中心。但综观现在的辞书市场，针对法国汉语学习者的汉语词典还非常少。汉法词典是以法语为母语的汉语学习者的重要学习工具，如何让它对汉语教学具有更强的针对性呢？为了回答这一问题，我们对勒阿弗尔（Le Havre）地区的在校汉语学生（高三及大学学习第二外语的学生）进行了一次"汉法词典使用情况和需求"的问卷调查。根据调查结果，笔者提出了外向型汉法词典的编纂思路和看法，向汉语教师、词典编纂者、词典出版者（即与汉法词典用户关系最为密切的三方）提出建议，以期在更大程度上发挥汉法词典在汉语教学和学习中的作用。

关键词　法国汉语学习　汉法词典　调查　词汇搭配

一、调查缘起

随着教学词典理论和实践的发展，外语词典的教学功能受到越来越多的关注，学习型词典的编纂和外语教学两个领域互相渗透。词典不仅是描述词语现时定义与用法的参照体系，也是外语学习过程中的交际空间之一。从 20 世纪 60 年代起，教学词典的编纂和研究就受到重视并成为了一门年轻的、独立的学科。教学词典学的第一个定义是由诺维科夫（Новиков）提出来的："教学词典学与科学院词典学相比较而言可以定义为以较少的词形包含较多教学针对性的词典学。"（张春新，2010）这个定义得到了广泛的认可。教学词典强调以教学为目的描写词。

传统的词典编纂模式是以词典编纂者为中心，词典的规划、设计、编纂等都是围绕词典本体展开的，词典用户的实际需求往往被忽视。20 世纪 80 年代以来，相关词典学家意识到"词典用户研究"的重要性（Béjoint, 1989; Hartmann,

1996；Svensén，1993），他们提出从"用户视角"（user's perspective）来研究和编纂学习型词典，并尝试通过用户研究来对原有的模式进行优化和重构。

新的词典交际观将词典视为一种交际场合，力图营造出二语习得语义认知环境（章宜华、雍和明，2007）。学习型词典编纂的出发点就是要尽力揭示对外语学习者来说最难把握的自然语感（章宜华，2009）。认知词典学也强调从语言认知和用户视角对词典编纂和使用进行研究，以提高词汇能力为目的（赵彦春，2003）。

综观现在的辞书市场，外语学习词典的编纂和研究逐渐兴盛，但是针对外国学生学习汉语的词典研究还处于起步阶段。由于词典用户的语言层次、知识背景、学习目的和策略不同，他们需要的词典的类别和语言层次也有所不同。

面向法国汉语学习者的汉法词典是外向型、积极型词典，它的主要功能是帮助学习者解决汉语学习过程中遇到的各种语言理解上的问题。对于法国的汉语学习者来说，这种词典常常是他们学习过程中必不可少的工具。如果汉法词典的编纂具有更强的教学针对性，必能更好地满足法国汉语学习者的需求。那么，如何实现外向型汉法学习词典的教学针对性呢？换言之，如何让汉法词典更有效地帮助法国的汉语学习者呢？要回答上面的问题，我们需要了解法国的汉语学习者对词典的使用有哪些需求，他们是如何挑选和使用词典的，他们在词典使用中遇到过什么问题……

因此，我们设计了一个针对法国在校汉语学习者词典使用情况的调查，以期从中了解汉语学习者使用词典的查询策略和心理机制，为词典编纂者提供依据，方便词典编纂者从汉语学习者的实际需求出发提高词典编纂水平，使词典中信息的呈现方式更符合汉语学习者二语习得认知的特点，以期在更大程度上发挥词典在汉语教学和学习中的作用。本文是此次调研的初期成果。

二、调查对象和工具

本研究的 43 名调查对象分别来自法国勒阿弗尔地区的一所中学和巴黎某所大学的勒阿弗尔分校，包括 30 名高中生和 13 名大学生。其中高中生学习汉语的经历为 3～4 年，大学生学习汉语的经历为 2～3 年（强化班）或 6～7 年，他们的汉语基本上处于中级水平。在测试过程中，3 名学生因为各种原因未能完成调查，我们最终回收有效问卷 40 份（其中大学生 12 份，高中生 28 份）。

本研究的调查问卷为自制问卷，问卷的形式和内容都是独立设计的。为了保证问卷的信度和效度，该问卷特别注重以下几方面。

1. 采用无记名形式，这样能得到更真实的数据。

2. 在内容上，问卷中的 21 个问题涉及调查对象的查阅习惯、购买词典的标准和依据、对词典的心理期盼和满意度、对词汇搭配的了解（以动词搭配为例，考察调查对象对主词和搭配词的鉴别、查询的策略）以及查阅词典时的心理特征等内容。

3. 在设计上，问卷大部分为客观题，以选项的形式将可能的回答逐一列出。为了保证问卷的开放性和灵活性，部分问题设计为主观题，如"其他：例如____"。还有个别主观题要求调查对象阐明这样选择的原因，如"为什么？"等。

4. 出于定量研究的需要，本文对部分非描述性问题的选项采用 5 阶段的利克特等级量表（Likert scale），即 5 级评分法。利用该表对调查对象的选择进行数值转换时，按照程度由高到低将对应的选项分别转换成数值"5、4、3、2、1"。如在统计"汉法词典的使用现状"时，将选择项"很频繁、频繁、不常用、很少用、从不用"分别转换为数值"5、4、3、2、1"。

三、调查问卷的结果分析

我们对调查问卷的结果从以下四个方面进行了分析。

3.1 法国汉语学习者持有和使用汉法词典情况的分析

3.1.1 法国汉语学习者汉法词典持有情况

问卷结果表明，法国汉语学习者平均每人拥有的纸质汉法词典约为 1.075 部。其中超过三分之一的学生使用的是商务印书馆与拉鲁斯出版社合作出版的《精选法汉汉法词典》（老师多推荐购买该词典）。见表 1。

表 1　法国汉语学习者汉法词典的人均持有情况

持有情况	4 部	3 部	2 部	1 部	没有	在图书馆或多媒体中心查阅词典
数量	0	0	8	27	1	4
百分比	0.0%	0.0%	20.0%	67.5%	2.5%	10.0%

3.1.2 法国汉语学习者汉法词典使用情况

法国汉语学习者查阅汉法词典的频率，用利克特等级量表将选项转换后发现，法国汉语学习者使用汉法词典的平均频率为 2.8，低于一般水平（该数值介于"不常用"和"很少用"之间）。见表 2。

表 2　法国汉语学习者汉法词典的使用频率情况

使用频率	很频繁	频繁	不常用	很少用	从不用
利克特等级量表	5	4	3	2	1
数量	1	10	13	11	5
百分比	2.5%	25.0%	32.5%	27.5%	12.5%

　　法国汉语学习者查阅汉法词典的频率偏低的原因见图 1。超过一半的调查对象认为纸质词典由于汉字字体太小、排版过于紧凑、查阅太慢、查阅方法太复杂（例如部首检字法）等原因，查阅起来浪费时间。如果该词的用法解释得不够确切，甚至在查阅后还会造成错误使用。汉语学习者更倾向于使用在线词典，如"n 词酷"等，其优势在于查询方便快捷，例句丰富，并且随着科技的发展，在线词典的编纂技术也在不断进步，能够做到及时更新；但同时，调查对象也承认在对语言做系统研究时，纸质词典是必不可少的。

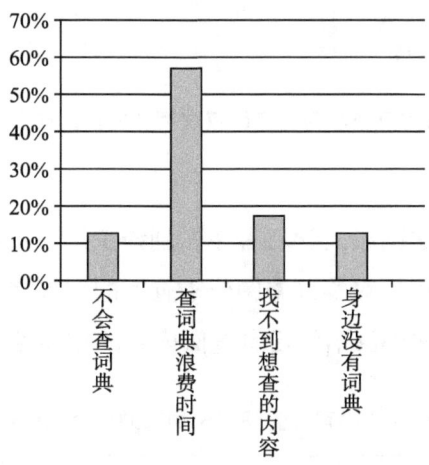

图 1　法国汉语学习者不查阅汉法词典的原因统计

　　由此可见，法国汉语学习者汉法词典的持有率和使用率并不高，原因在于他们不了解词典的结构，不善于查找信息，缺乏查阅技巧。快捷、简便是用户选择词典的最重要的标准，也是在线电子词典受青睐的首要原因。另外，汉法双语词典提供的单一对等词存在一定局限性，缺乏语法、搭配、语用、语体、文化等方面的具体说明，容易使学习者造成用法错误，因而大大限制并减少了潜在用户，使部分法国汉语学习者望而却步。

3.2 法国汉语学习者查阅汉法词典的习惯

接下来我们将从查阅目的、查阅内容和查阅策略等三个方面来分析法国汉语学习者查阅汉法词典的习惯。

3.2.1 查阅目的

从整体上来看，法国汉语学习者在查阅汉法词典时，查阅目的中占比例最高的是翻译和阅读理解，其次是写作，口语占比例最低。见图2。

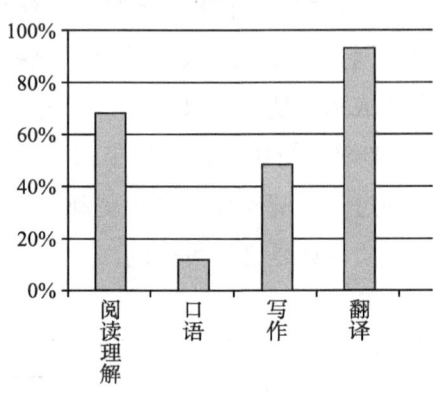

图2 法国汉语学习者查阅汉法词典的目的统计（多选）

3.2.2 查阅内容

与其他用途相比，法国汉语学习者在做翻译工作时更需要词典提供多个对等词。在查阅内容的调查中，对等词查阅位于查阅的内容首位。

在同一个词条下，法国汉语学习者查阅内容的排序见表3。

表3 法国汉语学习者查阅汉法词典的内容统计表（多选）

查阅内容	对等词	拼音	短语例子	句子例句	反义词	习语	用法说明	词类	近义词	派生词	其他
数量	21	19	19	13	11	8	7	5	4	2	6
百分比	52.5%	47.5%	47.5%	32.5%	27.5%	20.0%	17.5%	12.5%	10.0%	5.0%	15.0%

除了寻找对等词，法国汉语学习者对例句也格外重视。因为在做翻译工作时，他们需要参考不同的语境以及不同学科中的相关表达，这就需要词典提供更多的百科信息和更多的例句以供参考。超过一半的法国汉语学习者认为用法举例

收录的不够，75.0% 的法国汉语学习者认为用法举例有用，见表 4。另外，超一半的法国汉语学习者认为有必要提供错误用法提示信息。

表 4　法国汉语学习者对汉法词典用法举例的看法

看法	很多	足够	不够	很少
数量	4	15	20	1
百分比	10.0%	37.5%	50.0%	2.5%
看法	很有用	有用	不太有用	没用
数量	6	24	9	1
百分比	15.0%	60.0%	22.5%	2.5%

关于义项排列顺序的看法（表 5），希望按逻辑顺序排列的法国汉语学习者最多，为 60.0%；37.5% 的法国汉语学习者倾向于频率顺序；极少数法国汉语学习者支持历史顺序。

表 5　法国汉语学习者对义项排列顺序的看法

排列顺序	逻辑顺序	频率顺序	历史顺序
数量	24	15	1
百分比	60.0%	37.5%	2.5%

3.2.3　查阅策略

由表 6 可以看出，75.0% 的调查对象在查阅词典前完全没读过前言，只有 30.0% 的调查对象了解词典中大部分标签所代表的意义。汉语学习者普遍缺乏词典查阅技巧，不了解词典的结构，不了解标签代表的意义，也不善于查找信息。

表 6　法国汉语学习者查阅词典前阅读前言的情况及对词典中标签的了解情况

阅读情况	全部读过	部分读过	有必要才读	完全没读过
数量	1	4	5	30
百分比	2.5%	10.0%	12.5%	75.0%
了解情况	了解大部分	了解一半	了解一小部分	完全不了解
数量	12	2	11	15
百分比	30.0%	5.0%	27.5%	37.5%

法国汉语学习者查阅目的及查阅内容的数据分析，在一定程度上反映出法国汉语学习者对汉法词典的需求及期望，这为优化词典编排和体例等提供了依据。而对查阅策略的分析结果则提示了进行词典使用方法教学的必要性。

3.3 法国汉语学习者购买汉法词典的标准和依据

由图3及表7可以看出，80.0%的学生在老师的推荐下购买了汉法词典，购买时考虑的最多的因素是词典某方面的信息量（例如例证或者翻译），其次是价格（用户能接受的价格区间是 10～20 欧元），然后是大小（用户偏爱口袋本），收词量是最后考虑的因素。

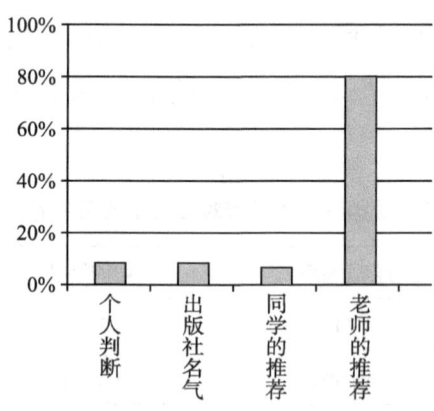

图 3　法国汉语学习者购买汉法词典的依据

表 7　法国汉语学习者购买汉法词典时，考虑最多的因素

考虑因素	价格	大小	收词量	信息量
数量	12	7	4	17
百分比	30.0%	17.5%	10.0%	42.5%

如果把法国汉语学习者词典查阅策略和选购策略的调查结果综合起来，分析结果如下：学生按照老师的推荐购买词典，但是购买以后学生对词典的使用方法不甚了解，导致词典的使用率不高。如果教师在教学过程中有意识地、经常性地加入词典使用方法的指导，这一状况或许可以改变。

3.4 法国汉语学习者对词汇搭配的了解和查阅需求

本调查以词汇搭配为突破口，考察词汇习得与词典使用的关系。以下部分将专门分析法国汉语学习者查阅词汇搭配的习惯及需求。

3.4.1 词汇搭配查阅内容

从表 8 可以看出，法国汉语学习者查阅的最多的是词汇搭配，其次才是语法搭配。

表 8　法国汉语学习者查阅词语搭配的内容统计

查阅搭配内容	词汇搭配	语法搭配	习语搭配	其他
数量	13	7	6	14
百分比	32.5%	17.5%	15.0%	35.0%

法国汉语学习者查阅的搭配类型排序为：动 + 名、副 + 动、形 + 名、副 + 形和其他。显然，在搭配查阅的需求上，法国汉语学习者对搭配类型中的动词类搭配的需求最多，这应当作为词典编纂时词汇搭配的选择标准之一。见表 9。

表 9　法国汉语学习者查阅的搭配类型的统计（多选）

查阅搭配内容	动 + 名	副 + 动	形 + 名	副 + 形	其他
数量	27	17	13	13	2
百分比	67.5%	42.5%	32.5%	32.5%	5.0%

3.4.2 搭配查阅策略

就表 9 中的法国汉语学习者最常查阅的搭配类型——动名搭配这一条为例，我们发现法国汉语学习者中有 45.0% 会在动词下面查找该搭配，在名词下面查找的很少，但也有 30.0% 的法国汉语学习者不知道如何查找。其中，回答"不知道如何查找"的法国汉语学习者中，高中生和汉语水平较低的大学生居多。见表 10。

表 10　法国汉语学习者查阅动名搭配的策略

查阅策略	不知道在哪儿查找	在动词下面查找	在名词下面查找	同时在动词和名词下面查找
数量	12	18	1	9
百分比	30.0%	45.0%	2.5%	22.5%

从表 11 可以看出初中级的法国汉语学习者对于动补搭配的了解欠佳，还可以看出，随着学生汉语水平的提高，大学生比高中生对"动词＋补语"结构的了解更深入，这是符合二语习得规律的。

表 11 法国汉语学习者对"动词＋补语"结构的了解情况

了解情况（程度）	很了解	一般了解	不太了解	完全不了解
数量	6（全部为大学生）	9	14	11
百分比	15.0%	22.5%	35.0%	27.5%

3.4.3 对词汇搭配信息的看法

大部分的法国汉语学习者认为词汇搭配信息很有用，70% 以上的法国汉语学习者认为词汇搭配信息目前收录的还不够。见图 4、图 5。

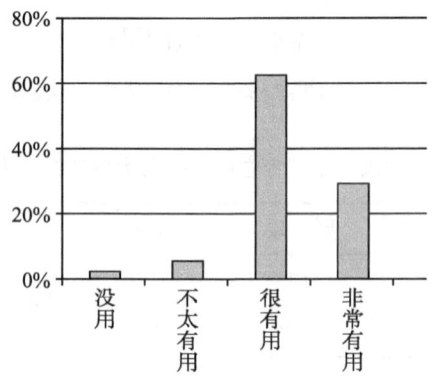

图 4 法国汉语学习者对汉法词典提供词汇搭配信息的态度

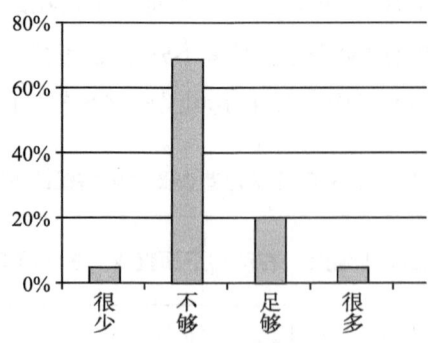

图 5 法国汉语学习者对汉法词典收录词汇搭配信息的量的看法

法国汉语学习者对词汇搭配信息的看法印证了我们调查前的推测，即大部分现有汉法词典的词汇搭配及用法举例的信息不够充分，或词汇搭配及用法举例的选择与学习者的使用习惯有一定的差距。

法国汉语学习者在词汇搭配方面的查阅习惯和偏好应当作为词典用户需求的一个重要方面，在词典编纂的工作中得到重视，词典编纂者应当尽量找到专业意见与用户需求的平衡点。

四、余论

上述调查结果对汉语教学和词典编纂都有一定启示。调查中反映出的主要问题有：法国汉语学习者在词典选择上依赖教师，在使用技巧及查阅策略上缺乏指导；法国汉语学习者对汉法词典的使用需求确实存在；现有词典在词汇搭配、用法举例、词汇使用等方面常常不能满足学习者的需求，在体例及使用的方便性上也有待改进。对此，我们建议在汉语教学中，汉语教师要加强词典使用方法的教学；而对编纂者来说，要重视用户需求，根据其需求来编纂词典。具体来说：

（一）汉语教师要引导学生查词典，培养他们使用词典的习惯和技能，提高学生对词典的利用率。1. 教会学生怎样使用汉法词典。例如：教授部首检字法、数笔画及查找独体字等基本查阅技巧。2. 引导学生关注词典的信息归纳方式，让学生主动了解词典的体例结构和词典信息，并帮助他们解读信息。比如，引导学生不要只看对等词，而应当从词汇搭配用法举例中寻找更多关于该词的用法的信息；提示学生词典提供的对等词通常只是意义范畴的对等而不等同于词性及用法的对等，从而减少学生因母语迁移而造成的误用。3. 将词典的使用引入课堂，"手把手"教学生如何使用词典。比如，在课堂上借助词典进行造句、翻译或写作练习，及时纠正诸如"逐字翻译"这类错误的词典使用方法。在不断训练中加深学生对词典的理解，提高学生的查阅技能，强化学生使用词典的习惯。

（二）词典编纂者要有用户意识，根据词典用户的语言层次和需求来设计词典的体例。例如，要考虑到汉语初学者的需求，注重字体大小和排版格式。在编纂宗旨允许的前提下，保证信息的详尽性和完整性，以此来满足用户的各种需求（阅读、翻译或写作等）。例如，在汉法词典中，除了提供汉语目的词和法语对等词，还要提供该词的语法、搭配、语体、语用、语序等信息以及真实例句。从习得渐进的角度出发，给出学习者常犯的错误提示，避免可能发生的误解或误用。同时为方便信息的检索，把用户需要查阅的信息以清晰、明确的方式呈现出来。例如，使用双色印刷，提供义项清单、引导词、专栏信息、同义词辨析等。

（三）出版社需要提高编纂质量，加强品牌意识，通过网络新词讲解、词汇竞赛等手段，给用户灌输词典知识，培育潜在的用户群体。

由于时间及人数的限制，本调查前期调研未能深入考察法国汉语学习者使用词典查阅词汇搭配时的策略及心理期待。接下来，我们还要扩大研究群体的范围，区分用户水平，从二语习得的国别化角度来考察汉语学习者的需求及其二语习得的认知机制和过程，为汉法词典编纂提供新思路。

参考文献

杨秀丽，2011. 二语词汇搭配习得研究：从认知心理到教学实践的探讨 [J]. 东北农业大学学报（社会科学版）（2）.

张春新，2010. 谈谈教学词典学 [J]. 中国俄语教学（1）.

章宜华，2009. 语义·认知·释义 [M]. 上海：上海外语教育出版社.

章宜华，雍和明，2007. 当代词典学 [M]. 北京：商务印书馆.

赵彦春，2003. 认知词典学探索 [M]. 上海：上海外语教育出版社.

Béjoint, H. The teaching of dictionary use : present state and future tasks. *Wörterbücher/Dictionaries, international encyclopedia of lexicography*, édité par F. J. Hausmann et al., Berlin : W. de Gruyter, 1989, pp. 208-215.

Béjoint, H. *Modern lexicography : an Introduction*. Beijing : Foreign Language Teaching and Research Press, 2001.

Hartmann, K. *Lexicography as an applied linguistic discipline*. Exeter : Exeter University Press, 1996.

Hartmann, K. & James, G. *Dictionary of lexicography*. London & New York : Routledge, 1998.

Svensén, B. *Practical lexicography : principles and methods of dictionary-making*. Oxford : Oxford University Press, 1993.

Les dictionnaires chinois-français : enquête sur les besoins et les usages des apprenants francophones

Chen Xiao[1]   Jin Yezhi[1]

1.Université de Guang zhou   2.Collège Lasalle-Notre-Dame de La Gare

Résumé   Suite au développement des recherches théoriques et appliquées en lexicographie pédagogique, les recherches sur les dictionnaires pour apprenants favorisent dorénavant une meilleure prise en compte de l'utilisateur. Cependant, très peu de dictionnaires présents actuellement sur le marché répondent aux besoins des apprenants français de chinois langue étrangère. Or les dictionnaires chinois-français sont un outil d'apprentissage indispensable pour les apprenants de langue maternelle française. Afin de comprendre comment rendre les dictionnaires plus adaptés aux besoins des apprenants francophones, l'auteur de cet article a réalisé auprès d'étudiants en langue chinoise de la région du Havre (niveau terminale et L2) une enquête intitulée « Usages et besoins en matière de dictionnaires chinois-français », ayant les objectifs suivants : 1. Récolter des informations concernant l'usage que font les apprenants des dictionnaires (nombre de dictionnaires en leur possession, fréquence d'utilisation, motivation d'emploi, critères de choix et d'achat des dictionnaires) ; 2. Identifier les besoins de consultation, les stratégies et techniques de recherche des apprenants ; 3. Comprendre les besoins des apprenants en matière d'acquisition du lexique en portant une attention particulière aux collocations lexicales.

Après avoir analysé les résultats de l'enquête, l'auteur expose ses réflexions en matière d'élaboration de dictionnaires chinois-français à destination des apprenants, et formule des recommandations aux enseignants de langue chinoise, aux rédacteurs et éditeurs de dictionnaires afin d'améliorer l'efficacité des dictionnaires dans l'enseignement et l'apprentissage du chinois langue étrangère.

Mots clés   études de la langue chinoise en France, dictionnaires chinois-français, enquête, collocations lexicales

法国汉语学习者对汉法词典的需求及使用调查分析

法国中高级中文写作教材的本土化

黎 静

［法国］巴黎东方语言文化学院

摘 要 《欧洲语言共同参考框架：学习、教学、评估》下的汉语教学，要求教材做相应调整。而目前法国的中文写作课教学使用的还是中国出版的通用写作教材，法国本土出版的中高级中文写作教材还处于空白状态。本文分析了中高级通用中文写作教材的编写体例和内容设计，结合法国学生的学习特点以及法语作为第二语言写作教材的编写经验，提出了"本土化"中文写作教材的编写思路，并讨论了实现中文写作教材与《欧洲语言共同参考框架：学习、教学、评估》兼容所面临的难题。

关键词 法国 中高级汉语 写作教材 本土化

在对外汉语教材不断推陈出新的今天，写作教材是相对薄弱的方面。无论是在种类上还是在数量上，相对于听力、口语、阅读、词汇等教材，写作教材的比例都很小，究其原因，主要在于以下几个方面。

第一，因为写作训练的可行性是建立在一定的汉语词汇积累和语法储备上的，所以写作通常被认为是中高级阶段才会出现的语言训练项目，这在一定程度上导致了写作教学和教材中的"金字塔"现象：出现得晚、数量少、难度大。

第二，写作作为汉语学习的输出环节，是学习者对汉语知识的梳理、重组和综合运用的过程，涉及汉字、词汇、语法、构思、布局谋篇等诸多方面，因此不是单任务的训练项目，操作上相对困难。

第三，汉语写作应达到什么样的水平、等级如何划分还没有具体的量化标准，这客观上给写作教材的编写造成了困难。

目前，法国的高校中专门开设中文写作课的学校相对较少，教材的使用呈现两种情况：一是不使用专门的教材，由任课教师自行设置教学内容，例如进行应用文写作、命题作文写作、法汉互译或改正作文中的偏误等，写作教学呈现一定的随意性，甚至平行班的授课内容都不同；二是使用已正式出版的写作教材，主要是中国出版的教材，因为法国本土的汉语写作教材出版基本上处于空白状态。

已出版的写作教材基本都是通用型教材，任何国家、学习环境、语言背景的学习者都可以使用。写作教材有无必要本土化是一个存在争议的话题。诚然，追求"普适化"的汉语教学标准和汉语能力标准，制定"普适性"的汉语教学大纲，是诸多对外汉语人致力的方向，并且语言认知研究的成果也支持学习者有共同的语言学习机制。但汉语教材的普适化要有一个基本前提：统一的汉语能力标准。然而现实的情况却是中国有《汉语水平等级标准与语法等级大纲》（1996）和《国际汉语能力标准》（2007），欧洲有《欧洲语言共同参考框架：学习、教学、评估》（2008），美国有《21世纪外语学习标准》（Standards for Foreign Language Learning in the 21st Century，1999）以及外语能力标准，加拿大参照的是《加拿大语言能力标准》（Canadian Language Benchmarks，2000）。这些标准对语言的能力划分也各不相同，《欧洲语言共同参考框架：学习、教学、评估》将语言能力分为3等6级，外语能力标准将语言分为5等10级，《加拿大语言能力标准》将语言分为3等12级。语言标准的建立和统一是一项浩大的工程，我们希望在"存异"的路上不断"求同"。但就目前而言，法国出版的中文教材，如精读、听说，已逐渐向《欧洲语言共同参考框架：学习、教学、评估》靠拢，因此编写相配套的写作教材是必要的，这样做可以在一定程度上保证教材内容和水平的承接性和连贯性。另外，现有通用教材一般着眼于中国大学的课程设置，在内容编排上与中国大学的学时相匹配，而中法课程设置、学时有所不同，这也造成了法国汉语学习者使用通用写作教材的不便。

"教材包含对教学内容和教学进程的设定规划，教材的完善程度往往标志着一门课程的成熟程度"（罗青松，2002）。法国学生对写作课有着刚性需求，如何充分利用有限的教学时间分配教学内容，需要加以整体考量，写作教材的重要性不言而喻。

一、法国学生中文写作课需求调查

我们采用问卷调查的方式，对巴黎东方语言文化学院（INALCO）中文系本科4年级的45名学生进行了调查，然后统计了调查结果。调查显示：

1. 对高年级学习者来说，写作的难点，首先是"使用合适的词"，其次是

"写符合中国人表达习惯的文章"；

2. 就写作的体裁而言，难度最大的是议论文，其次是说明文，而记事或写人的记叙文被认为是相对容易的体裁；

3. 对写作课最迫切的需求是"希望多写并得到教师的具体的修改意见"；

4. 对写作教材最明显的需求，首先是"讲解不同体裁文章的常见表达"，其次是"讲解法国学生常见的写作偏误"；

5. "哪种写作练习帮助最大"，选择"法汉翻译"和"作文修改"的比例分别达到了 65.0% 和 49.0% 。

无论教师如何提倡学生用中文思考，大多数在海外学习中文的学生，即使到了中高年级也很难实现这一点，写作的过程在相当大的程度上是从法文到中文的翻译过程。从我们收集的法国学生作文语料来看，不少学生写作时沿袭法文写作思维，作文中出现的错误，特别是句法偏误表现出明显的母语翻译痕迹。例如：

①＊请你帮忙买书<u>和</u>我以后还给你钱。／＊法国人家庭观念不强<u>和</u>喜欢自由的生活。

②＊我缺少时间<u>为了</u>表达我的感觉。／＊这种药很好<u>为了</u>发烧。

例①中的"和"是对法语 et 的直接翻译，例②中的"为了"是对法语 pour 的直接翻译。"和"作为 A1 水平的学习内容，即使是中高级水平的学生仍然错误不断，这主要是法语母语的负迁移造成的。当然，有学者（吴英成，1988）指出，母语的干扰只是偏误产生的原因之一，这种偏误类型只占 26.0%。受乔姆斯基转换生成语言学的影响，不少学者用认知心理学的理论来解释偏误现象。无论如何，学习者的语言偏误仍是观察他们二语习得状况的一个窗口。

如果要在写作教材中纳入偏误分析的内容，首先要对词汇搭配、语法结构、句子连接、语篇衔接等偏误进行统计，这需要进行大规模语料标记、分析，这是编写针对法国学习者的写作教材的必要前期准备工作。在法国，教师对是否需要在中高年级写作课中加入翻译训练存在分歧。我们所做的需求调查从学习者的角度给写作教学提供了答案：学生对法汉翻译是有需求的。但这也给教材编写提出了难题，写作过程是汉语知识的综合运用过程，而通常一堂写作课只有 1.5 个小时，如果讲解句型偏误，写作课就成了改错课；如果进行词汇辨析和操练，写作课又成了词汇课；如果做翻译，跟翻译课的区别又在哪里？学生之所以觉得"写符合中国人表达习惯的文章"很难，是因为这涉及文化、语感等诸多方面，若为开拓思维以讨论形式来上课，就成了口语课；若以讲解范文为主，又如何与精读课区分开来？写作涉及方方面面的内容，无论是把多方面揉在一起还是重点训练其中某些方面，都需要在教材中做出规划。如何协调各方面的比例，是写作教材编写的难题。

二、写作教材编写的原则

罗青松（2002）提出编写第二语言写作教材要协调三对关系：语言运用和表达形式训练的关系，学生语言水平和训练项目交际性的关系，教材的限定性和教学的针对性的关系。语言运用主要是词语搭配、语法运用、句子连接、段落书写、连段成篇等内容；表达形式训练涉及文体、文章立意、选材、结构、修辞等技巧的培训。对外汉语写作教材的起步晚于其他教材，受第一语言写作训练的影响，不少教材以交际为目标侧重于表达形式的训练，缺乏实现这些交际目标所涉及的语言形式的练习。例如，学生虽然掌握得了书信的表达形式和写作结构，但语言运用上却错误百出。语言运用应与表达形式结合起来，在这方面，法语和英语作为第二语言的写作教材都相对成熟，可以提供一些借鉴。

汉语学习者的认知水平远远高于其中文语言水平，只不过囿于汉语水平的限制，不能充分地表达自我。写作教学中需要平衡学生语言水平与训练项目的难度，既不能低于学生的思维水平，显得幼稚，也不能拔苗助长，安排过难的训练项目让学生产生挫折感。前面的写作课需求调查表明，"写故事"这类练习已不能满足中高年级学生的需求，他们对思辨性的文章有更高的需求。因此写作教材在编写上，要先按难度分解训练项目，然后将其编写到不同年级的写作教材中去，阶梯状向上，但每一训练项目应在纵向上保持一贯性。

任何一本教材都有其局限性，都需要教师活用。当然如果教材本身针对性较强，教师使用起来会更方便。通用写作教材范文的选择很难与学生同期使用的其他教材内容相匹配，无法实现词汇、语法、句法知识的挂钩。写作范文中常常出现过多生词，这不仅增加了学生的学习负担，也模糊了学习的重点，使得写作课成了阅读理解课。本土化教材应对学习者的文化背景、母语迁移的影响加以考量，同时，在内容与水平上与学生所使用的其他汉语教材相配合，配置有效的练习，使学生有"学以致用"的成就感，如此，可以比较好地解决教材的局限性与教学的针对性的关系。

因此，要"本土化"写作教材，除了要遵循以上三对关系以外，还要协调以下关系：

1. 既要遵循通用写作教材的一般体例，又要参考学习者的母语写作教材的编写体例，在编写体例上缩小距离感；

2.既要纵向地把已学过的汉语知识纳入写作内容，也要横向地参考同水平其他课型教材的内容。无论是在词汇、语法还是在主题上，尽量挂钩，增加词汇和语言点的复现率和操练率。

三、通用写作教材编写的一般体例

据统计，截至 2010 年，中国出版的对外汉语写作各级教材共 47 本（周红、包旭媛，2012），这个数据中既包括了读写类教材，也包括了 6 本商务汉语写作教材。而综合性中高级写作教材，自 1994 年至 2009 年间共出版了 15 本（张洁，2009），其中高级写作教材只有 3 本。我们结合张洁（2009）对写作教材的调查，分析了 12 本中级通用写作教材的编写体例、内容、练习设计，制作了"通用教材编写分析表"，参见附录（二）。通过分析这 12 本写作教材可知：

1.常见对外汉语写作教材的编写体例一般包括理论知识、例文评析、习题训练三部分，扩展部分为常用表达和写作构思；

2.写作教材的内容一般包括应用文、记叙文、说明文、议论文，扩展部分为写作格式、标点符号、修改符号、汉语修辞；

3.练习设计一般包括改写、缩写、扩写、改错、命题作文、看图作文，有的教材把语篇写作分解为写标题、写开头、选择适当的词、填标点、句子排序等学习项目，还有个别教材增加了小组口头讨论和写大纲；

4.写作教材编写中体现的教学法

①结果教学法：早期的写作教材多使用这种教学法，提供范文做参考，然后给学生一个主题、一些要求，让学生按规定写作文。结果教学法只注重目的而忽略内容，教师在训练学生的写作技巧和技能的过程中，过分强调正确的语言形式和语法，忽视了培养和提高学生的语言思维能力。在这种传统的教学模式中，写作不再是富有意义的创作，而是乏味的机械型练习。

②任务教学法：是以学生为主的教学模式，它是一种以完成与学生的实际情况密切相关的任务为目标的活动，学生通过交流活动完成任务，在完成任务的过程中，提高学生汉语写作的兴趣和能力。

③过程教学法：是近年来受交际语言教学思想影响而流行的写作课程教学法。这种教学法认为：写作学习应当与学生的人生经验建立联系，成为一种有意

图、有意义的学习活动；任何写作学习都是一个渐进的过程。教学侧重点由传统的篇章结构、语法、词汇转向写作内容及写作过程。

④指导教学法：这种教学法依托建立在结构主义语言学和行为主义心理学基础上的"听说教学法"，主张通过提供尽可能充分的语料和表达框架来控制写作的内容、方式和表达范围，从而把握语言运用的准确性。在教材中体现为改写句子或段落、用指定词语回答问题、缩写和扩写等。

⑤交际教学法：重视语言的交际功能，教学内容接近真实的语言环境，使写作成为一项真正的交际工具或行为。如写书信、申请书、发言稿等。

任何一部教材，都不可能成为解决学生所有问题的万能钥匙，分析通用写作教材的编写思路，可以借鉴"他山之石"，为本土化写作教材的编写提供指导。

四、法语写作教材的编写体例

《欧洲语言共同参考框架：学习、教学、评估》作为语言教学的共同纲领，把在欧洲教学的所有语言都纳入一个共同的分级体系中去。它面世后，法语作为第二语言的教学迅速与之接轨，教材方面也较成熟。分析对外法语写作教材的编写体例，可以为编写符合法国人学习习惯的汉语写作教材提供借鉴。按照《欧洲语言共同参考框架：学习、教学、评估》，语言能力分为依次递升的三个阶段、六个等级（A1 入门级、A2 初级、B1 中级、B2 中高级、C1 高级、C2 精通级），从字面上看，中高级对应于 B1、B2、C1 三级，本文所指"中高级"对应的是 B1 级和 B2 级，因为在法国大学本科教育中，达到 C 级水平的学习者是少数，特别是 C2 精通级几近母语，能达到这个级别的第二语言学习者更是凤毛麟角。《欧洲语言共同参考框架：学习、教学、评估》对中高级写作能力的描述如表 1。

表 1 《欧洲语言共同参考框架：学习、教学、评估》对中高级写作能力的描述表

级别	详细描述
B1	我能就自己熟悉的或个人感兴趣的主题写出有逻辑的简短文章。会写私人信件，叙述自己的经历和感受
B2	我能就自己感兴趣的广泛话题写出清楚和详细的文章。我会写评论和报告，传达信息，或者就某一观点提出赞同或反对的理由。我会写能充分反映自己对相关事件和经历看法的信件

注：表中对中高级写作能力的描述为作者依据《欧洲语言共同参考框架：学习、教学、评估》（法文版）自译。

将宏观的等级描述转化为具体的教材，是项浩大的工程。我们首先参考一套包括从A1到B2水平的教材——《法语写作》来大致了解各水平对应的写作内容。然后再从另一本在法国应用较为广泛的教材——《法语中级写作》来看法语教材的编写体例。

1.《法语写作》（一级）（*Expression écrite*：niveau 1，CLE International，2004）共 5 单元 15 课，针对法语零起点及入门级学生，相当于《欧洲语言共同参考框架：学习、教学、评估》的 A1 水平。每课编写体例为：法语拼写、语法、写作练习。这 5 个单元围绕以下主题展开：

①我有事要宣布；

②我很想来，可是不行；

③她怎么样；

④这个地方太棒了；

⑤短小新闻。

2.《法语写作》（二级）（*Expression écrite*：niveau 2，CLE International，2006）共 5 单元 15 课，针对学习了 150 ～ 180 个小时的法语学习者，相当于《欧洲语言共同参考框架：学习、教学、评估》的 A2 和 B1 水平。每课编写体例为：法语拼写、语法、写作练习。本册教材包括 5 项交际任务：

①描述过去和现在的事件：介绍工作情况并描述一件事的发展过程。

②给某人或者对某事提出你的个人意见：书信，邀请。

③提供信息：叙述某事件，描述个人感受或反应。

④描述某项计划：具体实施步骤，解释做出某项选择的原因。

⑤提出两种对立观点：反驳别人的意见，提出异议，立论。

3.《法语写作》（三级）（*Expression écrite*：niveau 3，CLE International，2006）相当于《欧洲语言共同参考框架：学习、教学、评估》B1 和 B1+ 水平，共 5 单元 15 课，针对学习了 300 个小时的法语学习者。这 5 个单元分别对应 5 个特定主题：

①介绍：提供关于人物、事件及地点的具体信息。

②报告：向不了解情况的人介绍情况。

③批评：表达个人主观意见。

④从口头到书面：了解口语和书面语之间的差异。

⑤写总结。

4.《法语写作》(四级)(*Expression écrite : niveau 4*，CLE International，2008) 相当于《欧洲语言共同参考框架：学习、教学、评估》B2 及 B2+ 水平，针对学习了 300～400 个小时的法语学习者。在每个单元结束时，学习者要自我评估学习情况。这 5 个单元提出了 5 个大的写作方向：

①提要求：谴责某事，要求做出答复，要求书面解释原因并证明其合理性。

②描述：准确细致地描述一种印象、一种感觉、一种情绪。

③评论数据：根据不同类型的数据（民意调查数据、表格、曲线图、直方图、饼形图）做出评论。

④写学术论文或专业文章：写学术报告或者项目计划。

⑤写综述：将不同资料汇总成单个连贯的文本。

5.《法 语 中 级 写 作》(*Production écrite : niveaux B1/B2 du Cadre européen commun de référence*，Dupleix & Megre，2007) 是针对 B1 及 B2 水平的学习者的教材，内容包括不同类型的写作训练：

①创意写作（普通书信、电子邮件、邀请信、报刊短文等）；

②正式函件；

③议论文；

④数据分析评论；

⑤报告。

每种类型的写作训练是按这样的编写体例展开的：

①这一类型的写作对应于《欧洲语言共同参考框架：学习、教学、评估》的 B1 及 B2 水平的描述，并将描述具体为实例；

②提供这一类型的写作的训练方法；

③一份自我评估表；

④练习举例；

⑤主题指导；

⑥命题作文。

对比中文写作教材的内容，我们首先注意到，法文中高级写作教材有"数据分析"的训练项目，而在我们分析的 12 本中文教材中，并没有此类练习。在编写体例上，法文写作教材提供写作水平描述及自我评估表，这也是在现有中文写作教材中未见的。事实上，《欧洲语言共同参考框架：学习、教学、评估》是在现行几大外语标准中唯一提到"学习策略"的纲领性文件。它不仅描述了语言沟通所需要的能力及知识，还描述了学习者如何才能使用语言进行沟通，必须发展什么知识与技能才能有效地进行沟通。更创新的是，它提供了学习者进行自我指导、自行测量进展情况的方法。上文中《法语中级写作》编写体例的①、②、③项，对我们编写新的中文写作教材有重大的借鉴意义。

五、中文写作教材与《欧洲语言共同参考框架：学习、教学、评估》的接轨

《欧洲语言共同参考框架：学习、教学、评估》对某一等级应达到的写作水平进行了描写，但这种描写是概述性质的，例如 B1 水平"我能就自己熟悉的或个人感兴趣的主题写出有逻辑的简短文章"，具体是什么文体和主题的文章，在汉字量和词汇量上有何具体要求，并没有具体的说明。不过，参照学习者同期使用的其他课型的汉语教材，以及由白乐桑先生制定的"识字门槛"，可以为写作课教材涉及的汉字量提供一定的依据。见表 2。

表 2 "识字门槛"具体汉字数量及等级划分

级别	A1	A2	B1	B2	C1	C2
汉字数量（约为）	250 字	500 字	800 字	1500 字	2200 字	3000 字以上

中文书写有其特殊性，一些高频词中的汉字却是非高频字，例如："咖啡"一词中两个汉字都是非高频字，"橙汁"中"橙"也不是高频字。在教学中采用的处理方式是区分"主动字"和"被动字"。"主动字"即要求会认、会写的汉字，"被动字"只要求辨识，不要求会写。在初级水平的精读、口语、听力教学中，"咖""啡"都是被动字。但在写作课中，如果学生写简单的诸如"我想请你喝咖啡"这样的邀请信，怎么处理包含"被动字"的高频词的书写呢？写作作为汉语学习的输出环节，可以手写输出，也可以借助电脑输出。如果是后者，则不存在"被动字"的问题，但无论是上课还是考试，都没有实现完全的电脑化，手写汉字是必须的，因此"汉字书写"也需要纳入写作教材的练习中去。

在中高级写作教材中，"汉字书写"类训练仍有必要占一席之地。我们对巴

黎东方语言文化学院中文系本科四年级 50 名法国学生 2011 年 1 月写作期末考试的答题卷进行了统计，结果发现：在汉字书写方面，50 份试卷，没有一份汉字书写完全正确，错别字的出现率比较高。进一步统计分析错误率，别字多于错字，其中别字类，语音别字（例如，"像"写成"相"）多于字形别字（例如，"特"写成"持"），字形别字多于语义别字（例如，"昨天"写成"去天"）。一般来说，汉字书写的集中训练都放在初级和中级学习阶段，但身在海外的学习者，日常与汉字接触的机会比在中国学习的学生少得多，即使到了高年级仍有巩固汉字书写的必要，但那时的练习重点，应是音近字和形近字。

更明确地讲，对外汉语写作教学中的"写"，必须包括汉字书写训练和篇章训练两个方面。而篇章训练，是结构与功能的结合，即把学习语言运用（词→词组→单句→复句→语段→语篇）、语言技巧（选材、立意、修辞）与学习写不同体裁的文章相结合。如果说汉字是砖瓦，篇章则是由砖瓦构成的建筑，而建筑的结构设计则是篇章的构思。写作的过程就是将砖瓦构建为建筑物的过程。对汉语运用尚不熟练的外国学生来说，语篇的立意与构思不应作为教学重点，而正确、贴切地用中文表达其构思，才是重中之重。

目前，一项旨在把中文对应于《欧洲语言共同参考框架：学习、教学、评估》的等级描述具体化的"欧洲中文计划项目"（European Benchmarking Chinese Language Project）正在研发中，其研究成果的面世，将极大地推动本土化教材的编写，使中文写作教材的编写在内容上有章可循。

参考文献

白乐桑，张　丽，2008.《欧洲语言共同参考框架》新理念对汉语教学的启示与推动——处于抉择关头的汉语教学 [J]. 世界汉语教学（3）.

罗青松，2002. 对外汉语写作教学研究 [M]. 北京：中国社会科学出版社.

吴英成，1988. 关于华语语法教学问题 [J]. 语言教学与研究（3）.

张　洁，2009. 留学生汉语写作（中级）教材研究 [D]. 上海：上海交通大学硕士学位论文.

周　红，包旭媛，2012. 对外汉语写作教材考察与分析 [J]. 云南师范大学学报（对外汉语教学与研究版）（1）.

Conseil de l'Europe. *Cadre européen commun de référence pour les langues : apprendre, enseigner, évaluer.* Paris : Didier, 2001.

L'adaptation des méthodes d'expression écrite en chinois dans l'enseignement du chinois en France aux niveaux intermédiaire et avancé

Li Jing

Institut National des Langues et Civilisations Orientales

Résumé   Les méthodes utilisées dans l'enseignement de chinois langue étrangère nécessitent quelques ajustements afin de se conformer au « Cadre européen commun de référence À pour les langues ». On observe un manque cruel de méthodes d'expression écrite en chinois pour les niveaux intermédiaire et avancé. En effet, les méthodes d'expression écrite en chinois utilisées actuellement en France sont des méthodes éditées et publiées en Chine. À travers l'analyse les règles de rédaction et des contenus des méthodes de rédaction de niveaux intermédiaire et avancé en chinois, des caractéristiques d'apprentissage des apprenants français et des méthodes d'expression écrite en français langue étrangère, l'auteur de cet article propose des suggestions pour l'élaboration de méthodes d'expression écrite en chinois adaptées au contexte français et conformes aux exigences du « Cadre européen commun de référence pour les langues ».

Mots clés   France, chinois de niveaux intermédiaire et avancé, méthodes d'expression écrite, adaptation au contexte local

附　录

（一）12 本通用中文写作教材的基本信息

书名	出版年份	主编或编著者	出版者
《汉语写作（供二年级使用）》	1994	赵洪琴、傅亿芳	北京语言学院出版社
《外国留学生汉语写作指导》	1995	乔惠芳、赵建华	北京大学出版社
《汉语写作教程》	1998	罗青松	华语教学出版社
《汉语写作教程·中级·A 种本》（上）	2002	鹿士义、王洁	北京语言文化大学出版社
《汉语写作教程·二年级》	2003	赵建华、祝秉耀	北京语言大学出版社
《留学生汉语写作进阶》	2003	何立荣	北京大学出版社
《体验汉语写作教程·中级·1》	2006	张璟、陈作宏	高等教育出版社
《发展汉语·中级汉语写作》（上、下）	2006	罗青松	北京语言大学出版社
《外国人汉语过程写作》	2006	杨俐	北京大学出版社
《汉语综合写作教程》	2009	李汛	北京大学出版社
《留学生实用汉语写作教程》（上）	2009	金舒年、刘德联、张文贤	北京大学出版社
《留学生汉语写作》	2009	朱希祥、李小玲、李晓华	华东师范大学出版社

（二）通用中文写作教材编写分析表

教材	使用对象	教学内容	编写体例	练习设计	训练方式	附录
《汉语写作（供二年级使用）》	中文专业大学二年级的留学生	应用文（便条、启事、请柬、日记、书信）记叙文（写人、写事、写景）	指导 例文简析 练习	看故事回答问题 练习写故事	听后写 看图写 影剧观后写 扩写 缩写 改写	词汇总表 标点符号 书写格式 修改符号
《外国留学生汉语写作指导》	中级水平的留学生	应用文（书信、申请书、感谢信、慰问信、祝贺信、推荐信、请柬、启事）记叙文（写人、写事、写景）议论文（评论、读后感）说明文	说明 要点 例文 留学生写作原文及讲评 常用词语格式 练习	修改 缩写 改写 段落写作 篇章写作	侧重语言训练（格式、常用语句、常用写作手法）	
《汉语写作教程》	中级水平的留学生	语言训练（造句、语段、语篇）文体训练（记叙文、议论文、说明文、应用文）	训练重点 范文 生词 说明 练习	组句 填空 改错 小组讨论 根据范文练习写作	文体训练与语言训练相结合，从词到句到段落到篇章，逐层训练，练习句子结构及修辞手法	

教材	使用对象	教学内容	编写体例	练习设计	训练方式	附录
《汉语写作教程·中级·A 种本》（上）	中级水平的留学生	应用文（假条、启事、书信、留言、申请书） 说明文 记叙文	训练重点 范文 生词 说明 常用词语及格式 练习	填空 选词 填标点 改错 句子排序 按要求写短文 写启事、邀请函 回答问题 是非判断 缩写或扩写句子 文章赏析 语篇书写		词汇总表
《汉语写作教程·二年级》	二年级的留学生	应用文 记叙文（写人、写事、写景） 书写格式、标点符号	提示（写作重点、语言训练重点） 例文 练习 写作训练	填字 选适当的词 改错 句子排序 口头练习		词汇总表 听写写原文 参考答案 典型病句分析

（续表）

教材	使用对象	教学内容	编写体例	练习设计	训练方式	附录
《留学生汉语写作进阶》	有一定汉语基础的留学生	句子训练（单句、复句、修改病句）段落训练（连句成段、常见的标点符号的用法）篇章训练（应用文、说明文、记叙文、议论文）	导写 例文 练习	填字 重组句 修改句子 写段落 问答 修改句子 填空 排段落成篇 分组口头练习 完成段落 作文练习		词汇总表
《体验汉语写作教程·中级·1》	适用于学过一年左右汉语的留学生	记叙文 说明文 议论文 应用文	正课：学习目标 课前准备（热身活动、语言形式）写作任务（整理思路、动手写）讨论修改 作业 复习课：单元自测 复习与拓展 写作工作室	练习融合在正课和复习课里	任务教学法，范文和生词并不太多，例句是学习的重点。除范文外，另有19幅方格漫画	词汇表 常用标点符号 常用复句及关联词

教材	使用对象	教学内容	编写体例	练习设计	训练方式	附录
《发展汉语·中级汉语写作》(上、下)	本科一年级的进修生(HSK 三至五级)、中高级汉语水平的留学生	应用文 记叙文 说明文 议论文	学习重点 范文 说明 练习与活动	填空 修改句子或语段 重组句子 模仿例句造句 小组活动（口头） 写段落 读文章，写题目 写文章开头 写作		
《外国人汉语过程写作》	中高级水平的留学生	说明文 应用文 议论文			交际语言教学理论、过程教学法、过程写作法，以学生为中心	中高级汉语写作课期末考试说明及样卷
《汉语综合写作教程》	中级水平的留学生	写作格式与标点符号 看图写作文 记叙文 说明文 议论文	写作要点 范文展示（思考题、范文） 写作构思思路图 写作训练室 写作修改室	写作训练： 选词填空 根据词语提示写句子 重组句子 命题作文 写作修改： 阅读文章，修改语句 找出错误的句子，写上正确的句子		参考答案

法国中高级中文写作教材的本土化

教材	使用对象	教学内容	编写体例	练习设计	训练方式	附录
《留学生实用汉语写作教程》（上）	HSK 五至八级的汉语学习者	汉语写作基本知识 应用文 记叙文 说明文 议论文 汉语词语知识 汉语修辞	写作知识 写作训练（写作指导、范文、练习）	填空 修改句子 扩写或缩写 看图写 小组活动（口头） 写大纲 写作	出现列表提纲训练，并有近义词与反义词、褒义词与贬义词、新词与外来词、汉语的谐音等等汉语词语知识介绍	
《留学生汉语写作》	将初级、中级和高级三个级别合成一册，适合有一定基础的汉语学习者	初级：写作技能训练（听写、看后写、扩写、缩写、改写、续写），日常应用文（便条、启事、日记、书信、记叙文（叙事、记人、写景） 中级：写作技能训练（观察、采集、感受、想象、说明文（说明书、解说词）、专题说明，应用文（行政公文、事务公文、演讲词） 高级：立意与结构、表达与语言、议论文体（读后感、短论、文艺评论、学术论文）	学习理解、阅读借鉴、写作实践、教学建议四位一体	命题作文		

从法国中学数学教材的特点谈中文数学课的教学方法

刘志明

天津市南开中学

摘　要　中法两国的数学教学有相同的地方，也有不一样的地方。法国中文国际班的学生每周要同时上法文数学课和中文数学课，这两门数学课同时对他们有影响。本文以法国中学数学教材为素材，分析中法两国中学数学教学的异同，进而探讨中文数学课对学生学习法文和中文的积极作用，以及中文数学课上教师应采用的教学方法，以期为法国中文国际班的中文数学课和中国数学的对外教学提供借鉴。

关键词　法国　数学　中文国际班　中文数学课

　　法国的中文国际班开设中文数学课，目的是让学生通过用中文学习数学更好地提高其中文水平。笔者在法国巴黎的两所中学的中文国际班教中文数学，根据一年来的教学经验，总结了法国中学数学教材的一些特点，对中文数学课的教学方法和应该注意的问题提出了自己的想法和建议，以期起到抛砖引玉的作用。

　　几百年来，法国一直非常重视数学教育。拿破仑认为数学的进步与完善同国家的繁荣有直接的关系。法国数学的一个非常突出的特点就是现代化，法国数学的现代化基本可以概括为注重问题解决、倡导大众数学、强调数学应用、注重数学实验、强调数学学习心理学的研究、注意信息技术与课程的整合等几个方面。

　　1938 年，法国初中数学增加了函数图像、立体几何等内容，高中数学增加了几何级数、微积分等内容。1985 年，法国新的教学大纲删除了小学算术的素数、分解因数和最大公因数等内容。自现代数学教育改革运动以来，法国数学引入了大量的现代数学的内容，教学内容的现代化特点一直延续至今，并形成了鲜明的特色。

一、法国中学数学教材的主要特点

1.1 教材生动活泼，贴近生活

在法国初二的数学教材中，"分数的四则运算"一章的课前活动里有这样一道题：一个学生收藏邮票，在集邮册的一页中，有 7 行 5 列邮票，其中 $\frac{4}{5}$ 的邮票是欧洲的，$\frac{3}{7}$ 的欧洲邮票是法国的。在题目的旁边，就有一张图片，图片上是 7 行 5 列的 35 张邮票，有人物、猫、钱币、奥运会标志等各种图案，非常生动。该题通过计算有多少张法国邮票来导入分数的乘法法则。

中国数学在讲分数的乘法法则的时候，举例为：人跑一步的距离相当于袋鼠跳一步的 $\frac{2}{11}$，问人跑 3 步的距离是袋鼠跳一步的几分之几？与之相比，法国教材的例子更直观，更贴近生活，中国教材的这个例子就抽象且难懂得多，也没什么实际意义。

再比如，法国高一教材中"加权平均数"部分的课后一道题，在表格里列出了 2008—2009 赛季巴塞罗那俱乐部进球数的频率分布表，让学生利用本章知识计算该俱乐部本赛季每场的平均进球数，题目配以梅西带球摆脱防守的图片，仿佛把人带入了激烈的比赛现场。巴塞罗那俱乐部是最著名的足球俱乐部之一，梅西是广大青少年最喜欢的足球明星之一。当一个喜欢运动的学生看到题目的时候，就会产生计算的兴趣和冲动；在算出结果的时候，会感到对自己喜欢的球队有了更深入的了解，会有成就感。学生在理解了加权平均数知识的同时，也体会到了学习数学的实际意义。

中国数学教材中和体育比赛相关的有这样一个题目：某次篮球联赛的积分榜中，列举出了"前进队""东方队""光明队"等队伍的积分情况，需要计算积分与胜负场数的关系。但实际上，中国的篮球联赛并没有这些球队。中国教材中与实际生活联系的例子，往往也是虚构的，举例的意图还是训练学生的思维能力和做应用题的能力，并不是锻炼学生运用数学知识解决生活实际问题的能力。

我们认为，中文数学课就应当从学生的生活中发现例子。比如，教师可以统计体育明星一年的出场、进球、助攻等比赛数据，让学生在中文数学课上运用这些数据，画出柱状图和饼形图。这样，学生就会觉得很新鲜，也很感兴趣。

1.2 注重和其他学科的联系

法国的数学教材中，随处可见数学与物理、化学、生物、地理、历史、美术、音乐、建筑等学科联系的例子，而且内容丰富生动，贴近欧洲尤其是法国的历史、文化。

例如，在法国初二数学教材中，"实数的定义和比较"一章的课后有这样一道题，学生通过在数轴上标示出古代一些名人的死亡时间，可以很容易地比较时间的先后。公元前后的时间的比较，是历史初学阶段的一个难点，而利用数轴的知识，可以很方便地帮助学生突破历史学科上的认知障碍。

在"实数的加法和减法"一章的课后题中，通过恺撒的生卒年，运用实数的减法法则，学生可以计算出恺撒去世时的年龄。从中我们也可以看出，法国的数学不但注重与其他学科的联系，注重数学在其他学科中的应用，而且这种联系是随着数学知识的学习而不断深入的。

在法国初二和初三的数学教材中，共出现了包括数学家欧拉、伐里农，物理学家开尔文，音乐家贝多芬，建筑大师埃菲尔等 11 人；包括《最后的晚餐》在内的艺术作品 3 份；包括埃及金字塔、美国自由女神像、法国埃菲尔铁塔、中国国家大剧院等在内的建筑作品 9 份……这些人物和作品，都是通过与之相关的数学知识呈现出来的。这些与科学、历史、文化、现实生活紧密联系的题材的大量出现，不但让学生明白了数学源于生活、服务于生活的道理，了解了数学在其他领域的应用，也增强了教材的可读性与趣味性，提高了学生学习数学的热情和积极性。

1.3 重视使用工具进行数学实践，尤其重视数学与信息技术的联系

从 1996 年开始，法国在新的课程（标准）中提出，技术必须真正地整合到数学教学中去。例如，初中课程（标准）指出，数学教学必须让所有的学生都接触计算器。高中课程（标准）指出，计算机科学对于数学学习来说是必不可少的……计算机（器）扩大了观察和操作的可能性，其环境允许各种实验，并且允许在各种各样的视角下学习同一概念，有助于学生更好地理解数学知识抽象出来的过程。从长远的观点来看，计算机科学必将改变数学教学的本质。

可以看出，在法国，技术的应用不单单是为了减轻复杂的计算的负担。技术整合的意义在于通过新技术所提供的各种可能性来支持、完善和改变数学的学

习的方式。比如，在法国的数学教材中，很多性质、定理是学生通过运用信息技术自己动手、观察得出的。在初三教材中"直角三角形的外切圆"的课前活动部分，学生要运用几何软件，自己动手画图，在画图的过程中通过观察得出"直径所对的圆周角是直角，90度的圆周角所对的弦是直径"的结论。而三角形的中位线定理、角平分线的性质和判定定理、锐角三角函数等知识，都是通过让学生运用几何软件画图进行观察和总结来教学的。

再比如，初二教材中"三角形有关的线段"课后的一道题，介绍了瑞士数学家欧拉是第一位证明三角形的外心、重心、垂心三"心"一线的数学家。题目让学生用几何软件画出三角形的外心、重心、垂心，并观察这三"心"是否一线。题目虽然不涉及证明的方法，却能让学生发现过去人们已经阐明了的伟大成果和感知前人所做的推理证明，从而让他们感受逻辑推理的威力、代数工具的有效性和几何模型的力量。

法国初高中教材几乎每一章都会涉及信息技术与该章节知识的联系。在初中学生学习四则运算以及分数和小数的运算时，教材中有详细、清晰的操作科学计算器的步骤的说明；在学习勾股定理的时候，教材中有关于科学计算器在本章应用的明确的教学目标；在学习平面几何、立体几何的时候，教材中配有几何软件操作的说明，并有一定量的练习题，锻炼学生使用几何软件解决问题的能力；在有关方程、函数的章节，教材会同时介绍科学计算器、几何软件和电子表格的使用方法。

可以说，法国的初高中教材，科学、详尽地介绍了主要数学技术的使用方法。能熟练地使用这些工具解决数学问题，也是法国学生的一个很明显的优势。

总之，由于中法在历史、文化、经济发展水平等方面的差异，两国在数学教学内容、培养目标、教学方法等方面均存在差异。因此，中文国际班的中文数学课应该借鉴中法两国数学教学的优点，从学生已有的知识体系和已经适应的教学方法出发，采用恰当的方法教学。

二、中文数学课应该注意的方面

笔者认为，中文数学课在教学方法上，应注意以下几点。

2.1 参照法国数学体系，不拘泥于中国的数学体系

在法国，几何学习强调用向量运算、图形变换等手段去研究图形的性质。初

中数学教学提出了废除利用全等三角形去研究图形性质的做法，强调"一概不用公理"的观点。而中国的几何教学，以欧氏几何为蓝本的演绎几何占很大分量，要求学生掌握概念、性质、公理、定理，重视以此为基础的推理和证明，全等三角形在中国的几何体系中起着承前启后的重要作用。

以平行四边形的教学为例，中国初中数学的几何部分用全等三角形来讲平行四边形的性质和判定；而法国数学从轴对称、中心对称的角度讲平行四边形的性质和判定。尽管两个国家在教学体系上有差别，但在平行四边形这一章中介绍的都是平行四边形的概念、性质和判定，可以说是殊途同归。因此中文国际班的数学课就不必受欧式几何体系的束缚，可以根据学生已有的数学知识体系，越过全等三角形的知识，给学生介绍平行四边形。

以圆的教学为例，法国数学从初一开始就对圆进行了简单的介绍，到了初二、初三，结合三角形介绍三角形的外接圆、内切圆。中文数学课便可以进行同步的介绍，而不必受中国数学体系的影响，等到毕业年级的时候才开始讲圆的内容，因为法国初四的数学教材中没有与圆相关的章节。法国数学在初四学习整式的乘法和乘法公式、二次根式、二元一次方程组、函数概念、一次函数、三角函数、概率等等，这些内容已经给中文数学课带来了很大的挑战。所以参照法文数学的教学体系，将圆的知识分解到初一、初二和初三的教学内容中，可以减轻中文数学课在初四时的课程压力。

所以说，中文数学课可以参照法文数学的体系安排教学内容，而不必受中国数学体系的束缚；可以发挥演绎几何在培养逻辑思维能力上的长处，但不必将其作为几何教学的重点。

2.2 适应并借鉴螺旋上升的方法

从小学到高中，法国数学教学的内容都是螺旋上升、循序渐进的。这种方法认为传统的数学教学是失败的，因为学生学过的每一个部分，以后都不会再碰到了，没有复习的机会；而用螺旋上升的方法，让学生从小学开始就学习算术、代数、几何、三角、集合、逻辑、统计、数论等所有的数学分支，以后每升一个年级，这些分支都加深一点，一直上升。

以实数的四则运算为例，法国初二数学只介绍实数的概念和整数的加减法，其中符号不同的分数的加减法和实数的乘除法要等到初三的时候再介绍。所以，中文数学课的老师应该意识到，尽管在中国，实数的概念和四则运算、乘方的内容在初一的一章中就介绍了，但中文数学课并不适合提前把这些内容介绍给法国初二的学生。学生如果在还没有法文数学背景的时候就接触乘方和幂的概念，很可能会一头雾水。

再比如，由于 1985 年的改革，法国在小学阶段删除了分解因数和最大公约数的内容，在初四的时候才介绍最大公约数，所以中文数学课也最好不要提前介绍。又如，法国学生在初三学习勾股定理，在初四学习平方根，中文数学课讲勾股定理的时候只介绍完全平方数的例子即可，最好不提前出现根号。

学生对中文数学课课堂内容的理解，同时受其汉语水平和数学水平的制约。对他们而言，学习汉语已经是一件很不容易的事情了。如果学生在中文数学课上，用一门外语去学习未知的数学知识，就有可能弄不清楚这节课所学的数学知识，这就会严重挫伤学习的积极性。因此，中文数学课的老师在上课之前，应该先掌握学生的汉语水平和数学水平。

中文数学课既要防止提前介绍数学知识，又应当巧妙借鉴螺旋上升的方法。比如，在法文数学课上，学生在初一就学习了平行四边形的概念和对角线的性质。到了初二，学习了平行线的性质后，再学习平行四边形的边和角的性质；到了高二，学习了向量的概念和运算法则后，再深入研究四边形的应用。那么结合法文数学课的进度，中文数学课在初一就可以让学生了解"四边形""顶点""对角线""对边""对角"等概念，让他们学习"平行线"；到了初二再教授"平行四边形"的概念、性质和判定。到了高二再结合法文数学课的内容，讲解四边形的具体应用。这样中文数学课的内容也是螺旋上升的，学生在升入新的年级后，也会接触到以前学过的内容，这可以帮助他们复习中文。

2.3 在不同的教学阶段采用不同的教学方法

笔者认为，学生在中文数学课上的语言学习可以分成三个阶段：跟读、记忆和复述、在教师的启发下表达。

在知识的初始学习阶段，教学适合采用教师领读、学生跟读的教学方式。这种方式有利于学生学会数学词汇的发音。比如在开始学习四边形的时候，教学的目标就是通过反复领读，让学生会读"四边形""矩形""菱形""正方形"这几个词，会写"边""形"等字。

在给初二的学生讲"平行四边形"时，学生可以根据教师的启发，独立总结出"两组对边分别平行的四边形叫作平行四边形"的概念；可以在教师板书"平行四边形的两条对角线互相平分"这个性质之后，独立写出"平行四边形的两组对边分别相等""平行四边形的两组对角分别相等"这两条性质，并在没有板书的情况下进行复述；通过中文数学课所学，学生能够看懂与平行四边形相关的简单习题。

通过不同阶段对数学词汇、数学句式的学习，最终可以让一部分同学在教师启发下掌握用数学语言进行表达的能力。

2.4 为法文数学课提供数学背景和知识的补充

中法两国数学教学体系、数学文化的不同，既为中文国际班的中文数学课增加了难度，也为中文数学课提供了广阔的空间。根据笔者的教学经验，中文数学课可以使中文国际班的学生对数学知识的背景、数学知识的实质有更深入的了解。

以勾股定理（也称"毕达哥拉斯定理"）为例，法国数学要求学生运用几何软件计算出两条直角边的平方和，再和斜边的平方进行比较，从而引导学生发现勾股定理。事实上，用几何软件进行直角三角形三边关系的探究，并没有涉及勾股定理的历史，不符合历史上勾股定理的发现过程。学生会不明白为什么要比较三边平方的关系，引入的过程略显生硬。

中国数学在初二讲到勾股定理时，由毕达哥拉斯的传说讲起，引导学生从故事中发现等腰直角三角形的特殊性质，再论证其他的三角形也有这样的性质，从而总结出勾股定理。这个探索的过程，体现了从特殊到一般的数学思想。而中国教材用"赵爽弦图"来证明勾股定理，也比法国数学教材中的证明方法简便、直观，易于学生理解和想象。在讲勾股定理的逆定理的时候，中国数学还介绍了古埃及人画直角的方法以及古希腊哲学家柏拉图关于"勾股数"的结论。

所以中文国际班的数学课可以借鉴中国数学教学，这样学生通过中文数学课既了解了勾股定理的传说、探索和证明过程，也能了解到其他国家（中国、古埃及和古希腊）对勾股定理的研究成果。与非中文国际班的同学相比，中文国际班的学生在中文数学课中可以感受到多元文化，可以对勾股定理有更系统、更全面的认识。

笔者在中法两国数学教材的"勾股定理""一元一次方程"和"二元一次方程组"三章中，统计了应用部分的题目的数量，并加以对比。见表 1。

表 1 中法两国数学教材中部分章节应用题目情况

题目内容	法国数学教材		中国数学教材	
	题目数量	比例	题目数量	比例
数学与生活	53	75.7%	87	79.8%
趣味数学	1	1.4%	5	4.6%
数学与科学	6	8.6%	2	1.9%
数学史	0	0.0%	13	11.9%
数学与艺术	1	1.4%	1	0.9%
数学实践	9	12.9%	1	0.9%

通过对比两组数据，我们可以总结出：法国的数学在应用部分更注重数学实践、数学与科学的联系，中国的数学则更注重与数学史的联系。

因此，中文数学课可以在数学史，尤其是中国数学史上，为法文数学提供补充。比如，可以在讲一元一次方程的时候介绍丢番图的墓碑文、良马驽马问题，在讲二元一次方程组时介绍算筹，在讲圆周率时介绍中国的割圆术，等等。以中国的数学史为素材，在适当的时候向学生介绍知识的内容和背景，不失为一种方便、实用而且能够引起学生学习兴趣的方法。

再如，由于法国数学在内容上是螺旋上升的，对知识学习初始阶段的介绍和讲解会相对不透彻，为学生的理解增添了难度。以实数的加减法为例，中国学生在初一先学习绝对值，再用绝对值来学习实数的加法和减法法则。而法国数学在初二虽然不涉及绝对值的概念，然而在初二讲异号两数相加时，将异号两数到原点距离的差作为结果，其本质就是绝对值的几何意义。

笔者认为，可以在中文数学课上捅破这层窗户纸，补充绝对值的定义和几何意义。从绝对值的角度讲解实数的加法法则，更利于学生理解实数的加法法则，更便于学生记忆和计算。也正因如此，学过绝对值概念的中文国际班学生的运算速度和正确率远远高于其他学生。

中文数学课还可以在讲二元一次方程组时介绍三元一次方程组，在解一元二次方程时尝试介绍公式法、十字相乘法等等。中国数学重视学生基础，重视培养学生计算能力和推理证明能力的优势，可以在中文数学课上通过对数学知识的补充加以适当地发挥。

2.5 注意强调中法两国数学表达和语言表达的不同

中文国际班的学生同时上法文数学课和中文数学课，同时受两门数学课的影响。而且，中文数学课的教学还承担了语言教学的任务，在教授数学知识的同时，也要教授学生汉语知识。所以，中文数学课应当考虑法文数学课对学生的影响，在中文数学课上应强调中法两国在数学表达方式和语言表达方式上的不同。

例如，中法两国的分数和小数的读法不同，法国数学是先读分子，再读分母，而中国数学是先读分母，再读分子；法国数学读"三点十四"，而中文读"三点一四"。再比如，法国数学的负数和减是一个单词（moins），而中国是两个……这些数学语言上的差别，都应该作为中文数学课教学的重点进行强调，让学生反复练习。

又如，量词是汉语的一大特点，而法语中没有量词的概念，因此，受母语负迁移的影响，很多法国学生不使用量词或量词使用得不恰当。比如，学生上课时往往会说"一鸡"而不说"一只鸡"，会说"三十车"而不说"三十辆车"。所以中文数学课可以通过一定量的练习，帮助学生掌握一部分量词，辅助汉语课的量词教学。

再如，法文中的"quand"和"dans"都是一个单词，所以学生上课的时候会说"当"而不说"当……的时候"，说"在箱子"而不说"在箱子里"。这些语言上的差别也可以在中文数学课上进行强化练习。

总之，中文数学课的内容越能针对中法数学表述上的差别，就越能有针对性地进行课堂教学，提高学生的汉语水平。

笔者对法国在中学阶段要求学生掌握的 505 个字做了统计，这些字在中文数学课上频繁出现的有 231 个，占其总量的 45.7%。比如在"希息习洗喜系下夏先现相想向像消小笑校些写"这一行字中，在中文数学课上就有"练习""平面直角坐标系""现有""相交""向量""图像""消元"等，这些词均是数学语言中的高频词，学生在中文数学课上可以通过频繁地接触，加强对这些字的掌握。在中文数学课堂中，教师也应该在出现这些字时让学生反复练习，强调这些字的读法和写法。教师应当有意识地使用这 505 个字出现次数多的练习题，在数学课堂上帮助学生掌握这些字。

2.6 采用灵活多变的教学方法，举例贴近中法两国实际生活

法国人的民族性格特征是外向的，喜欢凸显个人，大都具有较强的自信心。因此，法国学生参与课堂的积极性高，表现欲强，喜欢活跃的课堂气氛。

中文国际班的学生也如此，他们会念的每一个词都要大声说出来，会写的每一个字都想写在黑板上；他们喜欢把手高举，喜欢站在讲台上发言，喜欢动手做东西。越是低年级的学生，这些特点就越明显。因而，中文数学课应当采用灵活多变的教学方法，鼓励学生发言，鼓励学生参与教学活动，积极调动学生的学习积极性和学习热情。如，法国初二数学"轴对称"一章，将轴对称的知识和加来（Calais）地区的剪纸文化融合在一起，让学生在自己动手剪纸的过程中，体会轴对称和中心对称的定义和性质。这不但培养了学生的动手能力，也激发了学生的学习热情。

中文数学课可以借鉴法文数学课的方法，让学生在上课的时候写出轴对称的汉字，或者用剪纸的方式剪出一些轴对称的汉字，如此便可以将语言教学和数学教学融为一体，增加学生对中国文化的了解。

三、结论

综上所述，中文数学课可以拓展学生对数学史、数学背景和数学知识的了解，可以在词汇、语法等方面辅助汉语教学。中文数学课应当借鉴中法两国数学教学的优点，联系两国的历史和现实，从中获取教学素材，吸引学生喜欢数学、喜欢中国文化，提高学生学习汉语的兴趣。

参考文献

李文林，1986．法国大革命与数学 [J]．科学、技术与辩证法（2）．

汪　凌，2002．法国普通教育高中的数学教育课程 [J]．全球教育展望（10）．

Colette Laborde，孙连举，刘长明，2002.法国数学教学中的技术整合——应用 Cabri-geometry 进行交互式动态几何教学的案例 [J]．数学教育学报（1）．

L'enseignement des mathématiques en chinois en France : manuels en usage dans l'enseignement secondaire et moyens didactiques

Liu Zhiming

Lycée Nankai de Tianjin

Résumé   Les contenus des cours de mathématiques en Chine et en France présentent des similitudes et des différences. En France, les élèves de la section internationale chinoise assistent chaque semaine à deux cours de mathématiques, l'un en français, l'autre en chinois, et sont simultanément influencés par ces deux enseignements. S'appuyant sur les manuels de mathématiques en usage dans le secondaire en France, cet article propose une analyse des similitudes et des différences que présentent les cours de mathématiques en Chine et en France, une discussion sur les effets positifs d'un cours de mathématiques en chinois sur l'apprentissage des deux langues, ainsi qu'une présentation des moyens didactiques à mettre en œuvre dans le cours de mathématiques en chinois, espérant ainsi contribuer à l'amélioration de l'enseignement des mathématiques dans les sections internationales chinoises et de l'enseignement des mathématiques chinoises à l'étranger.

Mots clés   France, mathématiques, section internationale chinoise, cours de mathématiques en chinois

从法国中学数学教材的特点谈中文数学课的教学方法

汉语教学理论研究

Quelle terminologie employer pour une grammaire pédagogique?
– À propos de la dénomination des liàngcí

Zhitang Drocourt

Institut National des Langues et Civilisations Orientales

Résumé À travers la dénomination en français et en anglais de la classe des liàngcí, cet article montre en premier lieu que la traduction du terme chinois par *spécificatif* ou *classifier* est issue d'une méprise. Chez les premiers auteurs de grammaire chinoise en langues occidentales, si ces deux mots ont été créés et quelquefois employés, ils ne sont jamais destinés à désigner les liàngcí dans leur ensemble, mais seulement la sous-catégorie des gètǐ liàngcí. Deuxièmement, même pour ces derniers, le choix des termes *spécificatif* et *classifier* n'est pas heureux, puisqu'ils occultent, par leurs propres acceptions, la fonction première des gètǐ liàngcí qu'est la quantification à l'unité. Enfin, il n'est pas judicieux de nommer les dòng liàngcí par « classificateurs verbaux ».

Les termes employés en grammaire pédagogique, nécessairement fondés sur la terminologie linguistique, doivent s'en distinguer pour garantir un minimum de transparence et de cohérence, conditions indispensables pour faciliter l'apprentissage. Une transposition directe des termes linguistiques, outre qu'elle est sans utilité pour les apprenants, risque parfois d'entraîner des confusions. Pour l'enseignement du chinois langue étrangère, un système de terminologie grammaticale en français basé sur des études scientifiques reste encore à discuter et à construire.

Mots clés grammaire pédagogique, terminologie, fonctions et dénomination des liàngcí

1. La spécificité de la grammaire pédagogique

Dans l'enseignement d'une langue seconde (L2), l'explication des faits grammaticaux aux apprenants adultes est plus qu'inévitable ; elle est indispensable et ce, plus particulièrement dans le cadre d'un cursus universitaire d'études chinoises, où l'on procède principalement d'une méthode d'enseignement déductive. En effet, les apprenants adultes ont besoin de comprendre le pourquoi et le comment, d'autant qu'ils travaillent souvent en autonomie. La grammaire bien expliquée leur fournit une appréhension claire et une acquisition raisonnée du système linguistique concerné. Le *Cadre européen commun de référence pour les langues* (CECRL) définit la « compétence grammaticale » comme « la capacité de comprendre et d'exprimer du sens en produisant et en reconnaissant des phrases bien formées selon les principes (de la grammaire) et non de les mémoriser et de les reproduire comme des formules toutes faites » (§ 5.2.1.2). Une telle compétence consiste avant tout en l'assimilation et la réutilisation adéquate des règles syntaxiques et morphologiques.

La didactique des langues propose une définition sur les différents types de grammaires (Germain & Séguin, 1998), selon laquelle une « grammaire pédagogique » de la L2, repose nécessairement sur la « grammaire de référence » ou « grammaire linguistique », en même temps qu'elle s'en distingue sensiblement.

Pour une grammaire de référence, sa description plus ou moins exhaustive a pour vocation de dégager et d'élaborer les règles de la langue première (L1). Citons, entre autres, le *Xiandai hanyu* de Huang Borong & Liao Xudong (1991), largement utilisé dans les universités chinoises, le *Shiyong xiandai hanyu yufa* de Liu Yuehua et al. (2001), plutôt destiné aux enseignants, ou encore, *A Grammar of Spoken Chinese* de Chao Yuen Ren (1968), le *Mandarin Chinese, A Functional Reference Grammar* de Charles Li & Barbara Thompson (1981) qui, comme son titre l'indique, se veut une grammaire de référence. Quelles que soient leurs qualités et leur approche, aucune de ces grammaires n'est directement applicable dans l'enseignement aux étudiants francophones, notre public cible.

La grammaire pédagogique en L2, en revanche, est plutôt prescriptive, puisqu'elle ne décrit que pour mettre en avant des règles et des normes. Elle est censée expliquer la « grammaire noyau » de manière synthétique et sélective en organisant les faits de langue jugés essentiels à chacune des étapes de l'apprentissage. Elle doit être conçue pour les enseignants et pour les élèves, dans le but d'être intériorisée par les premiers et de faciliter l'apprentissage des seconds. Elle doit également être caractérisée par sa démarche contrastive, en tenant compte de l'influence de la langue première et du bagage linguistique des apprenants.

2. L'importance de la terminologie

Dans l'état actuel de nos enseignements, nous constatons, primo, que la grammaire, qu'il s'agisse d'un ouvrage ou d'un cours, est en général expliquée dans la langue source, soit en français ; et secundo, que ces explications se font le plus souvent de manière « explicite », mettant en jeu un métalangage plus ou moins spécialisé. De ce fait, nous disposons aujourd'hui d'une panoplie terminologique en français dont il nous est difficile de nous passer.

Or, malgré une familiarité plus ou moins poussée avec les termes grammaticaux généraux qu'ils ont rencontrés auparavant dans l'apprentissage de la langue première, les apprenants et les enseignants sont, a priori, non linguistes, même si les seconds ont tout intérêt à posséder les bases de cette discipline et à avoir plus de connaissances qu'ils n'en enseignent.

Si nous admettons que l'enseignement et l'apprentissage de la grammaire ne sont pas un objectif en soi, mais un des moyens pour faciliter la tâche des enseignants et le processus d'apprentissage des apprenants, notre souci pédagogique doit dicter la spécificité et la clarté des termes à employer.

En effet, les matériaux qui servent à enseigner la grammaire ne sauraient être confondus avec les études linguistiques : il n'y a pas lieu de justifier telle ou telle préférence terminologique ni d'argumenter sur son fondement. D'autant que le langage linguistique est devenu aujourd'hui si abstrait et si complexe qu'il est impossible d'en faire l'application directe à un autre domaine. Différente donc du jargon linguistique, la terminologie pédagogique doit chercher davantage à dénoter explicitement ce qu'elle nomme tout en restant scientifiquement rigoureuse et cohérente. De plus, une harmonisation terminologique paraît d'autant plus importante que les éléments de la grammaire, consistant en autant de microsystèmes, ne sont jamais acquis en une fois. Autrement dit, on n'explique jamais en quelques cours consécutifs un point de grammaire avec toutes ses implications ; on le fait plutôt de manière fragmentaire et progressive.

Dans l'enseignement du chinois aux francophones, en l'absence d'un système terminologique cohérent et consensuel, il existe un certain nombre de confusions ou d'inexactitudes, linguistiquement infondées.

Certes, on pourrait toujours relativiser le problème en rétorquant que la question des termes n'est pas si importante dans la mesure où il nous suffit de les expliquer aux élèves, qui finiront par les comprendre et les utiliser correctement dans leur production. A cette objection, je répondrai que, si l'on se contente de l'état actuel des choses, il manquera toujours à notre grammaire pédagogique une réflexion organisée sur la langue que nous enseignons. En effet, qui dit terminologie dit classement de termes techniques selon un « système de valeurs réciproquement définies » (Rey, 1979 : 17), système à l'intérieur duquel la cohérence entre les concepts et les termes qui leur correspondent est une nécessité première.

Ainsi, un mauvais emploi terminologique est dans une certaine mesure un reflet de la confusion notionnelle. Les différents termes français employés pour nommer les liàngcí 量词 représentent un exemple assez typique.

3. L'examen des liàngcí

En grammaire chinoise de référence, le terme liàngcí est apparu en 1961 (丁声树等). Il signifie littéralement « mot de quantification » et désigne, selon des critères relativement simples, des mots qui peuvent être modifiés par un numéral, un démonstratif ou un autre quantifieur (comme bàn 半 'moitié', měi 每 'chaque' ou zhěng 整 'entier'), et qui contribuent ainsi à l'expression de quantité.

Les liàngcí ne sont pas très nombreux, mais, pour peu que l'on introduise des critères supplémentaires, on verra que cette classe regroupe en réalité des mots qui sont très différents sur les plans syntaxique et sémantique. Ainsi, selon qu'ils figurent uniquement dans un syntagme nominal [[Num + liàng] + N] ou qu'ils peuvent aussi être employés dans un syntagme verbal [V + [Num + liàng]], on distinguera les míng liàngcí 名量词 (ou wùliàngcí 物量词) et dòngliàngcí 动量词 ; d'autres seront appelés zhǔnliàngcí 准量词 (ou zìzhǔ liàngcí 自主量词), puisqu'ils s'emploient seuls sans nom de base ; ensuite, en fonction des critères sémantiques, on pourra encore distinguer parmi les míng liàngcí une dizaine de sous-catégories et trois ou quatre types différents des dòngliàngcí.

C'est ainsi que nous pouvons rencontrer, chez des auteurs différents et selon des définitions différentes, des termes comme gètǐ liàngcí 个体量词, jíhé liàngcí 集合量词, dùliàngcí 度量词, bùfen liàngcí 部分量词, róngqì liàngcí 容器量词, jièyòng liàngcí 借用量词, búdìng liàngcí 不定量词, línshí liàngcí 临时量词, guòchéng liàngcí 过程量词, shíliàngcí 时量词, jièyòng dòngliàngcí 借用动量词, etc.

Remarquons cependant que tous portent invariablement l'étiquette générique liàngcí. Et c'est précisément pour cette raison que la transposition directe de ce terme vers le français est devenue problématique.

3.1 Les liàngcí dans les matériaux d'enseignement en français

Dans la dénomination de cette classe de mots, les matériaux d'enseignement en français font preuve de traitements très divers, avec un emploi terminologique assez anarchique : quatre termes au moins, « classificateur », « spécificatif », « nom de mesure » et « quantificateur », sont utilisés pour désigner soit tous les liàngcí, soit une de leurs sous-catégories, sans parler d'une dizaine de dérivés, tels que « spécificatifs nominaux de classification » ou « classificateurs d'unité de mesure », selon l'étiquette générique que l'on choisit.

Dans cette nébuleuse terminologique et notionnelle, les trois méthodes de classement les plus couramment rencontrées sont les suivantes :

a. Traiter séparément, sans recours à un terme générique, les « classificateurs nominaux », les « noms de mesure » et les « classificateurs verbaux ».

b. Utiliser « classificateur » comme terme générique, puis distinguer des sous-catégories : « classificateurs nominaux », « classificateurs d'unités de mesure » et « classificateurs verbaux ».

c. Utiliser « spécificatif » comme terme générique, et distinguer les sous-catégories des « spécificatifs nominaux » et des « spécificatifs verbaux ». La première rassemble, à son tour, les « spécificateurs nominaux génériques » (appelés aussi « classificateurs ») et les « spécificateurs nominaux de mesure » (appelés aussi «

quantificateurs »), et ce dernier groupe comporte encore les « spécificatifs indéfinis », les « quasi-spécificatifs », etc.

Sans parler de la complexité de certains de ces termes qui les rend pratiquement inutilisables dans l'enseignement, les méthodes (b-c) se différencient de (a) par l'usage d'un terme générique, « spécificatif » ou « classificateur », pour nommer la classe tout entière des liàngcí. De ce fait, elles entretiennent dès le départ deux imbroglios :

D'abord, en cherchant à nommer à la lettre toutes les sous-catégories de liàngcí, on confond la démarche de l'enseignement en L2 avec celle de la catégorisation lexicale en L1. En effet, si la grammaire chinoise se doit de répartir tous les mots du lexique en dix à quinze classes (cílèi 词类), dont certaines comportent nécessairement des éléments à redistribuer dans des sous-catégories, ce n'est évidemment pas le cas de la grammaire pédagogique en L2. Quand le terme chinois gètǐ liàngcí devient en français « spécificatif nominal de classification », on devrait en effet se poser la question de sa pertinence : que vont comprendre les apprenants en rencontrant un tel jargon?

Ensuite, les termes « classificateur » et « spécificatif » – bien que le second ne soit pas un mot français attesté – évoquent plutôt l'idée d'un mot qui servirait à classifier ou à spécifier. Leur sens est donc très loin de celui de liàngcí, « mot de quantification ».

3.2 Que désignent précisément ces termes en français et en anglais?

Il s'avère que la traduction du terme liàngcí par « classificateur » ou « spécificatif » est issue d'une méprise des auteurs contemporains. En effet, chez les grammairiens en langues occidentales qui les avaient créés ou employés pour la première fois, aucun de ces mots ne désignait tous les liàngcí, mais bien seulement une partie d'entre eux.

Voyons d'abord *Le chinois parlé, Manuel* de Léon Wieger (1912 : 41), qui consacre tout un paragraphe à la question : « Les spécificatifs sont des caractères que l'on adjoint à l'adjectif numéral ou démonstratif, qui précède un substantif concret. Certains de ces caractères ne spécifient que la délimitation ou l'individualité ; d'autre spécifient une particularité propre du concept substantif. [...] Le plus usité des spécificatifs, est le caractère 个 gè. Il ne spécifie que l'unité, l'individualité ; d'où l'extension considérable de son emploi ». A part gè, l'auteur donne également des exemples comme yìbǎi pǐ mǎ 一百匹马 « cent chevaux » et liǎngwàn kē shù 两万棵树 « vingt mille arbres ». Mais, un peu plus loin, lorsqu'il parle de yì jīn ròu 一斤肉 « une livre de viande », il signale que « si les *noms des poids* et *mesure*, ne prennent pas de spécificatif, c'est qu'ils tiennent eux-mêmes lieu de spécificatif au substantif qui suit ». Il est donc clair que, pour Wieger, les « spécificatifs » n'incluent pas « les poids » ni « les mesures » et ne sont autres que les gètǐ liàngcí 个体量词 d'aujourd'hui, « mots de quantification individuelle ».

Chao Yuen Ren (1968 : 584), quant à lui, range tous les mots de cette classe sous l'appellation générale de *Measure*, abrégée en (M), et en distingue neuf groupes : (1) *classifiers, or individual measures* (Mc), (2) *classifiers specially associated with V-O constructions* (Mc'), (3) *group measures* (Mg), (4) *partitive measures* (Mp), (5) *container measures* (Mo), (6) *temporary measures* (Mt), (7) *standard measures* (Mm), (8) *quasi-measures* (Mq), (9) *measures for verbs* (Mv). Remarquons que seuls les deux premiers groupes sont définis comme des *classifiers*. Voici quelques exemples donnés par l'auteur : yì kē shù 一棵树, liǎng bǎ dāo 两把刀, ou sān tóu niú 三头牛 pour les Mc, et shuō yí jù huà 说一句话, ou dā yì bān chē 搭一班车 pour les Mc'. Tous les autres groupes sont des « mesures ».

Plus proches de nous, Li & Thompson (1981 : 106), en distinguant *classifier phrases* et *measure phrases*, signalent expressément que « *not only does a measure word generally not take a classifier, but any measure word can be a classifier* ».

Ainsi, dès l'origine, les grammairiens utilisent « spécificatif » ou « classificateur » pour parler des seuls gètǐ liàngcí et ce, pour une raison très simple : il s'agit des mots qui n'ont pas leur équivalent dans les langues occidentales et dont la dénomination s'avère délicate. De surcroît, ces auteurs insistent sur un fait important : il ne faut pas confondre les *spécificatifs/classificateurs* avec les *mesures*.

3.3 Tous les liàngcí ne sont pas à mettre dans le même panier

En effet, les « noms (ou mots) de mesure », ou simplement « mesures », existent universellement dans toutes les langues naturelles et possèdent, à quelques exceptions près, leurs équivalents en français. Leur compréhension et leur apprentissage ne posent aucune difficulté chez les apprenants. Les mesures sont définis selon des critères sémantiques et concernent notamment les groupes suivants :

a. Les mesures standard (de poids, de longueur, de surface, etc.), comme jīn 斤 « la livre » ou mǐ 米 « le mètre » ;

b. Les contenants, bēi 杯 « verre » ou xiāng 箱 « caisse » ;

c. Les collectifs, zhǒng 种 « sorte, espèce » ou shuāng 双 « paire » ;

d. Les partitifs, kuài 块 « morceau » ou dī 滴 « goutte », etc.

Permettant de mesurer la quantité des matières massives et non dénombrables ou d'estimer celle des entités dénombrables mais considérée collectivement, ces noms de mesure ont pour point commun de dénoter par eux-mêmes une quantité, qui peut être précise comme *kilo, paire,* ou approximative comme *groupe, caisse,* ou encore renvoyer à un ensemble comme *sorte, espèce.* Autrement dit, c'est leur propre sens lexical qui détermine la quantité. Ainsi, leur présence ou absence change complètement le sens de l'expression : *un oignon* n'égale pas *un kilo d'oignons* et *un enfant* n'a rien à voir avec *une foule d'enfants.*

En revanche, les noms de mesure ne possèdent pas la moindre propriété classificatoire sur les entités qu'ils quantifient. Ainsi, on peut dire indifféremment *une caisse de livres, de pommes, de champagne, de fusils..., une foule de clients, de questions, de détails..., un morceau de pain, de bois, de tissu, de ficelle...,* etc. C'est la raison pour laquelle il n'y a aucune raison de les traiter comme des « classificateurs », encore moins comme des « classificateurs de mesure » ou « de masse », termes paradoxaux qui n'ont aucun sens pour le commun des mortels et qui ne peuvent que prêter à confusion.

Il existe en chinois d'autres expressions qui sont, elles aussi, traitées dans la grammaire L1 comme appartenant à la famille des liàngcí, parce qu'elles indiquent une quantité et que leur structure syntaxique est similaire à celles que nous venons de mentionner.

e. Les línshí liàngcí 临时量词, comme yì liǎn hàn 一脸汗 « visage plein de sueur » ou yí yuànzi luòyè 一院子落叶 « cour pleine de feuilles mortes ». Dans ces expressions, l'emploi du numéral se limite à yī « un », qui prend le sens de « plein » ;

et les liàngcí, qui sont en fait des noms, jouent provisoirement le rôle d'une mesure très approximative.

f. Les zhǔnliàngcí 准量词 ou zìzhǔ liàngcí 自主量词, comme sān suì 三岁 « trois ans », sì miàn 四面 « les quatre côtés » ou liǎng bèi 两倍 « deux fois ». Caractérisées par le fait qu'elles n'ont pas besoin de nom de base, ces mesures fonctionnent exactement comme en français.

g. Les búdìng liàngcí 不定量词, qui indiquent une quantité approximative, et sont au nombre de deux seulement : yìdiǎnr 一点儿 « un peu » et yìxiē 一些 « quelques, un certain nombre de ».

Le sens tout à fait transparent de ces trois groupes ne demande aucun effort de compréhension de la part des apprenants et leur maîtrise ne présente pas non plus de réelles difficultés. De plus, dans la pratique de l'enseignement, ces trois types d'expressions sont séparément traités et à des étapes différentes. Ainsi, quel que soit le point de vue qu'on adopte, le chapeau de « classificateur » ou de « spécificatif » ne saurait leur convenir, encore moins des barbarismes comme « spécificatifs de l'indéfini », « noms quantificateurs », « spécificatifs noms », etc.

3.4 Les gètǐ liàngcí sont-ils réellement des classificateurs?

Maintenant, voyons de plus près la dénomination des gètǐ liàngcí 个体量词, terme qui signifie littéralement « mots de quantification individuelle ».

Aujourd'hui, les linguistes s'accordent à dire que ces mots ont pour fonction première d'exprimer la notion de « comptage à l'unité ». C'est grâce à la présence d'un liàngcí que les noms chinois désignant des entités dénombrables, tels que rén 人, māo 猫 ou shū 书, sans jamais porter la marque du pluriel, deviennent quantifiables, et se voient ainsi individualisés et actualisés (Yang-Drocourt, 2004 : 8-10). Rappelons ce qu'écrivait Wieger à propos de gè 个, voici un siècle : « Il ne spécifie que l'unité, l'individualité ».

Ainsi, les premiers travaux linguistiques allaient presque tous dans ce sens et, en proposant des dénominations qui comportent le terme « numéral » ou « unité », rappelaient leur fonction dans la quantification :

En chinois, on a vu se succéder shùwèicí 数位词 *unité numérale* (高明凯 , 1948), dānwèi míngcí 单位名词 *unit noun,* ou dānwèicí 单位词 *unit word* (王力 , 1944), dānwèi zhǐchēng 单位指称 *unit designation* (吕叔湘 , 1956). En français, on a connu *particule de nombre* (Du Halde, 1736), *particule numérale* (Abel-Rémusat, 1822) ou *numérale* (Coyaud, 1973). En anglais, Greenberg (1972 : 8) cite des termes comme *numeral auxiliary, numeral affix, numerical determinative, numerical coefficient, counter-word,* etc., Chao (1968 : 585) utilisait au début *numerary adjuncts.*

Néanmoins, – à part gè 个, seul liàngcí réellement vide de sens et, par conséquent, compatible avec un très grand nombre de noms – les liàngcí individuels conservent tous plus ou moins leur sens lexical d'origine. Ce sens, encore perceptible malgré la grammaticalisation, dénote une des propriétés inhérentes au référent : forme, taille, consistance, matière, usage fonctionnel, etc. Et c'est à cause de leur sémantisme que ces liàngcí spécifiques ne sont compatibles qu'avec un nombre limité de noms.

En effet, il y a à l'origine une motivation cognitive dans l'association d'un liàngcí spécifique avec tel ou tel type de noms : ceux-ci renvoient en général à des objets avec lesquels les humains entrent en interaction physique, fonctionnelle ou sociale. Ainsi, lorsque ces objets sont comptés à l'unité, c'est le liàngcí qui dénote la perception physique que l'homme peut en avoir : tout comme on dit en français « deux cents têtes de bétail », on dit en chinois liǎngbǎi tóu niú 两百头牛 « deux cents bœufs ». Dans d'autres cas, le liàngcí dénote le type d'usage ou le geste que l'objet implique lors de sa manipulation, comme yì bǎ dāo 一把刀 « un couteau » ou yì dǐng màozi 一顶帽子 « un chapeau » ; et il existe, enfin, des liàngcí qui laissent percevoir une référence à l'organisation sociale ou culturelle, comme yí wèi kèrén 一位客人 « un invité » ou yì zūn púsà 一尊菩萨 « une statue de Bodhisattva ».

Ces valeurs sémantiques ainsi que la compatibilité ou la non-compatibilité qu'elles entraînent donnent facilement l'impression d'une catégorisation ou d'une classification des noms en fonction du liàngcí qui leur est associé.

C'est ainsi que Wieger (1912 : 41) utilise le terme « spécificatif », qu'il préfère à « particule numérale » d'Abel-Rémusat, en arguant que « ce sont de véritables substantifs, et non pas des particules » et que « certains de ces caractères ne spécifient que la délimitation ou l'individualité ; d'autre spécifient une particularité propre du concept substantif ».

Quant au mot anglais *classifier*, en l'état actuel de nos connaissances, nous sommes en droit de penser qu'il a été introduit par le missionnaire américain S. Wells Williams dans son ouvrage *Easy Lessons in Chinese* publiée en 1842 à Macao et reprisen 1847 par son compatriote James Bridgman, traducteur de *Notitia Linguae Sinicae* de Joseph de Prémare. Plus tard, on retrouve aussi ce nouveau terme chez des sinologues britanniques sans que ces derniers montrent leur adhésion unanime : James Summers (1863) signale clairement qu'il préfère le terme *appositive* à *numerative* et à *classifier*, et il réserve ce dernier aux « radicaux » 字部 des caractères chinois (p. 19) ! Joseph Edkins (1864), quant à lui, utilise le terme *numerative* ou *numeral particle* en précisant que « Some writers call these words numeral particles, others *classifiers*, others simply numerals » (1864 : 127).

Toujours est-il que, malgré les réserves ou les hésitations de ces auteurs, le mot était créé et il a connu un franc succès un siècle plus tard : dans les années 1970, les linguistes américains, notamment, ont unanimement adopté le terme *classifier*, probablement à la suite des travaux de Greenberg en 1972. Mais, à cette époque, le système des classificateurs numéraux était examiné dans un corpus de langues assez large et selon une typologie très vaste incluant plusieurs phénomènes que l'on confondait alors plus ou moins (Grinevald, 1999) :

a. la « classification nominale », qui distribue tous les noms de la langue en deux ou trois classes morphologiquement marquées, comme peut l'être le genre en français ;

b. les « classes nominales » qui, comme les langues bantoues, à l'aide d'un préfixe, marquent le singulier et le pluriel des noms, des adjectifs, des verbes et des possessifs ;

c. Les « termes de classe », comme en anglais x-*berry*, x-*tree*, x-*man*, ou ce que l'on appelle en chinois lèimíng 类名 , qui sont des hypéronymes dans la formation lexicale, comme -chē 车 « véhicule », -cài 菜 « légume », etc.

d. Les vrais classificateurs dont les classificateurs numéraux, tels que ceux du chinois, ne représentent que l'un des différents types.

Les travaux poursuivis ont porté leurs fruits, permettant de dégager des critères typologiques pour distinguer les systèmes de classes nominales et ceux de classificateurs (Grinevald, 1999 : 109) : ces derniers se présentent comme des constituants indépendants sans fusion avec d'autres catégories grammaticales ; c'est un système ouvert qui n'est pas organisé selon des classes sémantiques strictes ; ils ne « classent » qu'une partie des noms dans un nombre assez important de classes ; un nom donné peut être assigné à différentes classes ; l'emploi d'un classificateur est à discrétion des locuteurs et peut varier selon les registres, etc.

En ce qui concerne plus spécifiquement les classificateurs numéraux, on constate que la compatibilité qui préside à la mise en relation d'un nom et d'un classificateur n'est jamais indépendante de la fonction de comptage (Wiebusch, 1999 : 134). Ainsi, en linguistique, même si on reconnaît que le terme *classifier* n'est pas heureux, un travail de fond a été réalisé.

Dans les années 1980, le mot anglais *classifier*, traduit par « classificateur », a été introduit en France, dans les travaux linguistiques d'abord, puis dans l'enseignement. Il est employé en parallèle avec « spécificatif », terme qu'on rencontre déjà chez Wieger et qui est très répandu en France à partir des années 1970. Résultat : nous avons maintenant deux termes en concurrence, entre lesquels les apprenants doivent s'y retrouver.

La question que nous nous posons est la suivante : sachant que tout ce contexte historique en linguistique est ignoré des enseignants et des apprenants, faut-il adopter le principe d'employer systématiquement le dernier terme, en dépit de la méprise qu'il est susceptible de causer, alors que les grammaires traditionnelles chinoises possèdent depuis longtemps de nombreux termes qui disent très bien ce qu'ils veulent dire?

Si l'on admet qu'il existe des « noms de mesure », on conviendra qu'ils doivent avoir leurs pendants qui seraient les « noms d'unité », terme qui traduit parfaitement le dānwèicí 单位词 de Wang Li (王力, 1944). Son sens enfrançais étant tout à fait transparent, il a le mérite de dénoter à la fois la nature substantive de ces mots et leur fonction grammaticale. Par ailleurs, dans une structure comme yǒu gè rén zhǎo nǐ 有个人找你 « Quelqu'un veut te voir », où le numéral yī « un » est omis, c'est bien ce « nom d'unité » qui assume seul la quantification à l'unité.

Au début de l'apprentissage, on expliquera donc aux élèves que, pour exprimer la quantité des noms massifs, on doit utiliser, comme en français, des noms de mesure, tandis que, pour dire combien il y a (d'unités) de telle ou telle entité dénombrable, le chinois exige l'emploi d'un « nom d'unité ». Mais, pour dédramatiser ce phénomène totalement étranger aux francophones, au lieu de se focaliser, comme le font certains auteurs, sur les gètǐ liàngcí spécifiques et sur la justesse de leur « accord » avec les noms, on insistera utilement sur l'existence d'un nom d'unité quasi universel, en l'occurrence gè, si présent dans le registre courant que l'on parle en linguistique chinoise de la « généralisation de gè ».

Quant à la fonction proprement sémantique ou classificatoire de ces noms d'unité, comme par exemple, la différence entre yí dào mén 一道门 et yí shàn mén 一扇门, il nous semble préférable de la traiter dans une phase plus avancée de l'apprentissage. Mais, au lieu de l'imposer en production, on la présentera plutôt comme un fait de langue à comprendre en réception. En effet, ces nuances sémantiques ne se révèlent que dans un registre de langue plus soutenu et relèvent plus d'un choix du locuteur que d'une règle grammaticale.

3.5 Qu'est-ce qu'un classificateur verbal?

Reste maintenant la question des dòngliàngcí 动量词, que l'on nomme malencon -treusement « spécificatifs verbaux » ou « classificateurs verbaux ». Selon la grammaire chinoise, les dòngliàngcí 动量词 regroupent tous ceux qui quantifient une action. Ici, le mot liàng « quantité » doit être compris dans un sens large, qui inclut les notions de fréquence, de durée et de nombre d'occurrences. On distingue généralement quatre types de dòngliàngcí :

a. Les mots qui servent uniquement à exprimer le nombre de fois qu'une action est effectuée, comme cì 次, biàn 遍, huí 回 ou tàng 趟;

b. Les mots qui indiquent le fonctionnement d'une entité dans le temps en faisant totalement abstraction de l'aspect matériel et physique du référent, comme dùn 顿 dans sān dùn fàn 三顿饭 « trois repas » ou bān 班 dans yì bān fēijī 一班飞机 « un vol (d'avion) ».

c. Les noms que l'on « emprunte » pour exprimer l'outil ou la partie du corps avec lesquels l'action est réalisée, comme hē yì kǒu 喝一口 « boire une gorgée », kāi liǎng qiāng 开两枪 « tirer deux coups de fusil » ;

d. Le verbe V' que l'on répète dans la structure [V + yī + V'], tels que kàn yī kàn 看一看 « jeter un coup d'œil » ou shì yī shì 试一试 « faire un essai ».

Comme nous le savons tous, il s'agit, là aussi, d'expressions très différentes que l'on traite toujours séparément dans l'enseignement. D'abord, les groupes (c) et (d) doivent être traités à part : le premier concerne des noms qui retrouvent leur équivalent en français ; le second est généralement traité comme l'expression d'un aspect. Ni l'un ni l'autre n'a réellement besoin de porter une étiquette spéciale.

S'il faut trouver un terme adéquat pour nommer ces mots, seuls les groupes (a) et (b) sont réellement concernés. Or, utilisés pour quantifier les occurrences d'un événement, ces mots ne classifient ou spécifient ni le nom ni le verbe qui leur est associé. Étant donné que leur sens lexical ou grammatical correspond bien à celui de « fois » en français, nous proposons, faute d'un terme consensuel, « mesure de fréquence » ou à la rigueur « mesure pour verbes » (*measures for verbs* de Chao) qui conviendrait mieux que « classificateur / spécificatif verbal ».

Chez les auteurs en langues occidentales que nous avons cités plus haut, c'est aussi ces deux groupes qui reçoivent un traitement spécifique. Wieger (1912 : 27) indique simplement que « les réitératifs, répondant au français *fois*, sont : cì 次, huí 回, biàn 遍, tàng 趟 ». Signalons ensuite que les mots que Chao définit comme *classifiers specially associated with V-O constructions* sont analysés par d'autres, Li & Thompson (1981 : 110) par exemple, comme étant aussi des *measure words*, le critère syntaxique de [V-O] proposé par Chao ne permettant pas de les regrouper à part en tant que *classifiers* (Yang-Drocourt, 2004 : 28-30).

Plus tardivement, on voit apparaître dans les ouvrages en français les termes « classificateur verbal » et « spécificatif verbal », qui ont été issus de la même méprise, mais selon un raisonnement simpliste : si on traduit liàngcí par les termes génériques « classificateur » ou « spécificatif », il semble tout naturel d'obtenir, en calquant le classement de la grammaire chinoise, les termes « classificateurs nominaux » pour les míngliàngcí et « classificateurs verbaux » pour les dòngliàngcí :

量词 = « classificateurs/spécificatifs »

名量词 = « Cl/Sp nominaux »

动量词 = « Cl/Sp verbaux »

Cette transposition directe et irréfléchie n'est pas seulement sans utilité pour l'enseignement, elle risque de créer des confusions plus graves.

Linguistiquement parlant, si le terme « classificateur verbal » ne convient pas dans son application au chinois, c'est que ce mot est employé ailleurs pour désigner un phénomène tout à fait différent. Dans certaines langues d'Amérique du Nord et d'Australie, par exemple, on attache à la racine du verbe un morphème qui permet d'indiquer une des propriétés intrinsèques d'un des arguments (Grinevald, 1999 : 115) :

(1) skitu ake'-treh-tae (CAYUGA)

skidoo 1sg-(CL : véhicule)-avoir

« J'ai un skidoo ».

(2) gugu ga-bo : -mangan (GUNWINGGU)

eau   3sg-(CL : liquide)-tomber

« L'eau tombe ».

Ces morphèmes sont précisément appelés « classificateurs verbaux », car, incorporés dans le syntagme verbal, ils « rappellent par leur sémantique les classificateurs nominaux » (Grinevald, 1999 : 115). Autrement dit, malgré leur nature verbale, ces morphèmes présentent une propriété « classificatoire » des noms. Ce n'est évidemment pas le cas en chinois.

4. Quelques mots pour conclure

Suivre aveuglement les fluctuations de la linguistique ou, au contraire, tourner le dos à toutes ses avancées scientifiques sont deux attitudes aussi nuisibles l'une que l'autre pour l'enseignement. La dénomination des liàngcí que nous venons d'examiner n'est qu'un des nombreux problèmes terminologiques que l'on rencontre aujourd'hui.

Notre étude ne cherche pas à « faire porter le chapeau » à qui que ce soit, ni à lancer la polémique. Au contraire, nous espérons attirer l'attention générale sur l'intérêt qu'il y aurait à introduire dans l'enseignement de la grammaire un système terminologique, lequel, en dépit (ou à cause?) du développement très rapide de l'enseignement du chinois langue étrangère aux francophones, reste encore à discuter collégialement et à construire progressivement.

Bibliographie

丁声树，等，1961. 现代汉语语法讲话 [M]. 北京：商务印书馆 .

高明凯，1948. 汉语语法论 [M]. 上海：开明书店 .

郭　锐，2002. 现代汉语词类研究 [M]. 北京：商务印书馆 .

黄伯荣，廖序东，1991. 现代汉语 [M]. 北京：高等教育出版社 .

刘月华，潘文娱，故　辇，2001. 实用现代汉语语法（增订版）[M]. 北京：商务印书馆 .

吕叔湘，1956. 中国文法要略 [M]. 北京：商务出版社 .

王　力，1944. 中国语法理论 [M]. 北京：商务印书馆 .

Abel-Rémusat, J.-P. *Élémens de la grammaire chinoise*. Paris : Imprimerie royale, 1822.

Besse, H. Métalangages et apprentissage d'une langue étrangère. *Langue française*, n° 47, La terminologie grammaticale, sous la direction de Jean-Pierre Laduc-Adine et Jean-Roger Vergnaud, 1980, pp. 115-128.

Chao, Y. R. *A grammar of spoken Chinese*. Berkeley / Los Angeles : University of California Press, 1968.

Conseil de l'Europe. *Cadre européen commun de référence pour les langues*. Paris : Didier, 2001. http://www.coe.int/t/DG4/Portfolio/documents/cadrecommun.pdf.

Coyaud, M. *Classification nominale en chinois : les particules numérales*. La Haye-Paris : Mouton, 1973.

De Prémare, J. *The Notitia Linguae Sinicae of Prémare*. Traduction anglaise par J. G. Bridgman. Canton : The Office of the Chinese Repository, 1847.

Du Halde, J. B. *Description de l'Empire de la Chine et de la Tartarie chinoise*. La Haye : Henri Scheurleer, 1736.

Edkins, J. *A grammar of the Chinese colloqial language, commonly called the*

Mandarin dialect. Shanghai : Presbyterian Mission Press, 1864.

Germain, C. & Séguin, H. *Le point sur la grammaire*. Paris : CLE International, 1998.

Greenberg, J. H. Numeral classifiers and substantival number : problems in the genesis of a linguistic type. *Working Papers on Language Universals*, 9, 1972, pp. 1-39.

Grinevald, C. Typologie des systèmes de classification nominale. *Faits de langues*, 14, 1999, pp. 101-122.

Li, C. N. & Thompson, S. A. *Mandarin Chinese : a functional reference grammar*. Berkeley / Los Angeles : University of California Press, 1981.

Rey, A. *La terminologie, noms et notions*. Paris : P.U.F., 1979.

Summers, J. *A handbook of the Chinese language, parts I and II, grammar and chrestomathy*. Oxford : Oxford University Press, 1863.

Wiebusch, T. Classificateurs et clés graphiques en chinois. *Faits de langue*, 14, 1999, pp. 133-142.

Wieger, L. *Le chinois parlé, manuel, koan-hoa du Nord, non-pékinois*. 3ᵉ édition refondue. Hien-hien, 1912.

Yang-Drocourt, Z. *L'évolution syntaxique du classificateur en chinois*. Paris : CRLAO-EHESS, 2004.

关于教学语法的术语问题

——以"量词"的西文翻译为例

杨志棠

[法国] 巴黎东方语言文化学院

摘 要 本文以法语和英语对"量词"的翻译为例,首先说明把这个术语翻译成法语的 spécificatif 或英语的 classifier,都是出于后人在撰写语法时的错误理解。早期西方语言的汉语语法著作在使用这两个词时,都仅限于指称汉语的"个体量词",而不是所有的量词。其次,即使用来指称个

法语国家与地区汉语教育研究(第一辑)

体量词，这两个术语也不够准确，因为它们在本义上掩盖了个体量词的"单位计量"的基本功能。最后，将"动量词"翻译成 classificateur verbal 也是不合适的。语法教学中所使用的术语既应该建立在语言学术语的基础上，同时也应该有所区别，才能保证起码的透明性和系统性，以便帮助学习者理解。对语言学术语的生搬硬套不单单对教学毫无益处，在某种情况下甚至会造成概念上的混淆。就法语国家与地区的汉语教学而言，一个经过科学研究并达成共识的教学语法术语系统尚有待建立。

关键词　教学语法　语言学术语　"量词"的性质　功能和术语翻译

对外汉语教学中的听觉强化正音法

张国宪

［比利时］蒙斯大学

摘　要　听觉强化正音法是一种对听力功能缺陷者进行康复治疗或帮助外语学习者正音的方法，它主要以改变听力模式来加强听觉感知。在外语学习中出现"音位失聪"现象时，教师应该从学习者具体的发音错误出发，利用节奏韵律、组合语音学或差异发音法等手段，寻找出最佳的发音模式来有针对性地纠正发音。

关键词　听觉强化正音法　音位筛　对外汉语

语言的重要性众所周知。在儿童成长过程中，语言在神经发育、运动、认知、社会情感和道德培养等方面起着极其重要的作用。对每个儿童来说，掌握母语即意味着认识世界。母语在个人求学、融入社会，以及个人在经济、政治和文化等方面的发展中的作用也都是必不可少的。但是，在现代社会，一个人仅仅掌握母语是不够的，学习一门或者多门外语是丰富知识的重要途径，学习者也可以借此了解世界的多元文化，学会互相包容，和平共处。

在人类语言中，口头语言占首要地位，书面语言为辅。在世界上的六千多种语言中，很多语言只有口头形式，而没有书面语形式。在语言习得的自然过程中，口语也总是领先于书面语。

作为交际工具，语言的运用是一种极为复杂的、包括众多互相作用因素的系统工程。

- 语言因素：词汇、语法、音位体系（辅音与元音）、语音音节、超音节成分（韵律、节奏、停顿、重音、声调与语调等）。
- 非语言因素：对话人之间的距离、姿势、手势、动作等。
- 语言外部因素：语言交流情景、社会文化背景等。

因此外语教学也应按照口语优先、书面语跟进的原则，重视口语交流的各种要素。其中语音教学是外语教学的基础，但采用何种正音方法历来有争议，也往往被忽视。传统的外语语音教学法常限于局部的、书面的、理性的正音，往往事倍功半。

以下分析两种最常用的传统正音法。

■ 以发音语音学为基础的正音法

传统的正音法主要以发音器官描述为主，使用舌位图或腭位图理性地学习语音。其弊端为：

- 忽视发音时至关重要的听力感知的作用；
- 无视语言行为的整体特点，不考虑全身运动机能的作用，把语音学习简单地局限于发音器官的局部运动；
- 忽视韵律成分（韵律和节奏）的作用；
- 忽视语音的补偿现象，同一音位的发音实际上可略有不同，但能起到相同的辨义作用；
- 忽视语音的组合现象，前后音素环境很重要，因为音素之间是互相影响的；
- 发音过程中过于重视自觉和人为控制的作用，而忽略了发音器官运动的不自觉性；
- 抑制了口语表达的自然性。

■ 音标注音正音法

此方法采用音标注音的方法来学习语音，其弊端与发音正音法相似。看着书面符号学习发音得不偿失，因为看书时必然分散注意力，影响听觉感知（如同我们看电影时，一看字幕就听不清对话一样）。

本文介绍的听觉强化正音法是一种帮助外语学习者强化听觉感知的正音方法。

听觉强化正音法是前南斯拉夫萨格勒布大学（University of Zagreb）语音学教授 Guberina 于 20 世纪 50 年代创立的。开始时，该方法主要用于听觉失聪者的康复治疗，Guberina 教授从中受到启发，认为外语学习者与失聪者实际上并无本质差别，都是一种失聪现象，只是程度不同——前者是音位失聪，后者是病理失聪。他把此方法延用于对外法语学习者的正音，并将其纳入整体结构视听教学法（SGAV）体系中。此后他与法国图卢兹大学教授 Rivenc、比利时蒙斯大学教授 Renard 等人合作，加强理论研究，不断完善，并在各自大学的对外法语教学中不断实践，推广了此正音法。

此正音法以音位学理论为基础，结合语言的交际功能，从学生的具体发音错误出发，对语音材料进行非理性的处理，创造一系列听觉感受与模仿发音的最佳条件，如通过选择有利的语音环境与部位、改变听力模式来强化学生对难辨外语音素的感知，重新构建外语学习者的听觉感应能力，养成新的语言习惯。

一、口头语言的整体要素

在外语口语教学中，听觉理解是一种整体性的现象，人们在由各种因素组成的复杂现象体中综合性地做出归纳、选择，从而感知、理解语言。

从整体上分析，口头语言其实包含下列五种要素，在口语教学中应该注重其总体关联性，循序渐进地学习每种语言特有的音位体系。

- 口语的旋律结构：声调、语调、语气和嗓音的高低。
- 口语的节奏与停顿：字词重音、语气重音、气流停顿、词组节奏和语速。
- 与口语相匹配的姿势：口语发音与节奏、体态、手势、动作有着紧密的联系。
- 发音紧张度：发音时的肌肉紧张度，感情色彩和意义表达相结合的一种本体感受。一般来说，辅音比元音紧张，音节和句子开头的音素比结尾的音素紧张。
- 音色成分：结合对语音音频的整体感知，区分音色的明亮或低沉。

二、音位筛

语言听力感知是一种整体现象，我们从听到的复杂多样的声音中进行综合概括，做出过滤筛选，形成特定的语音体系。每个人对母语的感知就形成了与之相关的特定的选择习惯，即"音位筛"现象。在学习外语时，我们往往会受制于这种习惯，对新的语言的感知有缺陷，会做出不合适的选择，形成一种"发音错误体系"。因此，应该帮助外语学习者更好地听辨，正确发音。

听觉强化正音法就是对听觉感知体系进行重组，形成一种新的条件反射。它并不从发音器官的角度，而是从优化听力模式出发，非理性化地、非分析性地强化学生对外语的听觉感知，从而达到正确辨音和发音的目的。

课堂上经常出现这样的情况：学生发不好一个音，教师就不断重复所谓的标准音，学生仍听不出，发不好。原因就在于学生受其母语"音位筛"的影响，用自己的方法来听辨、解读此音。问题恰恰出在"标准音"上。听觉强化正音法要求教师熟悉学生的母语，能对学生的错误进行分析，找出原因，寻找更佳的听力模式。

三、音位学理论基础

普通语音学是对语音从发音器官的角度（舌位、开口度、气流等）进行生理属性的研究。而音位学则是研究语音在具体语言中的作用，突出其辨义交际功能。每种语言的音位都不是纯理论上的音，不只是固定的一点，而是一个互相制约、互相作用的系统，是一个起辨义作用的音位圈，只要不超出这个范围，每个音位可以有细微的变化。

一个语音学家可以理论性地、非常准确地发出各种语言的音，但这并不意味着他会讲这些语言。严格来说，同一个人重复发一个"标准音"的时候，如果用音频仪来测量的话，每次都会有细微的差别。

四、听觉强化正音法的原则

- 最大限度地调动学生的积极性。外语语音学习应该贯穿在语言学习的整个过程中，就如同儿童学习母语一般。在课堂上，教师应创造自然、轻松的环境，让学生在语言交流情景中学习语音。
- 语言与运动机能密不可分，要充分利用非语言要素，如手势、体态、面部表情等帮助练习口语，尤其适用于表达感情色彩（吃惊、厌恶、害怕、犹豫、兴奋、悲伤、疲劳等）。
- 避免理性分析。应该用非理性化的方法，循序渐进地接受外语发音的习惯，合成新的音位系统。语言的韵律集中体现在低频区，人对此极为敏感，可形成优化的生理反应。在教学中，教师应重视韵律结构，利用声调、语调和语气、节奏来正音。根据学生的发音错误，使用吟唱、打节拍等方法也能有效地纠正发音。
- 坚持从学生的发音错误出发正音。纠正发音一定要从学生的发音"错误"，或更确切地说是"差误"出发，有的放矢，寻找合适的发音模式，促使学生感受正确的发音与差误发音之间的差别。比如在学生混淆两个元音时，就要往音色差误的相反方向提供一个优化的模式，帮助学生正确地发音。要做到这一点，就要求教师熟悉元音舌位图，掌握听辨能力，找出差误发音与正确发音之间在音色、紧张度上的差别，有效地改变发音模式。

- 不厌其烦，耐心辅导。在外语学习中，掌握一种新的正确的音位系统需持之以恒，在话语练习中循序渐进地进行。这就要求教师要非常耐心，不断分析学生的听辨差误，反复纠音，培养学生的自我纠错能力，直至形成稳定正确的发音。

教学进程应遵循下列原则：

- 着重学习语音韵律成分；
- 重复模仿发音为先，自我口语表达为后，口语表达阶段同样可以继续纠正发音，而且效果会更明显；
- 从优化发音模式过渡到非优化模式；
- 从音位学角度纠正发音过渡到纯语音学角度，让学生尽快进入功能性语言表达的状态，不强求也不可能让学生做到一次到位，发音标准。

外语教师应具有语言学，尤其是语音学和音位学的专业知识，熟悉自己所教的语言的音位体系，包括元音音色、辅音紧张度、声调、语调和节奏等。这样才能运用听力强化正音法的原则对学生发音差误做出分析诊断，并根据学生差误的特点找出行之有效的正音方法。

五、正音方法

听力强化正音法的纠音方法可分为四大类。

（一）利用全身运动机能辅助发音：手势和体态

人的身体对于低音音频特别敏感，话语中的最低频率与语音音调、韵律（由声带震动的不同频率形成）相关。除了韵律外，元音的音调、辅音的音色、语速的变化、句子节奏组的停顿分割、重音，以及发音紧张度的变化都可或多或少地借助手势、体态来表达，因此听力强化正音法对此尤其重视。听力发音其实是一种不自觉的非理性的活动，教师可以有针对性地使用适宜的手势或身体动作来帮助发音。在对外汉语教学中使用此方法对四声的纠正尤为有效。

- 借助手掌、手指、头部以及上身或升或降的活动，伴随韵律来练习声调或语调。

- 口发"la"音并击手打拍来辨认音节，模仿语速。
- 做离心动作（分开双臂或抬头）可使发音音色更为明亮，而向心动作（合拢双臂、低头或身体前倾）可使音色低沉下来。
- 身体收紧（握拳，模仿用力分开双手，活跃的姿态或挺直上身）可提高发音紧张度，而身体放松（先咬牙后呼气，旋转晃动身体）可降低发音紧张度。

（二）利用语音韵律成分纠音（侧重于整体性）：韵律和节奏

此方法适用于元音正音，上升的语调有利于提高元音音色的明亮度；相反，下降的语调更有助于发出低沉的音色。重音的位置也有助于区别、确认音色（前元音音色更亮，后元音音色更低沉）。采用逆行或渐进切分句子的方法也可纠正辅音的松紧度。

（三）利用组合语音学纠音（侧重于生理发音方式）

联合相似的音素。语流中音素之间相互影响，前后牵制。可利用此特点寻找有利于发音的语言模式，采用相同的音素组合，相异的音素分离等方法纠音。
- 用前元音环境来使过于低沉的辅音腭化，转为明亮。
- 用音色低沉的圆唇元音环境来使过于靠前、过于明亮的辅音腭化，转为低沉。
- 用后元音环境来使过于齿化、过于明亮的辅音腭化，转为低沉。
- 用唇化元音环境来使过于尖亮的辅音唇化。
- 用唇化辅音或软腭辅音环境来使元音音色转为低沉。
- 用齿辅音环境来使元音音色转为明亮。

（四）利用差异发音法纠音（侧重于听力感知）

利用差异发音法训练听力。找准发音的错误，向其相反方向利用音素变体纠音。可用于纠正元音音色和辅音松紧度。举例来说，如果一棵树长歪了，要想把它扶正，就应该朝相反的方向掰并超过中心位才能有效，这就是"矫枉过正"的原理。此方法可用于下列纠音。

- 元音音色：音素 [y] 错发成 [o]，就往 [i] 的方向纠音。
- 辅音紧张度：音素 [d] 错发成 [p]，就往 [t] 的方向纠音。
- 辅音紧张度也可用低声发音的方法纠音。
- 发音长短可用来纠音，如缩短发音时间可用来纠正单元音错发成二合元音。

这些纠音手段互为补充，可分开或混合使用。当然任何方法都不是万能的，都需要教师对个案进行具体问题具体分析，灵活调整。

六、对外汉语纠音案例

（一）元音 ü[y] 错发成 u[u]

差误诊断：发音过于靠后，音色过于低沉。

纠音方法：

- 利用韵律和节奏

  用上升语调来突出 [y] 比 [u] 更为响亮：他去学汉语。→ 他去学汉语？

  句子切分，句首突出 [y] 的明亮音色：他去学汉语。→ 去学汉语 → 他去学汉语。

- 利用差异发音法

  用类似[i]的音位变体往[u]的相反方向发[y]，使学生感受[y]比[u]更为响亮，并逐步恢复。

（二）二合元音 ia[iA] 错发成 a[A]

差误诊断：二合元音与单元音混淆，紧张度过高。

纠音方法：

- 利用韵律和节奏

  用下降语调来降低紧张度，更易于二合元音的发音：我来介绍一下。／我回家。

- 利用差异发音法

  用拖长 [iA] 的发音的方法来降低紧张度，使学生感受到 [iA] 比 [A] 更为松弛，并逐步恢复。

（三）辅音 p[pʰ] 错发成 b[p]

差误诊断：送气辅音 p[pʰ] 失去气流，紧张度降低，错发成不送气辅音 b[p]。

纠音方法：

- 利用韵律节奏

    切分句子，句首位置突出 [pʰ] 的紧张度：我会说普通话。→ 普通话 → 我会说普通话。

- 利用组合语音学

    为了强调 [pʰ] 的紧张度，可把此音素放在音色更亮的元音 [i] 的组合中：啤酒好喝。／脾气不好。

（四）辅音 z[ts] 错发成 d[t]

差误诊断：塞擦音 z[ts] 与塞音 d[t] 混淆，发音过于紧张。

纠音方法：

- 利用韵律节奏

    把 [ts] 音放在词组或句子中间，便于缓和紧张度，然后再置于句首：老师早 → 他不在 → 在那儿。

- 利用差异发音法

    为了降低 [ts] 相对于 [t] 的紧张度，可低声发此音，感受其更为松弛的发音。

（五）声调纠正

在对外汉语教学中，声调确实是主要难点，但有关研究发现，单独声调的模仿对外国学生来说并不难，难的是如何让他们在语流中从辨义的角度分辨声调，自觉地掌握并固化声调的习惯。在教学中，传统的单音节声调练习往往成效不大，原因是这种练习没考虑到声调在句子中受前后语流环境的影响而产生的差异和变化。应坚持从语流、句子出发纠正声调。

- 全身运动技能

    用体态、手势等辅助声调练习。

- 韵律节奏语调

    利用上升或下降的语调纠正声调错误。

- 组合语音学

  根据学生的声调错误，有针对性地设计一些前后有有利声调的句型。

- 差异发音法

  采用一个简单音节如"la"来模仿整句的声调。

七、归纳

- 强调言语功能
- 立足交际情景
- 分析错误——对症下药
- 强化听觉——矫枉过正
- 综合调整——循序渐进

参考文献

Guberina, P. La méthode audio-visuelle structuro-globale. *Revue de Phonétique Appliquée*, Mons, 1, 1965, pp. 35-64.

Guberina, P. Les appareils Suvag et Suvag Lingua. *Revue de Phonétique Appliquée*, Mons, 27-28, 1973, pp. 7-16.

Intravaia, P. *Formation des professeurs de langue en phonétique corrective. Le système verbo-tonal* (3ème tirage). Paris-Mons : Didier-Centre International de Phonétique Appliquée, 2007.

Renard, R. *Introduction à la méthode verbo-tonale de correction phonétique* (3ème édition). Bruxelles-Mons : Didier-Centre International de Phonétique Appliquée, 1979.

Renard, R. *La méthodologie SGAV d'enseignement des langues : une problématique de l'apprentissage de la parole* (2ème édition). Paris : Didier, 1976.

Rivenc, P. *Pour aider à apprendre à communiquer dans une langue étrangère.* Paris : Didier Erudition / Mons : CIPA , 2000.

Méthode verbo-tonale de correction phonétique dans l'enseignement du chinois langue étrangère

Zhang Guoxian

Université de Mons

Résumé   Le système verbo-tonal est une méthodologie de la rééducation des déficiences auditives ou de l'apprentissage d'une langue étrangère, fondée essentiellement sur la perception auditive, qu'on (ré)éduque par une action sur le modèle à reproduire. Dans le cas des langues étrangères (surdité phonologique), on s'efforce de présenter d'abord, en fonction de la faute, des modèles « optimaux » aux points de vue de la prosodie, de la phonétique combinatoire ou des allophones (prononciation nuancée).

Mots clés   méthode verbo-tonale, crible phonologique, chinois langue étrangère

对外汉语教学中的听觉强化正音法

La prise en compte de la dichotomie oral-écrit dans l'élaboration en cours d'un cadre européen de référence pour le chinois

Bernard Allanic[1]   Shu Changying[2]

1. Université Rennes   2. Université de La Rochelle

Résumé   De novembre 2010 à novembre 2012, une équipe d'une dizaine de chercheurs rattachés à cinq universités ou grandes écoles de quatre pays (School of Oriental and African Studies, London ; Institut National des Langues et Civilisations Orientales, Paris ; Freie Universität, Berlin ; Faculty of Oriental Studies, University of Rome ; Université Rennes 2) s'est attelée à un ambitieux chantier : l'élaboration d'un cadre européen de référence pour le chinois, directement inspiré du Cadre européen commun de référence pour les langues (CECRL). Nous nous proposons de présenter la manière dont ce cadre européen de référence pour le chinois rend compte de la dichotomie oral/écrit propre à la langue chinoise – du fait de son écriture non alphabétique : les échelles de descripteurs de compétences sont en effet accompagnées à la fois d'une liste d'items lexicaux pour les compétences orales et de seuils de caractères pour les compétences écrites. Pour le niveau A1 par exemple, la liste des items lexicaux comporte 589 unités (mots ou expressions) constituant un inventaire des items les plus fréquents et les plus utiles pour pouvoir réaliser les tâches liées aux activités orales – ces items lexicaux ne sont pas à connaître en caractères par les utilisateurs mais éventuellement en pinyin. Le seuil de caractères pour ce même niveau sera constitué d'une liste de 250 caractères « indispensables » et d'une liste complémentaire de 70 caractères « recommandés », soit un total de 320 caractères suffisant pour réaliser les activités liées aux compétences écrites. Nous insisterons aussi sur l'espoir que cette dissociation entre description des compétences orales et écrites encourage les enseignants à disjoindre de façon encore plus systématique l'enseignement-apprentissage du chinois oral de celui du chinois écrit, dans l'intérêt de mieux développer toutes les compétences.

Mots clés   certification, Cadre européen de référence, dichotomie oral-écrit

De novembre 2010 à novembre 2012, une équipe d'une dizaine de chercheurs rattachés à cinq universités ou grandes écoles de quatre pays – dont l'INALCO, représenté par le professeur Joël Bellassen – , coordonnée par l'Ecole SOAS de Londres, s'est attelée à un ambitieux projet : l'élaboration d'un cadre européen de référence pour le chinois, directement inspiré du Cadre européen commun de référence pour les langues (CECRL), publié au début des années 2000. Ce projet initié par le Conseil de l'Europe, baptisé EBCL (European Benchmarking for Chinese Language), a pour objectif principal la réalisation d'un référentiel de descripteurs de compétences pour les apprenants et les enseignants de chinois afin de permettre l'harmonisation des pratiques pédagogiques et de l'évaluation de l'enseignement-apprentissage du chinois en Europe.

Il a donc fallu adapter le CECRL, élaboré initialement pour les langues européennes à écriture alphabétique, à la langue chinoise et à son écriture non alphabétique. C'est cette dimension non alphabétique de l'écriture chinoise et son obscurité orthographique – le fait qu'un lecteur de chinois débutant ne puisse rien lire avant de connaître un certain nombre de caractères, contrairement à la (relative) transparence orthographique des écritures alphabétiques – qui a notamment retenu notre attention dès le début de ce projet. Il existe en effet en chinois une dichotomie entre l'oral et l'écrit qui peut avoir de grandes incidences sur la qualité de son enseignement, de son apprentissage et lors de l'évaluation des compétences selon les différentes approches didactiques et pédagogiques en usage.

Encouragés par le consensus récent chez nombre de didacticiens du chinois langue étrangère en faveur de la disjonction (ou du décalage) de l'enseignement du chinois oral par rapport à celui de l'écrit – assez largement répandu en France, mais encore assez relatif cependant dans d'autres pays – , et par le fait que dans le CECRL les compétences soient autonomes et que leur évaluation se fasse de façon disjointe, indépendamment les unes des autres, nous avons souhaité saisir l'occasion de cette adaptation du CECRL au chinois pour proposer qu'au moins pour les niveaux A1 et A2 du Cadre, correspondants à un utilisateur élémentaire, les descripteurs de compétences soient accompagnés de deux listes de vocabulaires distinctes par niveau : une liste de vocabulaire pour les activités orales regroupant les items les plus utiles pour réaliser les tâches du référentiel – ces items ne seront pas à connaître en caractères par les utilisateurs mais éventuellement en pinyin – et une liste moins importante d'items nécessaires à la réalisation des tâches de réception et de production écrites. Cette seconde liste regroupant les « extensions lexicales » composées des caractères recommandés par niveau.

1. La dichotomie oral/écrit et l'enseignement/évaluation du chinois

1.1 Une dichotomie handicapante

Contrairement aux langues à écriture alphabétique, les mots écrits en chinois ne sont pas transparents du point de vue de la prononciation : les apprenants ne peuvent pas les lire sans avoir appris au préalable les caractères. Il est très difficile de savoir lire même si on sait dire, et plus encore de savoir écrire tout ce que l'on sait dire.

Ainsi deux problèmes importants émergent si on mélange l'oral et l'écrit dans l'enseignement-apprentissage du chinois – si l'apprenant doit apprendre à écrire tout ce qu'il apprend à dire :

a) Ralentissement de l'apprentissage de l'oral à cause de la lenteur inhérente à la mémorisation des caractères.

b) Dispersion de l'apprentissage des caractères du fait du non-respect de la logique graphique de l'écriture chinoise et de l'apprentissage en ordre dispersé.

Et deux autres problèmes apparaissent quand on mélange oral/écrit dans l'évaluation :

a) Les candidats qui ne connaissent pas les caractères ne peuvent réussir les épreuves de compréhension orale, même s'ils comprennent tout parce qu'il leur est impossible de lire les questions ou réponses proposées.

b) On mélange l'évaluation des compétences de compréhension écrite et de compréhension orale.

1.2 Nécessité d'un enseignement disjoint de l'oral et de l'écrit

En Europe, et notamment en France, un consensus émerge peu à peu depuis le début des années 2000 en didactique du chinois langue étrangère : l'enseignement-apprentissage du chinois doit tenir compte de la nature non alphabétique de l'écriture chinoise en dissociant l'oral et l'écrit.

Joël Bellassen (1997) : « La pédagogie du chinois ne peut être en accord avec les lois inhérentes à cette langue qu'au prix d'une disjonction, voire d'une rupture du cordon ombilical entre l'enseignement de l'écrit et celui de l'oral, celui-ci recourant à des transcriptions phonétiques et aux matériaux multimédias, celui-là se concentrant alors sur le caractère, sa structure graphique, sa combinatoire et sa polysémie.»

Monique Hoa (1997) : « Etant donné la dichotomie particulière de la langue chinoise, il me semble souhaitable, dans l'enseignement, de donner une certaine autonomie à l'acquisition de l'oral par rapport à l'écrit, de ne pas subordonner totalement l'apprentissage de la communication à celui des sinogrammes. Cette autonomie peut être réalisée par notation phonétique, en l'occurrence le pinyin. »

En France, cette dissociation des activités orales et écrites fut par la suite recommandée dans le Bulletin Officiel pour l'enseignement secondaire en 2002. Elle a fait son apparition dans quelques manuels : *C'est du chinois* (1999), *Méthode de chinois – premier niveau* (2003), *Le chinois comme en Chine* (2008), *Ni shuo ne?* (2009).

1.3 Intérêts de la disjonction oral/écrit

– Pour l'oral. Cette dissociation des activités orales et des activités écrites permet de « libérer les activités orales du carcan de l'écrit!» en évitant de ne prendre comme seuls supports d'activités orales des textes rédigés en caractères. L'enseignement du vocabulaire utilisé dans ces activités peut ainsi avoir recours dans un premier temps au pinyin, et ce n'est qu'ensuite que les mêmes mots apparaîtront en caractères dans des textes reliés aux activités de compréhension ou d'expression écrites. L'apprenant n'ayant pas à apprendre à lire ou écrire l'ensemble des mots entendus ou utilisés à l'oral.

– Pour l'écrit. Cette disjonction peut aussi favoriser l'enseignement de l'écrit en permettant une programmation des caractères respectueuse de la logique graphique de l'écriture chinoise, du processus cognitif de mémorisation et des stratégies d'apprentissages mises en œuvre par les apprenants.

137

2. Le CECRL et la division oral/écrit

2.1 Dissociation des compétences écrites et orales

Le CECRL sépare les compétences : réception orale ; production et interaction orales ; réception écrite ; production et interaction écrites. Il existe des échelles de descripteurs allant du niveau A1 au niveau C2 pour chaque compétence. Ces descripteurs représentent les actions de communication que les utilisateurs doivent accomplir, ce qui permet une évaluation différenciée des compétences orales et écrites. Le CECRL respecte ainsi le fait qu'un même utilisateur peut avoir un niveau différent selon la compétence évaluée.

2.2 Coexistence d'un vocabulaire oral et d'un vocabulaire écrit

Les documents d'accompagnement du CECRL pour chaque langue qui en est pourvue font état de la coexistence de plusieurs listes d'items de vocabulaire selon les compétences. Comme les descripteurs de compétence sont en effet assez larges, les différentes versions du CECRL pour les langues alphabétiques sont accompagnées d'inventaires de formes linguistiques ayant pour but de spécifier « l'objet-langue » que doit pouvoir maîtriser l'utilisateur à chaque niveau. Ces inventaires de forme pour le niveau A1 par exemple font état de lexiques composés d'un nombre de mots ou d'expressions allant d'un peu moins de 500 (pour l'italien) à plus de 800 (pour l'allemand). Ce nombre correspond au vocabulaire de la compréhension orale, qui est de façon naturelle le vocabulaire le plus large, et il est précisé qu'un *nombre plus réduit d'items est maîtrisé en production écrite*, sans que cette seconde liste ne soit fournie car elle dépend du contexte d'apprentissage et de l'expérience de chaque utilisateur (en fonction également de la distance plus ou moins grande de sa langue maternelle avec (ici) le français).

Le CECRL précise donc que pour un niveau donné, le vocabulaire maîtrisé à l'oral est forcément plus grand que celui de l'écrit. Si cela est vrai pour les langues à écriture alphabétique, cela l'est forcément aussi pour le chinois…

3. Quelques propositions du projet EBCL pour le chinois oral

3.1 Utilisation du pinyin et mise en avant des supports multimédias

Les descripteurs du cadre européen pour le chinois seront accompagnés d'exemples rédigés à la fois en caractères et en pinyin, ou de liens vers des sites Internet proposant des extraits audio ou vidéo. Ceci afin de libérer les activités orales des textes et surtout des textes rédigés en caractères pour les premiers niveaux.

3.2 Elaboration d'une liste d'items lexicaux par niveaux

Suivant l'exemple des documents d'accompagnement du CECRL pour beaucoup de langues, nous avons élaboré une liste d'items lexicaux pour les activités orales. Le chinois étant une « langue distante » pour les apprenants européens, l'acquisition du lexique chinois à l'oral prend du temps à cause du vide de la mémoire – il n'y a rien qui y soit déjà archivé et qui puisse aider à apprendre plus vite les mots nouveaux, contrairement à beaucoup de langues alphabétiques européennes aux mots parfois ressemblants – , si bien que le nombre d'items lexicaux retenus par niveau se limite à ceux jugés indispensables pour les tâches de communication à accomplir pour chacun des niveaux. Leur sélection n'a absolument pas tenu compte de leur plus ou moins grande facilité d'écriture, mais seulement des besoins langagiers des utilisateurs à l'oral. Ces listes ont été réalisées pour les niveaux A1 et A2. Elles comportent respectivement 589 items et 1245 items. Ce ne sont pas des listes closes, elles restent modifiables… Un détail important : ces listes sont disponibles en caractères mais aussi en pinyin, afin de les rendre accessibles (et compréhensibles) aux utilisateurs débutants et pour souligner que ces items ne sont pas à connaître ou à reconnaître à l'écrit mais à l'oral.

4. Quelques propositions du projet EBCL pour le chinois écrit

4.1 La prise en compte de la saisie informatique des caractères

Afin de prendre en compte les progrès considérables des nouvelles technologies, leur généralisation auprès de tous les publics et leur facilité d'utilisation de plus en plus grande, il a été décidé que les tâches de production écrite du cadre pourraient être réalisées, à partir du niveau A2, soit à la main soit par ordinateur et à l'aide des nouveaux outils multimédias.

4.2 L'élaboration de seuils de caractères

Tenant compte de l'opacité phonétique du système graphique chinois, de la longue durée que requiert l'apprentissage des caractères, du décalage nécessaire entre la découverte du vocabulaire oral et sa maîtrise à l'écrit et du principe selon lequel l'utilisateur n'a pas forcément à savoir écrire tout ce qu'il comprend à l'oral, nous avons jugé essentiel de présenter des listes de caractères par niveau. Leur sélection a répondu à deux critères : ils figurent dans les mots jugés nécessaires et indispensables pour l'accomplissement des tâches de réception écrite et de production écrite décrites au niveau concerné (priorité aux besoins langagiers), ils figurent comme caractères fréquents dans les listes statistiques existantes et à ce titre permettront aux utilisateurs d'accroître rapidement leur vocabulaire par la suite (du fait de la grande capacité combinatoire des caractères fréquents et de la transparence sémantique d'un très grand nombre de mots composés chinois).

Les seuils de caractères pour les niveaux A1 et A2 ont été élaborés. Ils comportent respectivement 320 et 630 caractères.

Nous avons complété les listes de caractères présentées ci-dessus par des listes d'items lexicaux correspondants. Ces items sont constitués de tous les items présents dans la liste élaborée pour les activités orales et qui s'écrivent avec les caractères retenus dans le seuil de caractères. Pour le niveau A1, 73% des items lexicaux liés aux activités orales se retrouvent dans la liste du vocabulaire écrit (430 items sur 589). Le pourcentage est de 75,5 % pour le niveau A2 (940 items sur 1245). On voit qu'il s'agit de proportions identiques qui semblent correspondre au processus habituel d'acquisition du vocabulaire de toute langue étrangère.

Conclusion

Le projet EBCL (European Benchmarking for Chinese Language) a été conçu dans l'espoir de procurer une base solide, calquée sur le CECRL, pour pouvoir à terme harmoniser les pratiques à l'œuvre dans l'enseignement-apprentissage et dans l'évaluation du chinois en Europe. Nous avons tenu à souligner que la question centrale de l'adaptation du CECRL au chinois était la façon de prendre en compte son écriture non alphabétique et la division des territoires de l'oral et de l'écrit. Nous espérons que cette réflexion et les propositions concrètes du projet EBCL encourageront les enseignants à disjoindre de façon encore plus systématique l'enseignement-apprentissage du chinois oral de celui du chinois écrit dans l'intérêt de développer au mieux toutes les compétences.

Bibliographie

安　雄, 2004. 构建对外"理性汉字教学方法"的基础研究 [A]. 第七届国际汉语教学讨论会论文选 [C]. 北京：北京大学出版社 .

安　雄, 2007.《一级阅读字表》的编制及说明 [A]. 第八届国际汉语教学讨论会论文选 [C]. 北京：高等教育出版社 .

安　雄, 2010. 汉字教学的一个新尝试 [A]. 第九届国际汉语教学研讨会论文选 [C]. 北京：高等教育出版社 .

赵金铭, 2011. 初级汉语教学的有效途径——"先语后文"辩证 [J]. 世界汉语教学 (3).

Allanic, B. *Le chinois…comme en Chine. Méthode de langue et d'écriture chinoises.* Rennes : Presses Universitaires de Rennes, 2008.

Arslangul, A., Lamouroux, C., & Pillet, I. *Ni shuo ne? Méthode de chinois.* Paris : Didier, 2009.

Beacco, J.-C. & Porquier, Rémy. *Niveau A1 pour le français.* Paris : Didier, 2007.

Bellassen, J. Le conflit territorial écrit-oral dans les manuels de chinois : annexion, autonomie, sécession? *Premières journées d'étude internationales sur l'enseignement du chinois-Actes 1996.* A.F.P.C., Paris : Librairie Le Phénix, 1997, pp. 11-16.

Bellassen, J. La didactique du chinois et la malédiction de Babel. Émergence, dynamique et structuration d'une discipline. *Études chinoises*, hors série, 2010, pp. 28-44.

Conseil de l'Europe. *Cadre européen commun de référence pour les langues*. Paris : Didier, 2005.

Hoa, M. Morphèmes et enseignement de l'oral. *Premières journées d'étude internationales sur l'enseignement du chinois-Actes 1996*. A.F.P.C., Paris : Librairie Le Phénix, 1997, pp. 51-53.

Hoa, M. *C'est du chinois!* Tome I. 2 vol : *Comprendre et parler, Lire et écrire*, Paris : You-Feng, 1999.

Hoa, M. *C'est du chinois!* Tome II. 2 vol : *Comprendre et parler , Lire et écrire*, Paris : You-Feng, 2002.

Kölla, B. & Cao, K. *Zhongguohua*. 2 tomes. Beijing : The Commercial Press, 2008.

Kölla, B. & Wan, Y. *Zhongguozi*. 2 tomes. Beijing : The Commercial Press, 2009.

Rabut, I., Wu, Y. & Liu, H. *Méthode de chinois – premier niveau*. Paris : L'Asiathèque, 2003.

Yang-Drocourt, Z., Liu, H., & Fan, J. *Méthode de chinois – deuxième niveau*. Paris: L'Asiathèque, 2011.

Zhang, P. *Nouvelle approche du chinois moderne*. Beijing : Sinolingua, 2002.

欧洲中文参考框架项目对听说／读写二分法的采纳

安雄[1]　舒长瑛[2]

1.［法国］雷恩大学　2.［法国］拉罗谢尔大学

摘　要　自 2010 年 11 月至 2012 年 11 月，来自四个国家五所院校（英国伦敦大学亚非学院、法国巴黎东方语言文化学院、德国柏林自由大学、意大利罗马大学东方研究院、法国雷恩大学）的十多位中文教学界的学者参加了一个很有挑战性的项目：以《欧洲语言共同参考框架：学习、教学、评估》为基点，建立"欧洲中文参考框架"。我们将介绍"欧洲中文参考框架"项目是如何将中文所特有的口语、书面语二元分歧纳

法语国家与地区汉语教育研究（第一辑）

入研究范畴的，我们建立了与语言能力等级描述相匹配的，针对听说活动的词汇表和针对读写活动的汉字表。例如，对于 A1 水平，本项目所建立的词汇表含有 589 个词汇元素（词语和部分短语）。这个词汇表包含完成相关的听说活动任务所需要的使用最频繁的、也是最有用的词汇，使用者不需要认识这些词汇中的汉字，而需要能听、能说以及能通过拼音认读。A1 水平的汉字表包含 250 个必须掌握的汉字和 70 个建议掌握的汉字，即一共 320 个和读写活动有关的汉字。我们希望分离听说和读写能力的理念能促使教师在教学活动中更系统、更科学地把口头表达和书面表达区分开来，以便更有效地提高学习者的语言能力。

关键字　语言水平认证　欧洲参考框架　听说 / 读写二分法

法国高等教育机构里的汉语听力、口语课程特点分析

洪碧霞

［法国］艾克斯-马赛大学

摘　要　在法国高等教育系统中，汉语听力、口语课程通常独立于其他课程。法国汉语学习者由于其母语及文化背景的影响，再加上身处汉语为非通用语的国家，听力及口语表达在学习过程中往往被学生视为极大的难点。笔者通过自身教学经验，对目前法国高等教育系统里的听力及口语课程的教学情况进行了分析，分析对象包含教室及其他硬件设备，以及法国学生对听力及口语课程的态度与期望。同时在语言习得理论的基础上，针对法国汉语学习者的学习背景，笔者提出了几点汉语听力及口语教学方面的建议，如教学原则、教师与学生角色等，希望借此帮助法国的汉语教师更有效地进行听力和口语教学。

关键词　汉语作为非通用语教学法　听力、口语课程教学法　听力、口语理解认知过程　听力、口语测验注意事项

一、法国教学系统中汉语听力、口语课程的情况

目前，法国中等教育里的汉语教学主要属于第二或第三外语选修课，由于每周课时数有限，听力及口语课程一般融合在主要课程里，也就是说，同一位授课老师在固定的课程中自主穿插听力及口语的训练。在大学教育里，若把中文课当作选修课，其课程安排方式与高中外语课程相差不大，主要是授课老师根据每周语法进度安排相关课堂活动，训练学生的听力及口语。本文探讨的是在大学中文系的专业课程里，听力及口语课程从语法课程中独立出来的情况。当听力及口语被当成一门单独科目教学时，在对学生听说能力的培养方式上，便有许多策略及特性可供教师参考。

1.1 教室及其他硬件设备

据笔者观察，法国初高中的教室多半配有投影仪或录放机，在视听活动的安排上有一定的优势。在大学，经费充足的商学院、法学院及高等专业学校的教室可能有较完备的视听设备，而大部分文学院的教室只配备了桌椅及黑板。某些以人文学科为主的大学设有语言实验室，里面有单人视听设备，老师可以在上听力课时使用，或安排学生课后练习。倘若授课学校没有语言实验室或上课的教室缺乏视听设备，教师在上课前便必须自行准备计算机、音响或其他播放设备。法国的教室通常有专门的技师负责教室的维护或清洁，教师也可以向维护部门申请视听器材。

1.2 法国学生的特质

在中国、新加坡等使用汉语的国家教授汉语时，教室里的学生多半来自不同国家，彼此之间可能只能以英语或汉语交谈，进行语言训练时教师的任务相对简单。然而在法国各级学校，班上的学生几乎全部都以法语为母语，同学之间也因朝夕相处而彼此熟识，因此，在课堂气氛控制及课程进行方面教师需特别注意。

法国的生育率在欧洲虽不是最低，但由于多数人生育意愿不高，加上离婚率高，大多数法国学生是独生子女，或是重组家庭的子女。家庭因素使然，再加上法国人民族特性里强调个人主义，法国学生对自己的能力普遍有自信，但在学习过程中又表现得过度依赖。举例来说，笔者遇到过许多对自己的中文能力过度自信的学生，不愿配合做作业，认为课堂上听讲便足够应付考试，殊不知汉语不论是汉字还是口语都须经过不断的练习。另外，某些法国学生可能会十分排斥单独开口说汉语，特别是当班上其他同学用法语挑衅或嘲笑时。这种情况往往会影响学生应用汉语进行口语练习的意愿，教师需及时制止及引导。

此外，针对法国学生进行的教室活动在内容的安排上也需多加注意。亚洲老师在听力、口语练习上，多半习惯用听写或机械式练习的方式来提高学生水平，效果通常也都不错，但笔者认为这是因为亚洲学生多半习惯了考试测验的教育方式。法国中等教育主要强调独立思辨及思考能力的训练，对于单调的背诵或机械式练习相对陌生，因此教师在组织活动或布置作业时很有可能会遇到学生的排斥，教师需有心理准备，届时根据不同情况做出应对。

二、听力教学

2.1 听力理解认知程序

听力训练对于法国成年学生来说较为困难，因为法国成年学生的母语系统通常已经发展得相当完备，他们通常通过自己的母语（法语）或是参考书中的语言（多半是英语）来学习外语，当他们听到中文词汇或短文时，往往会不由自主地先翻译成法文再进行理解。由于语言的差异，这种理解方式在效率上通常会打折扣，时间上也有所浪费。教师可以借助图片或影像训练学生直接以汉语理解新词或特殊的表达方式，训练学生直接用汉语思维思考。

听力若作为一门课单独来教授，限于学生的词汇量，在教学安排上会有许多挑战，学生多半会觉得相当困难，还未接触便已经觉得不可能完成。笔者建议，初级班的听力课程可以先从单词、简单句子的发音或日常对话的基本句型开始训练，如果学校有既定的语法进度要求，教师可以依据学生当时的进度，设计对话进行听力训练，同时也可以适时补充相关词汇辅助学习。中高级班的听力课程，教师可以根据学生的水平引入较活泼的影音题材，例如电影片段、电视节目、相声段子、音乐录像带等，让学生接触真实语境下的汉语。

依笔者以往的教学经验，法国学生对单字的依赖相当大，若听力教材中出现了没有学过的词，学生往往会心生畏惧，性格刚强的学生甚至会直接或间接地提出抗议，所以建议教师在听力课开始前就为学生做好心理准备，告知学生听力理解的技巧，必要时也可在练习前提供几个关键词。但听力材料中应尽量避免出现过多的生词，毕竟听力练习的重点在于让学生能够从上下文中自然地理解听力内容。

2.2 听力训练实例

听力训练不论是何教材、内容为何，其过程大致有一定的规律。在进行练习之前，教师可先对当日主题进行提示，视学生汉语水平不同可选择法文解释或中文解释，让学生了解要听的材料的主题。很多研究认为全中文的教学模式对学生的理解帮助较大，相关研究者在使用汉语的地区做过的许多研究也证实了这种观点。但笔者认为，在汉语为非通用语言的国家，学生的汉语知识主要来自课堂上老师的教授，课堂外的接触往往有限。而且，听力课在法国学校里一周最多只有两小时，若教师在中低年级的班级里就采用全中文授课，可能在潜移默化的效率上与期待的会有差距。

因此，笔者认为，在课堂的主题引介部分，教师可以视学生的汉语水平采取全法文或中文辅助法文的方式，以期让学生在最短的时间内了解该门课所要训练的主题。接着，进行听力训练时，同样的听力内容通常需要让学生听数遍，期间教师可以使用播放设备，切换语速或是口头重复以判断学生是否理解。在课程进行中，教师也可以根据听力的内容与学生进行互动。初级水平的班级，教师可以使用图片让学生勾选听到的内容，或以句子填空的方式训练学生的听力；中高级水平的班级教师可以设计开放性的问卷，让学生根据所听到的内容，描述场景或阐述意见。以新闻听力为例，教师可以提供总统候选人政见辩论会的视频材料，要求高级汉语水平的学生在看完材料之后，依据两位候选人的政见做出分析并评论。许多语言教学研究建议，听力教材内容的选择应尽可能地贴近真实生活，这样学生对学习内容的兴趣也会较大。此外，在教学中增加学生实际操作的部分，除了能提高学生的参与感，教学效果及质量也会提高。

三、口语教学

3.1 教师的角色

在汉语为非通用语言的国家或地区，学生可以得到的口语方面的资料相当有限，课堂上的对话练习对某些学生来说，可能是唯一开口说汉语的机会。口语表达除了本身有难度之外，法国成年学生由于受其生理条件（记忆、发音等）的影响，在口语表达上往往面临相当大的挑战。教师若有外语学习经验也可得知，即便我们完全掌握所学语言的语法，在开口说的时候依旧会有许多障碍。成年汉语学习者由于其认知系统已发展完成，在进行口语表述时，在一开始往往很难直接用中文进行思考并加以表述，往往仍需在脑袋里把法语翻译成中文。所以，在进行口语教学或与学生对话时，教师需要具备的最重要的特质就是倾听和耐心。当学生在表达上遇到困难时，教师可以鼓励学生换个方式说，并主动了解学生在学习过程中遇到了哪些困难，避免一味地指责学生课后不主动、不认真地练习。

如果教学对象为成年学生，进行口语对话时，教师应尽量避免直接纠错，法

法国高等教育机构里的汉语听力、口语课程特点分析

国学生有较强烈的自我意识，面对纠错时通常会自然地产生反抗或其他负面情绪。当学生的表述出现偏误时，教师可以主动重复正确的说法，避免"你说错了"之类的负面字眼。笔者认为，口语训练的重点在于必须先让学生敢于开口进行汉语表达，接着才是语法点的练习。教师可以借助大量的对话练习训练学生自主、直接地以汉语进行思考和表达的能力，当学生可以不紧张地使用汉语时，再针对比较严重的偏误进行纠正。在偏误方面，由于口语表达具备短时、直接的特点，学生在开口说话时容易产生一些平常不会出现的偏误，这种偏误在书面上出现时学生很容易自主发现然后加以避免或自我纠正，但同样的偏误在口语表达中可能受多重因素影响而不被学生察觉，这样的偏误与书面上的偏误性质不同，教师应避免用同样的标准看待。

3.2 教室活动安排范例

口语训练的方式，根据每个老师的教学习惯及个人风格的不同而有差异，并无好坏之分。对于初级班，由于语言知识有限，学生仍普遍缺乏自主发现错误的能力。笔者认为，若班上人数及授课时间允许，教师应尽量与每个学生直接进行对话，或在老师的关注下让学生个别对话，避免将学生分组，任由学生独立练习对话，以减少学生犯习惯性错误的机会。对于中高级班，教师可以增加他们主动发言的次数，可以根据不同的主题每周安排对话活动，活动开始时，教师可以视情况给出范例，确认学生理解并且发音准确之后，让学生实地进行情境对话，如购物、问路、订旅馆、过海关、寄送邮件之类与日常生活相关的活动。此外，由于法国学生对口头报告的形式相当熟悉，教师可以针对不同生活情境让学生在家准备口头报告，在确认稿件无误之后让学生在课堂上发表，这样可以让学生训练口语，增加情境的真实感，学生也能借此熟悉中文的使用过程，增强自信。倘若学生汉语水平允许，教师可以安排更高级别的口语活动，培养学生用中文阐述观点的能力，而不再只是单纯的信息传递，例如演讲、学生会选举、政见发表或是针对时事举办的辩论会。教师也可针对学生的专业、兴趣进行类似产品说明会的报告活动，鼓励学生将中文与自己的职业取向相结合。

四、听力口语测验注意事项

听力或口语若作为单独的科目，其测验方式也有几点需要教师加以注意。由于法国学生对自我权益的保护意识相对强烈，在进行任何测验之前，教师都应尽可能地向学生解释清楚考试要点，考试目标视教学体系的不同也应尽可能明确。

4.1 听力测验

不同于口语考试，听力考试一般是在教室内进行，所有的学生同时参加考试。考试开始前，教师应注意确认视听器材的情况，音量及图像质量也都必须提前测试，以确保考试顺利进行。听力测试的方式一般是学生观看影像或听录音，根据看到或听到的内容回答相关问题，教师根据学生作答的内容评估其听力水平。初级汉语水平的学生，由于语言知识及认识的字有限，有时也可以用听写的方式进行听力测验。考试时，视频或录音视学生汉语水平一般可以选择播放两至三次不等，两次播放之间可以停留数分钟让学生作答。

在学生试卷部分，题型多是选择题，有时也可以使用简答题或论述题，初级或中级的学生可以根据听到的语音材料进行简单的信息确认，若学生汉语水平较高，则可针对文章主题做归纳分析测试。为了能够更准确地测试学生的听力水平，在考卷编写上，教师应尽量避免过多的汉字说明。初级水平的学生可以利用图片进行测试，根据听到的内容让学生勾选合适的图片。对于中高级水平的学生，如果在试卷上选择汉字进行测试，教师也应该在录音中清楚地念出每个选项，确保学生不因为汉字的缘故而影响其理解。根据学生汉语水平以及各系、所政策的不同，教师有时也可选择以法文编写题目，便于学生作答，在简答或论述题部分也可考虑让学生用法文作答，以减少由于汉字水平低带来的表达限制。

4.2 口语测验

口语测验部分多半是分组依次进行，考试应由两位老师同时主持，以增加客观性和公正性，降低授课教师先入为主的观念。若无相关条件，考试只能由授课老师单独进行的话，建议老师将考试过程录音。在法国常常发生学生对考试分数产生疑问的情况，届时教师便可以拿出录音档案加以解释。

考试的内容，一般以上课教授过的知识为主，教师可事先指定题目，或是提供可能的考题，让学生在考试当天进行抽签。初级水平的学生，教师可以让他们进行自我介绍，或根据不同生活情境进行仿真对话；中高级水平的学生则可以使用时事主题，让学生自由发挥。评分方面，口语测试除了关注学生发音标准与否、字词与语法使用的准确程度之外，对中高级水平的学生，教师还可以进而考虑其中文表达的逻辑与组织能力。考试过程中，除了对话活动中进行必要的响应之外，监考老师应避免参与学生的表达，以减少对学生的影响，进而确保考试的客观与公正。

五、结论

在汉语为非通用语言的国家或地区教授汉语时，汉语教师通常是学习者汉语知识输入的主要媒介，任课教师对教学方式的选择往往决定了课堂教学活动的流程，这一点对听力及口语的教学与操练来说，影响更大。当听力课和口语课被当成一门独立科目教授时，教学方式和学生听说能力的培养便有许多策略及特性可以供教师参考。一位优秀的汉语教师除了必须掌握教学的方法与技巧之外，还应该对教学对象有一定认识，这样才能有效地引导学习对象，提供多元且生动的课程。

参考文献

Berthoud, A.-C. & Py, B. *Des linguistes et des enseignants*. Berne : Peter Lang S.A., 1993.

Bouacha, A. *La pédagogie du français langue étrangère : orientations théoriques, pratique dans la classe*. Paris : Hachette, 1978.

Bouton, C. P. *L'acquisition d'une langue étrangère : aspects théoriques et pratiques, conséquences pédagogiques essentielles*. Paris : Klincksieck, 1974.

Cicurei, F. La classe de langue, un lieu ordinaire, une interaction complexe. *AILE*, 16, 2002, pp. 145-163.

Debrenne, M. Les représentations métalinguistiques des étudiants. H. Hilton (dir.) : *Acquisition et didactique*. Chambéry : Université de Savoie, 2007.

Ellis, R. *Second language acquisition*. Oxford : Oxford University Press, 1997.

Gaohac'h, D. *Théories d'apprentissage et acquisition d'une langue étrangère*. Paris : Hatier, 1997.

Germain, C. *Évolution de l'enseignement des langues : 5000 ans d'histoire*. Paris : CLE International, 1993.

Giacobbe, J. *Acquisition d'une langue étrangère : cognition et interaction*. Paris : CNRS, 1992.

Klein, W. *L'acquisition de langue étrangère*. Paris : Armand Colin, 1989.

Lantolf, J. P. & Genung, P. N. L'acquisition scolaire d'une langue étrangère vue dans la perspective de la théorie de l'activité : une étude de cas. *AILE*, 12, 2000, pp. 99-122.

Ma, Z. *Petite grammaire pratique du chinois : une description structurale pédagogique de la syntaxe chinoise*. Louvain, Paris : Peeters, 1994.

Paris, M. C. *Linguistique chinoise et linguistique générale*. Paris : Harmattan, 2003.

Roche, P. *Grammaire active du chinois*. Paris : Larousse, 2007.

Xu, D. *L'initiation à la syntaxe chinoise*. Paris : Asiathèque, 1996.

Analyse des caractéristiques des cours de compréhension orale et de conversation orale en chinois dans les établissements d'enseignement supérieur en France

Hong Bixia

Aix-Marseille Université

Résumé Dans le système d'enseignement supérieur français, les cours de compréhension et de conversation orales en chinois sont généralement indépendants des autres cours. Influencés par leur langue maternelle et par leur contexte culturel, et ne se situant pas dans un environnement d'immersion linguistique, les apprenants français trouvent souvent la compréhension orale et l'expression orale excessivement difficiles. S'appuyant sur son expérience d'enseignement, l'auteur de cet article présente une analyse de l'état actuel de l'enseignement de la compréhension et de la conversation orales dans le système d'enseignement supérieur français. L'auteur traite non seulement de l'équipement des salles de classe, des compétences et des attentes des apprenants vis-à-vis de ce cours, mais propose également, en s'appuyant sur les théories d'acquisition des langues, des exemples concrets d'outils spécifiquement

法国高等教育机构里的汉语听力、口语课程特点分析

151

adaptés au contexte culturel des apprenants français et pouvant être mis en œuvre pendant les cours de compréhension et de conversation orales, dans le but d'aider les enseignants de langue chinoise en France à obtenir plus de succès dans leurs pratiques d'enseignement.

Mots clés   didactique de la langue chinoise hors environnement d'immersion linguistique, moyens didactiques du cours de compréhension et conversation orales, processus cognitifs de la compréhension orale, conseils pour l'élaboration des tests de compréhension et de conversation orales

针对法国学生的汉语影视作品教学探索

李彦春

北京师范大学

摘　要　法国学生对中国文化很感兴趣，喜欢交际型习得和讨论，厌恶死记硬背、机械重复的学习方法，同时具有听说领先、读写滞后的特点。本文针对法国学生学习汉语的动机与特点，结合影视作品教学的优势，对提高法国学生汉语听、说、读、写的技能做了五个方面的探索：1.以文化带动语言学习，满足学生的兴趣；2.以生动、有趣的形式完成语言操练；3.利用真实的语境，提高学生的听说技能；4.丰富多样的影视作品可满足不同水平、不同年龄的学习者的需求，更便于对低龄学习者进行多元智能教学；5.借助作业，提高学生的读写技能和活用汉语知识的能力。

关键词　法国学生　影视作品　教学

影视作品在教学中的使用具有很多优势：它涉及的内容广泛，可以提供真实的生活场景，能直观而形象地展现不同的时代背景、社会风俗和文化特征；通过视觉和听觉等多重感官刺激，能提供丰富的教学模式，而且趣味性强，交互方式多样，能够提高学生的学习兴趣和积极性；并且可以弥补教学资源的不足，有利于针对不同水平、不同年龄的学习对象展开教学。

随着中国经济实力的增强和国际地位的提高，目前在法国学习汉语的人数日益增多，而且法国学生学习汉语也有其特点：他们对中国文化很感兴趣，喜欢交际型习得和讨论，厌恶死记硬背、机械重复的学习方法，同时具有听说领先、读写滞后的特点（顾颖、李建国，2003）。如何针对法国学生的学习特点有的放矢地进行教学，提高课堂教学效果和学生的汉语水平，是迫切需要解决的问题。

笔者针对法国学生学习汉语的特点与学习动机，结合影视作品教学的优势，对提高法国学生汉语听、说、读、写技能的策略做了一些探索。

一、以文化带动语言学习，满足学生的兴趣

在法国，汉语之所以几百年来被视为形象良好的语言，原因主要有两点：一是汉字一直被认为是"美观""迷人"的，而"汉字之难"之说却显得无关紧要；二是中国的传统文化普遍被视为是"高雅""丰富""古老悠久"的文化。而且从20世纪80年代初开始，人们认为汉语是有实用价值的语言。更确切地说，汉语在小学阶段被视为一门"启蒙"语言，一种开发智力的工具（白乐桑，1993）；在初中阶段，"中国"这个文化奇妙而距离遥远的国家及汉字对学生的吸引力可谓大矣；到了高中阶段，中文已成为学生将来求职的一张王牌；到了大学阶段，学生对中国文化的兴趣还在，但他们把知识的实用性及是否有利于求职放在了首要位置。他们的目标具有双重性，不仅要有语言文化基础，还要有适用于国际贸易、旅游、教育及研究的专门知识与技能。应该指出的是，近年来，华侨子女在法国大学的中文系学生中的比例明显提高。成年学习者中，对中国文化的浓厚兴趣成为其学习汉语的主要动机。法国学生的学习动机大体有两类：一是出于对中国这个东方文明古国及其文化的好奇、兴趣，这与法国强大的人文传统和深厚的民族人文素养有关；二是出于谋生的需要，他们更关注当今社会状况，特别是经济状况（白乐桑，1993）。影视作品可以直观形象地展现中国的社会生活状态、社会风俗和文化特征等，契合了学生的学习动机。如电影《洗澡》是一部具有浓郁北京特色、充满温情的当代都市生活伦理片，它围绕老刘一家两代人对澡堂子和洗澡的态度，反映了新旧思想和新旧文化的冲突、矛盾与融合，整部作品弥漫着一种怀旧情绪。教师可以就新旧文化的冲突，组织学生进行讨论或者辩论。电影《城南旧事》可使学生了解老北京的风土人情，并掌握很多汉语知识，同时教师可要求学生在课下查找相关资料，用课件、地图、图片等来说明北京城的变迁。此外，教师也可让学生运用学过的汉语知识，根据图片或者视频说明学生自己故乡的变化，或者让学生介绍自己喜欢的一个城市的变化。二十一集电视连续剧《一年又一年》以中国改革开放二十年间的巨大变化为背景，从百姓生活变化及凡人小事入手，将1978年至1998年间中国发生的种种变化——恢复高考、下海经商、出国热潮、股市风云、下岗再就业等社会的变革，百姓生活的迅速改善，人们思想的种种变化等都充分地展现出来，使学生可以清楚地了解中国的时代变化，满足学生的学习需求。

除此之外，影视作品直观、生动形象的呈现过程，促使学生清楚地了解到不

同文化的差异。而且由于不同民族的身体语言也存在文化差异，通过观看影视作品，学生可以正确把握中国人的身体语言，避免人际交往中的误会和尴尬。

二、以生动、有趣的形式完成语言操练

法国学生在语言学习上注重语用，主要通过参与、交流、反馈的互动方式来强化记忆。

众所周知，语言学习需要重复刺激和操练，尤其是词汇和句式的使用，只有在不断重复的过程中，学生才能加深记忆，牢固掌握所学词汇和句式结构。而心理学的研究结果告诉我们，单调重复的记忆由于缺乏立体鲜活的联想背景而效果不佳，比如说我们要记"自行车"这个词，如果只是从平面的、背景单调的书本上去背"自行车"这个词，就不如通过实物、图片、视频等立体的并且背景多彩的"自行车"去习得，因为后者使学生印象深刻，因而也更容易记忆。法国学生更喜欢用交互的、立体的方式获取信息，厌恶死记硬背、机械重复的学习方法，而影视作品教学采用多媒体教学手段，影视形象具有立体、多维的特点，更符合法国学生的学习习惯。教师可以使用影像截屏或者图片呈现出要学习的词汇，通过联想记忆（利用图片和汉字之间的不同组合方式的练习）、猜测记忆（两人一组进行猜测，一人做动作一人猜词语，或者一个人用语言描述词语的意思，但是不能说出这个词语，另一个人猜词语）、游戏记忆（苍蝇拍游戏、看图片说／写出汉字、找朋友、排顺序）等方式，达到牢记所学词语的目的。教师也可以借助画面或故事情节的发展重现词语和句式，如动画片《小蝌蚪找妈妈》《熊猫百货商店》《没牙的老虎》《不能说的秘密》等作品中，就有多次重复使用的词语和句式，教师可以一边播放，一边对学生进行有关故事情节的提问，使学生掌握所学内容，亦可采用生生问答的方式，使学生积极参与交流，这既有助于学生掌握汉语知识，又可避免机械、枯燥的重复训练。

三、利用真实的语境，提高学生的听说技能

影视作品提供了真实的生活场景，而且剧中人物说话的语速是中国人正常交流的语速，符合学生所需的真实的语言环境。教师可以根据作品内容，设计一些判断对错、填空、多项选择等题型来训练学生的听力，使学生适应中国人正常说话的语速和不同的口音，也可避免出现学生只听得懂教室里老师说的汉语这种现象。

法国学生注重表达，他们的表达欲望非常强烈，但是在教学效果方面，最突出的问题是，大学生的书面理解能力还说得过去，但口头表达能力却与实际要求相差甚远（白乐桑，1993）。影视作品的内容为口语表达提供了蓝本，如电影《爱情麻辣烫》，以五个小故事展现了不同年龄段的当代城市人的爱情生活；《爱情呼叫转移》则通过主人公与十二个不同类型的女人的故事，讲述了一个以手机为线索的离奇故事；《甲方乙方》以"好梦一日游"公司为核心，帮助七个有着不同生活经历的人过一天好梦成真的瘾来展开故事线索。这三部影片中都有几个各自独立的小故事，教师可以根据需要选取内容进行故事教学，方便学生复述、分段讲述、接龙讲述故事或者扮演角色表演故事，也可以让学生画图叙述故事、选择词语和句式编新故事等，使学生将语言知识和交际运用并重，这样既可以提高学生灵活运用语言的能力，又可以训练学生思维的逻辑性和成段表达能力。

结构主义的叙事理论认为，"故事"指一切包含人物和行动的事件组合，这些事件由时间顺序和因果逻辑关联，强调情节的生动性和连贯性，以逗引人们的好奇心去探索故事的情节发展并体验作者在故事中表达的精神和逻辑。而影视剧展示的故事情节更加生动形象，有利于语言教学。因为作品主题的选择植根于作者对社会、人生的深入观察和思考，故事的背景和结构、主次情节的搭配、人物性格的描绘等都起到烘托主题的作用，而且故事中蕴含着善与恶、生与死、爱与恨等冲突，是对生活的叙述，与人的生存方式紧密相关，因此可以促使学生主动参与理解，引发个体的兴趣和模仿倾向。此外，故事植根于不同人群共享的文化传统，是文化的重要载体，它具有流动性，是一个开放性的经历。不管是读故事、说故事或听故事，其过程均包含三个重要的心理历程——区隔、认同与投射，即人们在听故事时会运用想象力，想象故事中的人物如何解决问题，就好像自己在应对现实生活中的问题一般，因此它具有很强的共享性和共通性（张莉，2011）。对儿童而言，除游戏教学活动外，故事教学可以说是孩子们最喜欢的教学方式。在中小学，学生依然喜欢听故事；在大学，学生可能不喜欢某一门课程，不喜欢某一个老师，但没有几个不喜欢听老师讲故事的。因为故事是我们成长过程中不可缺少的一部分，人们可以通过故事积累经验，丰富生活阅历，发现生活的意义，体味不同的人生，了解世界及人类。生动、有趣的故事不仅能够引起学生的学习兴趣，而且听故事、讲故事、演故事、编故事等方式，为学生提供了思维和语言运用的空间，可以激发学生自主学习，同时可以培养学生的想象能力、思维能力、理解能力以及写作能力。根据实验心理学家赤瑞特拉（Treicher）的实验结果，人类获取的信息 83.0% 来自视觉，11.0% 来自听觉，这两个加起来就有 94.0%……通过多种感官的刺激所获取的信息量，比单一地听老师讲课多得多。赤瑞特拉关于知识保持即记忆持久性的实验结果如此：人们一般能记住自己阅读内容的 10.0%，自己听到内容的 20.0%，自己看到内容的 30.0%，自己听到和看到内容的 50.0%，在交流过程中自己所说内容的 70.0%。这就是说，如果既能听到又能看到，再通过讨论、交流，用自己的语言表达出来，知识的保持效果将大大优于传统教学的知识保持效果。所以，针对影视作品的故事教学，教师应该采用听说结合的训练方法，即便学生对作品中的一些词语或者句式没有完全明白，这也不会影响学生看懂剧情。因此，可让学生简单叙述故事情节、概括主要内容、叙述人物关系、描述人物心情等。

一般而言，教师往往按照故事发展的时间顺序设计提问，这样的提问是单一的、回忆式的、封闭式的，对学生没有挑战性，所以可以改为多样性的、启发性的、开放性的提问，而且教学中的导入（教师可以通过提问导出故事的名称、内容、人物等）、复习等环节都可以使用。看完故事后，鼓励学生发现问题、提出问题、自己找出问题的答案，这有利于学生表达自己的情感和师生之间、学生之间感情的交流，可以获得良好的教学效果。而当学生掌握了语言知识之后，还可以请学生分组扮演角色表演故事，让学生充分发挥自己的想象力，为开放性结尾的影视作品续编结尾或者编新故事。也可采用讨论、辩论、采访、图片描述等可使学生积极参与的、多样化的练习形式，来训练学生的口头表达能力，而书面语程度很强的段落，可以让学生进行语体转述或者进行听力训练。

四、丰富的影视作品可以满足不同教学对象的需求

影视作品的种类繁多，主题及内容丰富多彩，而且利用网络方便查找和使用，完全可以满足不同阶段的教学需要，尤其是动画片，更适合儿童的汉语教学，可以开发儿童的多种智能。

加德纳（Gardner）在其 1983 年出版的《智能的结构》一书中提出了多元智能理论，他把智能定义为解决问题或创造一种或多种文化环境认可的成果的能力，他认为所有的个体都至少拥有 8 种相对独立的智能——语言、数理逻辑、音乐、空间、身体运动、人际关系、自我认识、认识自然的能力。每一种智能都有

自己的符号系统和解决问题的方法。费尔德曼（Feldman）认为人的认知结构是逐步建立的，且在不同领域是相互独立的，认知结构的建立需要持续的操作和有利的环境条件（陈杰琦、埃米勒·艾斯贝格、玛拉·克瑞克维斯基，2002）。

在法国，汉语在小学阶段被视为一门"启蒙"语言，一种开发智力的工具，因此应把汉语教学与培养学生的不同能力联系起来。具体而言，可以体现在语言、数学、运动、音乐、一般科学、机械建构、社会理解、艺术视觉这八个领域中（陈杰琦、埃米勒·艾斯贝格、玛拉·克瑞克维斯基，2002），而观看影视作品也是培养学生艺术视觉能力的一种手段。针对儿童的影视作品教学，动画片是首选，因为它符合儿童的心理和学习特点，有利于故事教学，而且汉语的动画片还包括水墨动画片、折纸片、木偶片、剪纸片等不同种类，也便于开发儿童的智力。例如，水墨动画片《小蝌蚪找妈妈》，既方便学生讲述故事、学习汉语，又可使学生明白蝌蚪变成青蛙的一般科学知识；此外，教师还可介绍中国的水墨画，并让学生学习简单的水墨画，提高学生绘画方面的艺术能力。通过《没牙的老虎》，儿童可以学习各类糖果的名称及其特点，还可了解龋齿的形成和拔牙的有关知识，同时又可以明白道理——在强大的"敌人"面前不应该害怕，而是要想办法战胜它，从而让学生认识自我，认识自然，认识社会。剪纸动画片《熊猫百货商店》中有很多"……太长/短/热/冷"的表达方式，而且熊猫父子对待不同顾客的态度，可以让儿童了解自我，了解社会，了解人际关系。此外，教师还可以介绍一下中国剪纸的特点，并教学生剪出几个简单的剪纸图样。由于每个儿童的智能水平有所差异，存在发展不均衡的现象，这就要求教师进行教学设计时，把汉语语言的学习和其他领域的学习联系起来。例如，讲故事学习数字（或者钟表、日历、简单的数学）、讲故事与美术相结合、模仿动作学习词汇、通过观看歌曲 MV 学习汉语、搭积木编故事等。通过多元智能教学，培养儿童潜在的各种能力，并让儿童在自己擅长的方面体会到成功感和自我价值感。

五、借用多样化的作业提高学生的读写技能

法国学生在学习汉语时具有较强的目的性，同时学习的主动性、参与性、灵活性也非常突出，他们更重视在使用中学习语言知识，从而达到巩固和掌握知识的目的，并希望通过参与、交流、反馈等互动方式来强化记忆。但是他们在汉语学习中表现出的技能却不均衡，即听说领先、读写滞后，因为阅读、语法等项目

很难从日常交际中得到锻炼。所以，必须把课堂教学和社会交际应用相结合，激发学生学习的积极性，通过形式多样的作业，帮助学生提高读写能力以及活用知识的能力。

首先，利用故事的趣味性吸引学生读课文。为了保证学生保质保量地完成课文的阅读，可以要求学生在阅读的过程中找出本课学过的生词和句式，或者完成几个问答练习，以提高学生的阅读效率。

其次，同一个故事，不同的人会有不同的叙述特点，可以从头至尾叙述，也可以从故事的中间或结局开始叙述。教师要充分发挥学生的想象力，通过教师拟定的题目或学生自拟的题目，让学生定期编写小故事（低年级的学生可以采用画图编故事的方式）并表演；也可分组写剧本并拍成短剧；或对影视作品重新编辑，让学生编写新故事，进行再次创作。以此巩固学生所学的语言知识，提高其运用语言的能力。

最后，开展多样的教学活动，为学生创造活用语言的机会，提供施展各种才华的平台。如：让学生查找相关中文资料后用课件做报告；让学生为影视作品的宣传制作海报或广告；让学生模仿召开影视作品的新闻发布会，同时介绍作品的主要内容及演员所扮演的主要人物角色及其性格特征；让学生模仿举办影视作品的首映式；让学生运用已经学过的语言知识为影视作品的某些段落写新台词并配音；此外，还可举办讲故事比赛、表演比赛，请老师和学生打分。在这些活动中，教师要挖掘学生学习的积极性和创造性，并通过小组合作增进同学间的相互了解，活跃学习气氛，达到教学目的。

本文主要结合法国学生学习汉语的目的与特点，在充分发挥影视作品教学的优势上做一些探索，以满足学生的不同需求，进一步提高学生听、说、读、写的水平以及活用汉语知识的能力。

参考文献

白乐桑，1993.法国汉语教学史浅论 [J]. 中国文化研究（2）.

陈杰琦，埃米勒·艾斯贝格，玛拉·克瑞克维斯基，2002.多元智能理论与儿童学习活动（何敏，李季湄译）[M].北京：北京师范大学出版社.

顾　颖，李建国,2003.法国留学生的汉语教学研究[J].云南师范大学学报（对外汉语教学与研究版）（5）．

宋继华，徐　娟，许见鸿，2004. 对外汉语教学网络课件开发的理论原则 [J].
北京师范大学学报（社会科学版）（2）．

张　莉，2011. 故事教学模式探究 [D]. 重庆：西南大学硕士学位论文．

L'utilisation d'œuvres cinématographiques et audiovisuelles dans l'enseignement du chinois aux francophones

Li Yanchun

Université Normale de Pékin

Résumé　Les étudiants français s'intéressent beaucoup à la culture chinoise. Ils apprécient les formes d'apprentissage axées sur la communication, et sont réfractaires aux formes mécaniques de mémorisation et de récitation. Par ailleurs, ils préfèrent les tâches de compréhension et d'expression orale aux tâches de lecture et d'expression écrite. En prenant en compte les motivations et les spécificités des apprenants français ainsi que les avantages de l'enseignement du chinois au moyen d'œuvres cinématographiques et audiovisuelles, cet article propose une réflexion sur 5 aspects relatifs à l'amélioration des compétences de compréhension orale, de production orale, de compréhension écrite et de production écrite : 1. Stimulation de l'apprentissage de la langue par la culture afin de se conformer aux centres d'intérêt des apprenants ; 2. Pratique de la langue par des moyens vivants et intéressants ; 3. Utilisation de situations réelles afin d'améliorer les compétences de compréhension et de production orales ; 4. La diversité des œuvres cinématographiques et audiovisuelles permet de s'adapter à des niveaux et à des âges d'apprenants différents. Chez les plus jeunes, leur utilisation permet de développer des aptitudes variées ; 5. Les devoirs permettent d'améliorer le niveau de compétence en lecture et expression écrite et la faculté de restitution des connaissances.

Mots clés　étudiants français, œuvres cinématographiques et audiovisuelles, enseignement

法语国家与地区汉语教育研究（第一辑）

法国巴黎中文国际班汉语教学研究

孙　明

［法国］佛罗拉特斯登国立高中

摘　要　法国的汉语教学在欧洲汉语教学界一直处于领先地位，在世界汉语教学界也有其独特的价值。本文对法国巴黎中文国际班的 46 名学生的汉语学习状况进行了问卷调查，并对两名学生进行了个别访谈，得出了一些影响法国中学生汉语学习的因素并尝试提出了一些建议，希望能对实际教学与国别化教材的编写有一定的帮助。

关键词　法国中文国际班　汉语教学　调查研究

一、调查对象、方法和目标

本文是在问卷调查的基础上撰写的，问卷调查的对象是法国巴黎中文国际班的学生。法国巴黎中文国际班（下文简称"中文国际班"）由法国汉语前总督学白乐桑等人创办，与中国国家汉办合作从中国选派教师教授学生中文课，旨在培养法国本土的汉语精英。中文国际班的学生比其他学生每周多学 9 个小时的汉语课程，其中包括汉语课、中国文学课和中文数学课，这三门课已经全部成为法国的"高考"科目。

本人对中文国际班的学生用问卷的方式进行调查，统计分析调查结果之后提出了针对中文国际班汉语教学的一些建议。问卷语言是法语，发放 46 份，回收 46 份，均为有效问卷。另外，对两位学生进行了个别访谈，访谈的目的是为了更深入地了解学生所填的内容。

问卷调查的目标是了解中文国际班的学生的汉语学习现状（包括学习汉语的时间、家庭的语言环境等）、汉语学习的兴趣爱好（包括喜爱的教学内容和形式等）、日常兴趣爱好（包括喜欢的运动、喜欢谈论的话题等）。

二、调查结果及分析

问卷调查的数据统计直接采用样本比例。样本比例的计算公式为：

样本比例（%）= 符合条件的样本数 / 总样本数 ×100%。

样本比例精确到小数点后一位。

调查结果及相关分析如下。

2.1 学习状况

被调查的学习汉语的学生中，喜欢学习汉语的占绝大多数（93.6%）。

43.4% 的学生除了每周 9 个小时的汉语课外，每周还进补习班补习 1～3 个小时的汉语。

除了汉语课，38.2% 的学生课下几乎一句汉语都不说，44.0% 的学生课下说得比较多，但这些说得比较多的学生里面 86.7% 说的都是方言，而不是汉语普通话。

在家只说法语的学生占 9.0%，说法语和汉语方言的占 61.8%，只说汉语方言的占 23.6%。

52.4% 的学生学习汉语的主要原因是汉语在升学与工作方面有重要作用。其他选得较多的原因还有"我是中国人"和"我喜欢学习外语，汉语很有意思"等。

69.0% 的学生认为汉语难；在听、说、读、写四项技能中，57.6% 的学生认为"写"最难，24.0% 的学生认为"说"最难。我们在访谈的过程中得知，学生认为"写汉字还可以，写作文很难"；还有学生认为，除了"听"，其他三项技能都很难。

57.6% 的学生对教材满意。现在课堂上做得最多的是纯文字材料学习（59.2%），其次是讲故事（16.3%）。

2.2 教学内容

法国学生对于汉语教材话题内容的基本倾向为：

72.0% 的学生希望汉语教材较多地涉及自己的日常生活；

90.2% 的学生希望汉语课上能学习中国文化相关知识；

72.3% 的学生希望汉语教材中有较多的文化差异方面的内容；

72.2% 的学生喜欢学习中国诗歌。

2.3 课堂活动

教学过程中，学生比较喜欢的课堂活动排序依次是游戏、小组比赛、唱中国歌、看录像或电影。

在教学和课堂观摩过程中，经常会有让学生读一段文章或者让学生说一段话的情况。学生在读或者说的过程中时常会出现一些错误，什么时候纠错比较好？读的过程中纠错还是读完以后再纠错？ 88.5% 的法国学生更喜欢读的过程中纠错。个别访谈时我们得知，如果读完以后或者说完以后再给学生纠错，学生担心会忘记自己犯过的错误。

2.4 感兴趣的阅读材料

学生最喜欢的阅读材料是爱情故事，其次是幽默故事和童话。

学生喜欢的阅读材料形式排序依次是漫画、小说和电子邮件。在与学生的访谈中我们得知，学生非常喜欢漫画，特别是中国和日本的漫画。

学生最想了解的是中国历史方面的知识，其次是中国的饮食，再次是中国的政治和经济。

2.5 关心或担心的问题

法国学生日常生活中关心或担心的问题：

79.4% 的学生不了解中国同龄人，想了解的占 63.6%；

54.2% 的学生最困扰的是学习方面的事情，比如学习成绩差、作业太多等。

2.6 日常生活中的兴趣爱好

调查发现，学生在假期最喜欢做的事情中，排名前三位的分别是旅行、在家休息、和朋友在一起。

学生喜欢的"玩具"有：电脑、游戏机、手机、钢琴。

学生喜欢的运动有：球类运动（羽毛球、篮球、足球、乒乓球、网球）、游泳、慢跑、空手道、跆拳道等。

学生经常和朋友谈论的话题由多到少排序依次是游戏、学校、音乐、异性、其他同学和朋友、电影和电视剧、生活、漫画、食物、爱好、将来、感情、衣服、新鲜事等。

三、教学建议

调查结果显示，52.4% 的学生学习汉语的主要原因是汉语在升学与工作方面有重要作用，接近一半的学生在中学的汉语课之外还补习汉语，这说明汉语学习的重要性得到了普遍认可。作为汉语教师，我们在感到高兴的同时更要思考如何让学生保持已有的汉语学习动机，如何让学生保持并提高汉语学习的兴趣。我们要努力让学生认识到汉语不仅仅有用，并且有意思，而且并不难。我们的建议如下。

3.1 教材的内容和呈现方式要注重趣味性

调查表明，只有 57.6% 的高中生对教材满意。由于只有教学大纲和考试大纲，教材都是任课教师自行编写的，因此，教师一定要了解自己的学生，在了解自己的学生的基础上选择或者编写教材。而对学生兴趣的研究也显得重要而且迫切，教师要创造条件让学生在轻松的氛围中学习。例如，现在课堂上做得最多的是纯文字材料的学习，其次是讲故事。而学生最喜欢的课堂活动是游戏，其次是小组比赛、唱中国歌、看录像或电影。再如，学生最喜欢的阅读材料是爱情故事，其次是幽默故事和童话；学生喜欢的阅读材料形式排序依次是漫画、小说和电子邮件。学生是学习的主体，一切教学活动都应该以学生为中心，这就需要教学的内容和活动方式有所改变。采用多种教学形式，寓教于乐，让学生在游戏、唱歌、比赛、看电影的过程中潜移默化地习得汉语。在跟学生的访谈中我们得知，学生非常喜欢漫画，特别是中国和日本的漫画，因此我们可以在课堂上选择合适的漫画作品，让学生看图讲故事，或者分小组讨论，看哪个小组讲的故事最精彩，然后鼓励学生把自己小组的故事一起写在漫画中，贴在教室的墙上。

学生之间喜欢谈论的话题、学生喜欢的"玩具"和运动、学生假期喜欢做的事情等都可以作为素材用在教学中。72.0% 的学生希望学习材料中出现与自己的生活有关的话题。教师可以选择学生喜欢讨论的话题在汉语口语课堂上进行全班讨论，也可以在学习新内容时创设语境加以运用，因为这些是学生真正喜欢的话题，而创设的语境真实，才能更好地提高学生的汉语交际能力。当然，了解这些内容还可以拉近师生之间的关系，有助于轻松地引入教学内容。

3.2 增加学生使用汉语普通话的时间和机会

考虑到学生说汉语普通话的时间和机会有限（38.2% 的学生课下几乎一句汉语都不说），而语言学习离不开交际，所以增加学生使用汉语普通话的时间和机会是很有必要的。因此我们建议：①课堂上保证学生说汉语的时间，并尽量创设真实的语境；②增加学生使用汉语的时间和机会，如建立网站，给中法两国的高中生一个认识与交流的平台，这样既可以增加学生运用汉语的时间，锻炼学生的汉语思维能力，同时也为法国学生打开了一扇了解真实的中国的窗户，可以让他们潜移默化地习得地道的汉语；③将上课所在的教室创设成"汉语教室"，在教室中创设纯汉语环境，吸引并要求学生进入教室就只能说汉语；④成立兴趣小组，让学生每两周在一个只说汉语的"汉语角"里开展与汉语相关的兴趣活动，增加说汉语的机会。

3.3 缓解和消除学生对汉语的畏难情绪

诚然，有些学生选择学习汉语是因为"汉语难"。事实上，虽然现在法国学习汉语的人数在增多，但是其中很大一部分都是华裔，学习汉语的非华裔学生的人数还是不多，这也与"汉语难"这一古老的说法有关。所以，提高学生兴趣，降低学生的畏难情绪非常重要。汉法语言的差异使法国学生对汉语充满好奇，但也使很多学生产生了挫败感，严重影响了学生学习汉语的积极性和兴趣。

针对学生对汉语的畏难情绪，我们应注意选择相对简单的内容，选择学生感兴趣的教学方式，让学生有学好汉语的自信心和成就感，这一点在汉语学习的初级阶段尤其重要。针对学生认为"写"比较难的情况，我们认为除了要加强对法国学生汉语写作的研究之外，还要多锻炼学生的口头表达能力，先"说"再"写"。

3.4 灵活、集中地进行文化教学

90.2% 的学生希望在汉语课上能学习中国文化的相关知识，72.3% 的学生希

望教材里有较多的文化差异方面的内容。法国中学生的假期较多，学生上汉语课的时间有限，而语言课上过多地介绍文化方面的因素会影响学生汉语学习的成就感。因此，我们主张在语言课之外开选修课，如中国书法、中国画、手工制作、中国历史、中国饮食介绍与制作等课程。根据学生的实际汉语水平，教师选择汉语或者法语或者汉法双语授课，让学生了解中国人和中国的现状。课时也可根据实际情况灵活决定，可以一周一次或者两周一次，一次课可以是一个小时。

3.5 在教材中适当加入中国历史和饮食方面的知识

问卷显示，学生最想了解的是中国历史，其次是中国的饮食，第三是中国的政治和经济。因此，我们建议在教材中适当加入中国历史和饮食方面的知识，或者是开设中国历史、中国饮食介绍与制作选修课。例如，我们可以在课上给学生放《舌尖上的中国》等介绍中国饮食文化的纪录片的片段，引起学生的兴趣并让学生了解一些中国文化元素，下一次课带领学生动手做一些简单的美食，在做的过程中要求学生只说汉语，活动结束后再让学生写一篇汉语文章。

3.6 将游戏作为语言教学的重要方式

调查显示，学生最喜欢的课堂活动是游戏。我们认为，游戏应该作为语言教学的重要方式，而不只是辅助手段，因为游戏能吸引所有学生的注意力。Silver S.M. 认为，在轻松的环境中，学生开始了真正的学习，使用并复习以前接触过或者已经练习过的语言。因此，教师要把一切有趣的活动和语言学习有机结合起来，让更多的学生更加积极主动地参与课堂活动，而不只是简单地执行教师的指令，让更多的学生爱上汉语。例如，在学了几首诗以后，教师可以让学生竞猜，选一个学生说一句诗，其他学生快速说出作者或者诗歌的题目，或者一个学生说诗歌的上句，其他学生说下句。

四、结语

中文国际班的学生在语言文化、兴趣爱好、对课堂教学的期待等方面有其独特的地方。我们只有了解了中文国际班学生的兴趣爱好，了解了他们喜欢的教学内容和教学方式，才能更有针对性地选取教学的内容和方式，让他们喜欢中文课，喜欢中国文化。

参考文献

吕玉兰，2008. 课堂教学中的教师引入内容分析 [J]. 世界汉语教学（1）.

杨丽姣，2006. 面向美国中学生汉语学习的问卷调查分析与思考 [J]. 语言文字应用（S1）.

张 欢，2006. 对外汉语课堂教师纠正性反馈研究 [D]. 北京：北京语言大学硕士学位论文.

Dekeyser, R. The effect of error correction on L2 grammar knowledge and oral proficiency. *Modern Language Journal*, 77, 1993, pp. 501-514.

Pica, T. Questions from the language classroom : research perspectives. *TESOL Quarterly*, 28, 1994, pp. 49-79.

L'enseignement du chinois dans les classes de section internationale de chinois à Paris, France

Sun Ming

Lycée Flora Tristan

Résumé   La France occupe depuis toujours une place prédominante dans le domaine de l'enseignement du chinois en Europe et dans le monde. Dans cet article, l'auteur présente les résultats d'une enquête par questionnaire réalisée auprès de 46 élèves de section internationale de chinois en France, dont deux ont également fait l'objet d'entretiens individuels. Après avoir identifié certains facteurs qui influencent les étudiants français dans leur apprentissage du chinois, l'auteur formule quelques suggestions afin d'apporter une contribution à l'enseignement du chinois et la rédaction de supports pédagogiques.

Mots clés   section internationale de chinois en France, enseignement du chinois, enquêtes et recherches

法国巴黎中文国际班汉语教学研究

附　录

关于法国巴黎中文国际班汉语教学情况的调查问卷

（一）了解学生汉语学习的现状

1. 你喜欢学习汉语吗？

2. 你每周有几个小时的汉语课？

3. 除了在汉语课上，你每周说汉语的时间多吗？有多少？

4. 在家你主要说什么语言？

5. 你学习汉语的主要原因是什么？

6. 你觉得汉语难吗？如果你觉得难，哪方面最难？

7. 你对现在的教材满意吗？

8. 在汉语课堂上，主要有以下哪几种课堂活动？（多选）

A. 游戏　　　　B. 小组比赛　　C. 看录像或电影　　D. 唱中国歌

E. 角色表演　　F. 讲故事　　　G. 手工活动　　　　H. 文字材料学习

（二）了解法国学生对于汉语教材的话题的基本看法

1. 你希望汉语教材中有较多涉及你的日常生活的话题吗？

2. 你希望汉语教材中有较多涉及中西文化差异的话题吗？

3. 你喜欢学习中国诗歌吗？

4. 你是否希望教师在课堂上介绍中国文化？

（三）了解法国学生喜欢的课堂活动

1. 以下课堂活动，你最喜欢的是哪个？

A. 游戏　　　　B. 小组比赛　　C. 看录像或电影　　D. 唱中国歌

E. 角色表演　　F. 讲故事　　　G. 手工活动　　　　H. 文字材料学习

2. 在你读或者说的过程中，你更喜欢老师什么时候纠错？读或者说的过程中
纠错，还是读完或者说完再纠错？

（四）了解法国学生感兴趣的阅读内容和阅读材料

1. 下列故事类别中，你最喜欢哪一类故事？

A. 卡通故事　B. 童话故事　C. 幽默故事　D. 爱情故事　E. 其他：＿＿＿＿＿＿

2. 你最喜欢什么形式的中文阅读材料？

A. 报纸杂志　B. 小说　C. 电子邮件　D. 广告、路牌、说明书　E. 漫画

F. 其他：＿＿＿＿＿＿

3. 以下关于中国的内容，你最想了解的是什么？

A. 政治和经济　B. 历史　C. 思想　D. 社会生活　E. 饮食　F. 节日　G. 艺术

4. 你了解中国的同龄人吗？如果不了解，你想了解吗？

（五）了解法国学生日常生活中关心或担心的问题

1. 在你的生活当中，比较困扰你的问题是什么？

A. 学习成绩问题　B. 如何获得老师或者同学好的评价　C. 如何和父母相处

D. 其他：＿＿＿＿＿＿

2. 你希望了解中国同龄人的哪些情况？

A. 他们的爱好　B. 男生和女生约会的方式　C. 他们最担心什么

D. 他们最关心什么　E. 其他：＿＿＿＿＿＿

（六）了解法国学生日常生活中的兴趣爱好

1. 假期你最喜欢做什么？

2. 你最喜欢的"玩具"是什么？

3. 你最喜欢的体育运动项目是什么？

4. 你和朋友聊天儿的时候最喜欢谈论的话题是什么？请举三个例子。

汉语教学语法研究

Faut-il introduire les classes de verbes dès le niveau débutant?
– Le cas du suffixe -zhe

Christine Lamarre

Institut National des Langues et Civilisations Orientales

Résumé Les manuels d'initiation au chinois introduisent assez tôt les divers marqueurs aspectuels, sans recourir dans leurs explications aux classes sémantiques de verbes. Ceci a pour résultat d'inciter les apprenants à une appréhension globalisante et abstraite de la valeur aspectuelle du marqueur en question, qui les laisse souvent sur une sensation d'échec. Nous nous penchons ici sur la possibilité de mettre à profit les avancées des travaux linguistiques sur l'aspect en chinois, et les classifications des verbes qui en découlent, dans l'apprentissage des marqueurs d'aspect continuatif -zhe, zài et ne. Nous proposons que l'apprentissage du suffixe -zhe soit centré sur sa valeur d'état résultant, en mentionnant explicitement la catégorie des verbes de posture et de placement dès le niveau débutant. Son emploi avec des verbes d'action, où il prend une valeur dite « progressive », serait reporté au niveau intermédiaire. L'aspect progressif (action en cours, « être en train de ») serait, lui, introduit au niveau débutant avec l'adverbe zài, et éventuellement la particule finale ne.

Mots clés grammaire pédagogique, aspect duratif, classes de verbes, chinois niveau debutant

Introduction

En France comme ailleurs, les manuels d'initiation au chinois introduisent assez tôt les suffixes aspectuels verbaux 了 -le et 着 -zhe, l'adverbe progressif 在 zài et les particules finales 了 -le et 呢 -ne, sans mettre à profit les avancées des travaux menés au cours des trente dernières années concernant l'interaction entre marqueurs aspectuels et sens lexical des verbes en chinois. On peut imaginer diverses raisons à cette réticence des manuels de chinois à aborder de front la question des classes sémantiques de verbes dans leurs explications grammaticales sur l'aspect. Les linguistes sont loin d'avoir trouvé un accord sur le nombre de classes de verbes du chinois, les critères à privilégier pour les identifier, et les étiquettes permettant de les nommer. En l'absence d'une classification faisant le consensus, l'enseignant craint de noyer les apprenants sous une pluie de termes abstraits n'évoquant rien pour eux, car peu utilisés dans la tradition grammaticale française. Dans le cadre des réflexions sur la construction d'une grammaire pédagogique du chinois langue étrangère, nous nous demandons ici s'il est possible de recourir dès le niveau débutant aux classes sémantiques de verbes pour faciliter l'acquisition du sens et des règles d'emploi du suffixe continuatif -zhe.

En section 1 nous reprenons la dichotomie entre les deux valeurs, statique-résultative d'un côté, et dynamique-progressive de l'autre, prises par -zhe en fonction du type de verbes qu'il suffixe.

En section 2, nous proposons d'utiliser, pour permettre aux apprenants de mieux cerner les types de verbes pour lesquels la valeur statique-résultative de -zhe est activée, la classification de Dai (戴耀晶， 1997), qui a l'avantage d'identifier en tant que tels deux sous-groupes de verbes régulièrement suffixés par -zhe : les verbes de posture et ceux de placement.

En section 3 nous discutons des modalités pratiques de l'enseignement des aspects duratif et progressif, à un stade d'apprentissage où l'apprenant n'a pas encore à sa disposition un nombre de verbes tel qu'il puisse procéder par induction.

1. L'aspect lexical : le lien difficile entre recherche linguistique et pédagogie

Les valeurs aspectuelles et temporelles que prend un verbe dans une phrase donnée sont le produit de l'interaction entre son sens lexical, c'est-à-dire ses caractéristiques aspectuelles intrinsèques, et l'aspect grammatical, marqué par la morphologie verbale ou par d'autres morphèmes externes au verbe. En chinois standard, l'aspect grammatical est marqué par des suffixes verbaux comme -zhe et -le, des clitiques, dans le cas des particules finales le et ne, ou encore par l'adverbe progressif zài. Les classes de verbes regroupent des verbes présentant les mêmes caractéristiques quant à leur aspect lexical, et s'obtiennent à partir de divers critères, au premier rang desquels figure la compatibilité avec des marqueurs d'aspect grammatical et des expressions de durée, ainsi que le sens produit par ces combinaisons. Ces classes aspectuelles reflètent la façon dont une langue donnée rend compte de la conceptualisation d'événements se déroulant dans le monde réel, et la difficulté de leur apprentissage réside en partie dans la différence de conceptualisation constatée entre les langues. Ainsi le verbe « mourir » peut se mettre en anglais à la forme progressive (*he is dying*), et prend alors le sens de « agoniser » (« être sur le point de mourir »), alors qu'en chinois 他在死 tā zài sǐ est impossible, tout comme 他死着 tā sǐzhe. On sait aussi que les verbes composés résultatifs ont des caractéristiques aspectuelles très différentes du verbe qui en constitue la première partie, même si la traduction par défaut et hors contexte en français ne permet pas nécessairement d'appréhender cette opposition (ex. 抓 zhuā et 抓着 zhuāzháo se traduisent tous les deux par « attraper », le premier sera compatible avec zài, pas le deuxième). Le recours explicite aux classes de verbes peut donc être une aide pour l'apprenant, en l'aidant à déjouer le piège de la traduction française.

Les deux types d'aspect interagissent, selon un principe d'affinité : affinité entre -le et les verbes de changement d'état, affinité entre zài et les verbes d'action. Li (2000) a montré à partir d'observations menées dans des crèches à Pékin que les enfants acquièrent très tôt ces affinités entre types de verbes et marqueurs, et les estime plus nettes encore en chinois qu'en anglais. L'apprentissage consiste pour une part à maîtriser ces affinités. Quelle est donc l'affinité que devrait assimiler d'abord l'apprenant dans le cas du suffixe -zhe? Comme en témoignent les exemples (1a, 1b) donnés dans Bellassen & Arslangul (2010 : 122) pour illustrer « l'aspect de l'état prolongé » (ou aspect duratif) exprimé par -zhe, ce sont les verbes de posture qui semblent souvent les plus représentatifs pour illustrer l'emploi « duratif » de -zhe, mais on trouve aussi des exemples avec des verbes d'activité (1c, de Bellassen et al., 2006 : 287).

（1a）他坐着。Tā zuòzhe. « Il est assis. »　　　(voir zuò « s'asseoir »)

（1b）他站着。Tā zhànzhe. « Il est debout. »　　(voir zhàn « se mettre debout »)

（1c）他吃着饭呢。 Tā chīzhe fàn ne. « Il est en train de manger. »

La plupart des grammaires de référence du chinois (voir par exemple 吕叔湘, 1999 : 665-666, 刘月华 et al., 2001 : 392) attribuent en effet au suffixe aspectuel -zhe deux valeurs différentes dans des phrases simples, qualifiées en chinois respectivement d'aspect duratif 持续 chíxù ou continuatif statique 静态的持续 jìngtài de chíxù / 状态的持续 zhuàngtài de chíxù et d'aspect progressif 进行 jìnxíng ou continuatif dynamique 动态 的持续 dòngtài de chíxù. Ces étiquettes sont trompeuses pour l'apprenant qui risque d'associer le terme « progressif » au présent progressif de l'anglais en « be V-*ing* », et d'utiliser V-zhe pour traduire « être en train de V ». L'étiquette « duratif » n'évoquera aucune notion acquise lors de l'apprentissage du français ou de l'anglais. De plus, la traduction vers le français montre que dans le cas du sens statique, le verbe de base se traduit souvent par un terme différent de la forme suffixée en -zhe : zuòzhe « est assis » et zuò « s'asseoir ».

Nous proposons ici de mettre systématiquement en avant dans l'apprentissage de ce suffixe la notion « d'état résultant », et de la centrer explicitement sur les deux sous-classes de verbes permettant sans difficulté cette acquisition, les verbes de posture et de placement. Ces derniers regroupent des verbes transitifs comme 穿 chuān « mettre (sur soi) », 拿 ná « prendre à la main » et 挂 guà « suspendre ».

2. Quelles classes de verbes privilégier pour enseigner l'emploi du suffixe -zhe?

2.1 Les verbes ayant une forme dérivée V-zhe qui exprime l'état résultant

On peut distinguer parmi les verbes appris au niveau débutant quatre sous-groupes de verbes qui prennent régulièrement une forme en V-zhe pour indiquer un état résultant. Il s'agit tout d'abord des verbes intransitifs indiquant le changement de posture, du type de 坐 zuò « s'asseoir », 躺 tǎng « s'allonger », 站 zhàn « se mettre debout », 蹲 dūn « s'accroupir », où V-zhe désigne l'état résultant du changement de position : zuòzhe « être assis », tǎngzhe « être allongé », zhànzhe « être debout, se tenir debout», dūnzhe « se tenir accroupi ». La différence entre les deux peut s'illustrer par des exemples tels que :

(2a) 请坐。Qǐng zuò. « Asseyez-vous je vous prie. »

(2b) 他在那儿坐着呢。Tā zài nàr zuòzhe ne. « Il est assis là-bas. »

On trouve en outre des verbes indiquant plus précisément le placement sur une partie du corps, comme dans ná « prendre en main » ou chuān « mettre » (un pull, des chaussures, etc.). La forme suffixée du verbe désignera l'état résultant correspondant :

« tenir à la main », ou « porter (sur soi) » :

（3）ná « prendre » – názhe « tenir »

（4）chuān « mettre » – chuānzhe « porter »

La combinaison du verbe chuān avec l'adverbe progressif zài ne devrait donc pas poser problème de compréhension puisque c'est l'action de « mettre » (« enfiler » par exemple) et non celle de « porter » qui est « en cours », comme dans la paire minimale classique a / b (action en cours / état résultant qui perdure), citée par exemple dans Bellassen & Arslangul (2010 : 123) :

（5a）在穿毛衣

　　　zài chuān máoyī

　　　« être en train de mettre un chandail »

（5b）穿着毛衣

　　　chuānzhe máoyī

　　　« porter un chandail »

Dans le cas d'autres verbes de placement, comme 放 fàng « poser » ou 贴 tiē « coller », la forme résultative en 着 -zhe se traduira en français par un passage à la voix passive comme en (6), l'objet déplacé se trouvant en position sujet comme en (7), ou après le verbe dans les phrases présentatives comme (8) :

（6）fàng « poser, mettre » → fàngzhe « être posé »

（7）刀在桌上放着呢。

　　　Dāo zài zhuō shang fàngzhe ne.

　　　« Le couteau est (posé) sur la table. »

（8）桌上放着一把刀。

　　　Zhuō shang fàngzhe yì bǎ dāo.

　　　« Il y a (il y avait) un couteau posé sur la table. / Sur la table se trouvait un couteau. »

Ceci est parfaitement cohérent avec l'explication parfois utilisée de « situation fixe résultant d'une action » (Bellassen & Arslangul, 2010 : 123).

Le quatrième type implique des actions entraînant des états résultats visibles mais où le facteur de changement de position est moins net comme 开 kāi « ouvrir » – 开着 kāizhe « être ouvert ».

2.2 Quelle place pour ces verbes dans les classifications proposées jusqu'ici?

Shou-Hsin Teng, l'un des premiers linguistes à s'attaquer à la classification des verbes chinois (邓守信 , 1986), propose dans sa *Grammaire pédagogique du chinois* (邓 守 信 , 2010 : 187) de distinguer au cours de l'apprentissage 9 sous-classes de verbes, qu'il regroupe en 3 grandes classes. Nous les comparons ci-dessous aux trois catégories distinguées par la *Grammaire pratique du chinois contemporain*, une autre grammaire de référence destinée aux enseignants de chinois langue étrangère (刘月华 et al., 2001).

a. Les verbes d'état (*state verbs* / 状态动词 zhuàngtài dòngcí), constitués de diverses sous-classes, des verbes d'activités mentales, psychologiques et cognitives, comme 爱 ài « aimer », ou 知道 zhīdao « savoir », ainsi que des divers types de verbes de qualité (ou adjectifs) comme 高 gāo « haut », 公共 gōnggòng « public » (fonction épithète seulement), ou 够 gòu « suffisant » (fonction prédicative uniquement). Cette classe semble à première vue correspondre à celle portant le même nom dans la *Grammaire pratique du chinois contemporain* (刘月华 et al., 2001 : 152-153), mais elle incorpore en fait la troisième classe de verbes de ce dernier ouvrage, les verbes de relation appelée 关系动词 guānxi dòngcí(是 shì « être », 叫 jiào « s'appeler », 像 xiàng « ressembler à », 有 yǒu « avoir »), ainsi que les verbes auxiliaires comme 可以 kěyǐ « pouvoir ».

b. Les verbes d'action (*action verbs* 动作动词 dòngzuò dòngcí), transitifs (吃 chī « manger ») ou non (哭 kū « pleurer »).

c. Les verbes de changement d'état (*process verbs* 变化动词 biànhuà dòngcí), transitifs (变 biàn « changer ») ou non (来 lái « venir »). Ces deux dernières classes correspondent, elles, aux deux sous-classes des verbes d'action distinguées par la *Grammaire pratique du chinois contemporain* : les verbes d'action duratifs et non-duratifs, qui se différencient précisément par leur possibilité d'être suffixés par -zhe. On voit que ces deux grammaires à usage pédagogique ne s'accordent ni sur la catégorisation à adopter, ni sur l'inventaire des verbes que recouvre une classe désignée par un terme donné. Les classifications des verbes proposées par les travaux plus théoriques publiés sur l'aspect depuis les années 1980 présentent la même variété dans leurs conclusions (voir par exemple Tai, 1984, 邓守信, 1986, 陈平, 1988, Smith, 1991, 郭锐, 1993, 戴耀晶, 1997, 龚千炎, 1995, pour n'en citer que quelques-uns). Ces divergences sont dommageables à l'application de ces notions dans la pédagogie.

Les verbes présentés ci-dessus en 2.1, que nous regroupons ici sous l'étiquette sémantique de « verbes de posture et de placement », présentent des caractéristiques mixtes, et sont rarement identifiés dans les travaux sur l'aspect du chinois en tant que classe autonome. Ainsi, dans la *Grammaire pratique du chinois contemporain* (刘月华 et al., 2001 : 156), « poser », « suspendre » et « s'asseoir » sont classés parmi les verbes d'action duratifs (持续性动作动词 chíxùxìng dòngzuò dòngcí), ils ne se distinguent donc pas des verbes du type de 吃 chī « manger », 跑 pǎo « courir » ou 看 kàn « lire », pour lesquels la suffixation en -zhe produira un sens plutôt dynamique de « être en train de » (dans une proposition indépendante). Le *Dictionnaire fonctionnel des verbes chinois* (1999) nous fournit certes un nombre important d'informations sur les caractéristiques morphologiques des verbes chinois, dont la possibilité ou l'impossibilité d'être suffixés par -zhe. Mais l'absence d'informations sémantiques en rend l'emploi difficile pour des non sinophones : on n'y indique pas si V-zhe a le sens de « est en train de V », comme c'est le cas pour les verbes d'action comme « manger » ou « lire », ou un sens d'état résultant, comme pour 堆 duī « empiler ». Deux autres travaux sur l'aspect qui ont fait date, Chen Ping (陈平, 1988) et Gong Qianyan (龚千炎, 1995) font apparaîtreles verbes de posture et de placement dans plusieurs catégories, ce qui compromet le recours aux classes de verbes en pédagogie.

Dans la classification de Dai (戴耀晶, 1997 : 13), par contre, ces verbes, répartis dans deux sous-groupes, sont identifiés par des caractéristiques aspectuelles les situant en position intermédiaire entre les verbes d'état et les verbes d'action, les verbes de posture étant plus proches des verbes d'état, et les verbes de placement plus proches des verbes d'action. Cette classification sera donc à notre avis plus adaptée à une démarche pédagogique, car elle permettra aux apprenants de mettre une étiquette sémantique imagée et évocatrice sur les groupes de verbes dont la dérivation par -zhe provoquera une modification régulière du sens : [V = changement de position à V-zhe = état qui s'en suit]. Nous la présentons ci-dessous avec un certain nombre d'adaptations : nous avons ajouté l'étiquette « verbes de posture et de placement » au groupe intermédiaire (qui était identifié seulement par les deux termes 姿势 zīshì et 位置 wèizhì), et modifié en partie l'inventaire des verbes. Le terme « placement » choisi ici regroupe les verbes indiquant un placement de l'objet sur une partie du corps de l'agent, et les verbes du type de « poser ». Ces verbes se prêtent tous à une double traduction en français, que l'on peut associer avec profit à une forme de base, dynamique, et une forme dérivée par -zhe, statique.

Tableau 1 : Classification des verbes chinois, adaptée de Dai (戴耀晶 , 1997 : 13)

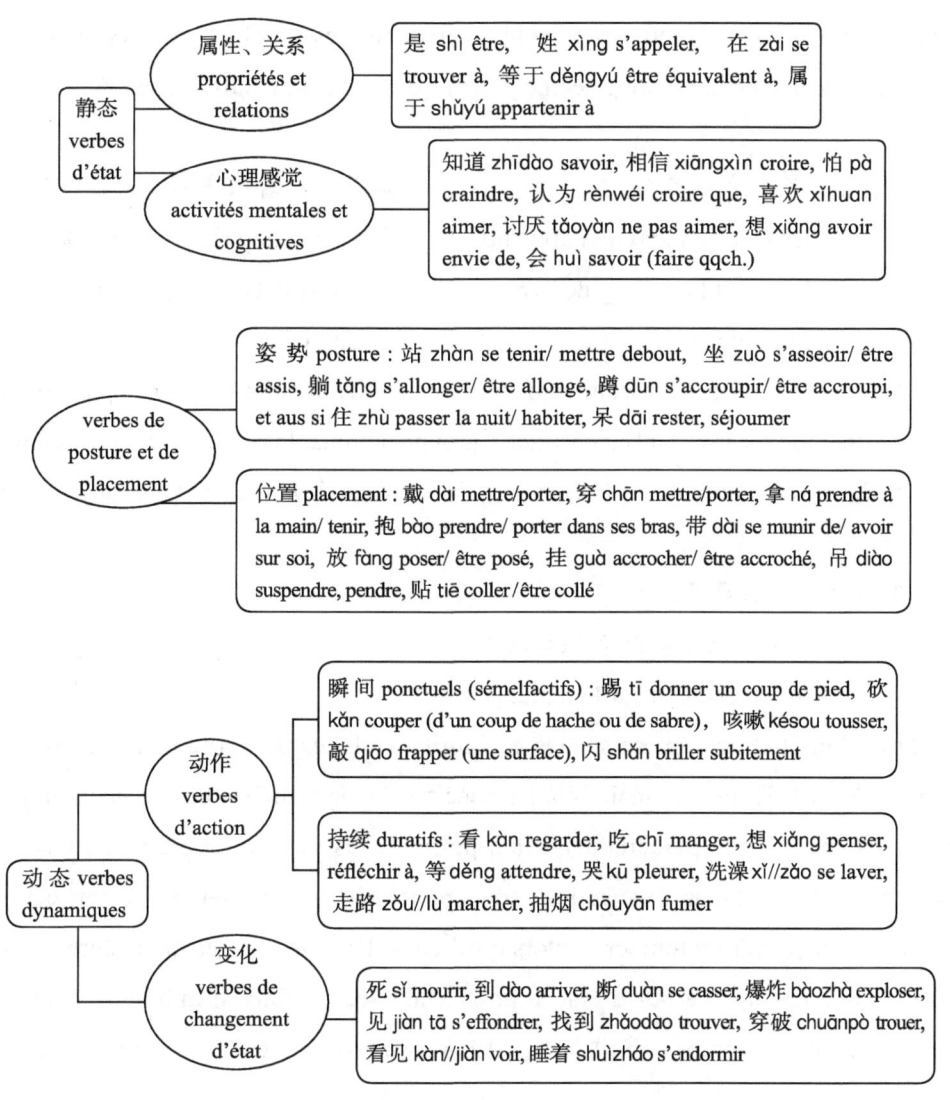

2.3 État résultant, phrases présentatives et constructions locatives

La notion d'état résultant permet de saisir d'une part le lien avec le verbe correspondant de changement de posture ou de position, et d'autre part le rôle privilégié de ces verbes dans les phrases présentatives. En effet les phrases descriptives à sujet indéfini du chinois prennent souvent la forme de phrases existentielles ou présentatives avec une inversion du sujet, où le verbe peut être simplement le verbe d'existence yǒu « il y a » (9a). Mais souvent la description s'accompagne d'une information sur la disposition du l'objet (ou de la personne) qui se présente au regard, qui peut être posé, accroché au mur, en alignement, debout, accroupi, etc… La phrase présentative prendra alors la forme de [lieu + verbe-zhe + objet/personne présentée], et nous retrouvons les mêmes verbes de posture et de placement (9b). (Ex. Je rentrai dans la chambre, et je vis que…) :

(9) a. 桌子上有很多书。   b. 桌子上放着很多书。

Zhuōzi shang yǒu hěn duō shū.   Zhuōzi shang fàngzhe hěn duō shū.

« Il y avait beaucoup de livres   «Il y avait beaucoup de livres posés

sur la table. »   sur la table. »

Identifier les verbes de posture et de placement devrait aussi faciliter l'apprentissage de la construction locative en [verbe + zài + groupe nominal locatif], où le nom locatif est placé après le verbe comme en (10) alors qu'il se place devant le verbe pour les verbes d'action :

(10) 把刀放在桌子上！

Bǎ dāo fàng zài zhuōzi shang!

« Pose le couteau sur la table! »

Dans son étude pionnière sur les catégories verbales du verbe chinois, Jaxontov (雅洪托夫 , 1958), mentionnait déjà les spécificités aspectuelles de ces deux groupes de verbes (posture et placement), mais pour lui les verbes de placement étaient délimités (bornés) et classés avec les verbes ponctuels (de changement d'état) comme lái « aller » et 掉 diào « tomber », alors qu'il considérait les verbes de posture comme zuò plus proches des verbes d'état, tout en étant susceptibles d'indiquer également le changement de posture (雅洪托夫 , 1958 : 82-84). Les trois sous-types présentés cidessus (que nous pouvons représenter par zuò, fàng et chuān) présentent des degrés divers d'agentivité, chuān est compatible avec le marqueur progressif zài (« être en train de mettre ») alors que zuò non. Par ailleurs, fàngzhe ou guàzhe se traduiront en français par un passif « être posé / accroché », alors que les verbes de placement sur une partie du corps comme chuān « mettre (des chaussures) » ou ná « prendre à la main » se traduisent parfois par des verbes distincts en francais (« porter »).

Paris (1981 : 194-201) a montré que ces deux valeurs, statique (qu'elle appelle « résultative », voir 1a/b) et dynamique (progressive, voir 1c), n'étaient que deux faces d'une même valeur durative qui pouvaient être prédites à partir de l'orientation de la relation prédicative (le rôle sémantique de patient ou d'agent de l'argument du verbe). La valeur statique-résultative serait selon elle la valeur première de ce suffixe. Kimura (木村英树 , 1983) relève, lui, les différences de fonctionnement de ces deux types de -zhe, et note la corrélation entre les valeurs – statique d'état résultant, et dynamique d'action en cours – et les types de verbes suffixés, les verbes auxquels la suffixation donne un sens statif étant caractérisés par le trait sémantique [+fixation 附着 fùzhuó] . Jaxontov (1988) consacre une étude aux « formes résultatives » en V-zhe du chinois, en définissant ce terme de la façon suivante : « Le terme de résultatif s'applique aux formes verbales qui expriment un état impliquant un événement préalable ». Il caractérise (1988 : 123) ces verbes comme « *related to the notions of attaching or fixing something in some place* ».

Ces trois études, en dépit de la diversité des approches adoptées, attirent notre attention sur le fait que V-zhe est d'abord une forme verbale indiquant l'état résultant, en général visible et provisoire, d'une action délibérée de placement. Dans son analyse des classes de verbes et des paramètres permettant de les identifier, Robert Martin (1988) fait remarquer l'importance dans la classification des verbes du trait de « transitionalité », souvent négligé, qu'il définit comme le fait « que certains verbes aboutissent à un état résultant et d'autres non ». Les verbes de posture et de placement font partie de ces verbes transitionnels prédiquant « le passage d'un état à un autre », entraînant une « séquelle », ainsi « mettre son manteau » fait naître à son terme une image distincte de l'image de départ (le manteau est mis). Ces remarques ont un double intérêt. Ce trait sémantique, proposé par Martin (1988) sur la base du français, associe aux verbes « s'asseoir » et « mettre » un « passif d'état » comme « est assis » ou « est mis », qui s'oppose à un « passif d'action » comme « est mangé ». Il se révèle également pertinent pour l'analyse des classes aspectuelles des verbes chinois, associé à d'autres marques formelles bien entendu, dont -zhe. Nous pouvons ainsi mettre à profit cette proximité dans l'enseignement du chinois aux francophones.

3. Pourquoi privilégier la valeur statique du suffixe -zhe au niveau débutant?

Les difficultés d'apprentissage du suffixe -zhe ne tiennent donc en l'occurrence pas seulement à la distance séparant les deux langues et leur façon différente de caractériser les événements et leur déroulement dans le temps. Divers facteurs viennent encore brouiller les cartes.

Tout d'abord, l'emploi dit « progressif » de -zhe, où il suffixe des verbes d'action comme « manger » ou « lire », est clairement associé au chinois écrit et au style narratif (刘月华 et al., 2001 : 396-397). Comme l'ont fait remarquer Liu Yuehua (刘月华 et al., 2001 : 396) et Ma Xiwen (马希文 , 1987), et comme l'ont montré les travaux de Miyake (三宅登之, 2007) à partir d'un corpus mixte de chinois parlé et de textes littéraires, l'emploi dit « progressif » du suffixe -zhe caractérise le chinois écrit et les descriptions. Les travaux de Fang Mei (方梅 , 2000), corroborés par ceux de Liu Yizhi (刘一之 , 2001) sur le pékinois parlé, et de Miyake (三宅登之, 2007), montrent comment, même dans une phrase formée d'une proposition indépendante (à un seul prédicat), le verbe suffixé par -zhe caractérise une action qui vient « planter le décor » devant lequel un autre événement viendra se dérouler, une « mise en arrière-plan » (背 景 化 bèijǐnghuà , concept issu de la linguistique cognitive : *backgrounding*) Il n'est pas aisé de mettre en évidence cette fonction discursive au niveau débutant, où l'on doit encore présenter des règles de grammaire applicables à des phrases isolées.

L'emploi du suffixe -zhe après certains verbes d'état tient, lui, vraisemblablement à l'européanisation subie par le chinois au cours du 20ème siècle, notable dans le style écrit. Outre l'emploi surprenant du verbe d'état 有 yǒu « avoir » suivi de -zhe, yǒuzhe,

He Yang (贺阳 , 2008 : 182-186) impute aussi à l'européanisation les formes 存在着 cúnzàizhe « exister » et 代表着 dàibiǎozhe « représenter », deux verbes que leur sens lexical statique aurait dû rendre peu enclins à une suffixation en -zhe.

Un autre facteur de complexité tient au processus encore inachevé de standardisation du chinois. On sait en effet que l'emploi récent de l'adverbe progressif zài en chinois du nord est vraisemblablement un emprunt au mandarin du sud (Sichuan) ou aux dialectes wú (région du bas Yangzi). Les travaux de Liu Yizhi (刘一之, 2001) et Wang Jian (王健, 2005) sont venus confirmer l'observation de Jaxontov (1958 : 151) : le pékinois parlé, censé être le dialecte sur lequel est fondée la grammaire du chinois standard, n'utilisait pas l'adverbe zài pour marquer l'aspect progressif. Comme la plupart des dialectes mandarins du nord encore aujourd'hui, cet aspect progressif se notait par la particule finale ne (ou ses variantes ni, li, etc.). La profusion de marqueurs et l'apparente confusion régnant dans la langue standard en matière d'aspect progressif s'explique donc en partie par la diversité des dialectes chinois. La question se posant à la grammaire pédagogique, qui essaie de considérer la langue enseignée comme homogène et ne souhaite pas entrer dans les détails des variantes régionales du chinois standard, est donc de savoir si l'on doit enseigner la particule finale ne comme marque d'aspect progressif, au même titre que l'adverbe zài, par exemple dans des phrases comme :

(11a) 她洗澡呢。Tā xǐzǎo ne.

(11b) 她在洗澡呢。Tā zài xǐzǎo ne.

    « Elle est en train de faire sa toilette. »

Il y aurait en ce cas pour l'apprenant deux marqueurs d'aspect progressif, l'adverbe 在 zài et la particule finale 呢 ne. Pour le moment les grammaires de référence divergent sur ce point. Nous verrons dans quelle mesure le chinois « globalisé » et de plus en plus méridional va au cours du 21ème siècle reléguer l'emploi aspectuel de la particule ne dans un usage local caractérisant « le dialecte de Pékin », comme cela s'est produit au 20ème siècle pour le sens temporel de 来着 láizhe, marqueur d'imparfait dit « récent » qui a disparu des manuels de chinois dans son sens temporel.

Quant à l'apprentissage de l'emploi progressif (ou « dynamique ») de -zhe, nous pensons plus réaliste de le différer au niveau intermédiaire, lors du contact avec des textes littéraires. Il sera temps à ce moment de préciser qu'un verbe d'action suffixé par -zhe ne s'emploie pas librement au sens de « être en train de », en recourant à des dialogues comme celui donné par Liu Yuehua (刘月华 , 2001 : 397). À la question « Que fait Xiaoming? », qui peut prendre la forme de la question (12), la réponse « Il est en train de jouer au basket » serait en effet incorrecte sous la forme en V-zhe (13c) car cette action en cours constitue une information de premier plan (*foregrounding*) dans l'assertion.

(12) 小明做什么呢？ Xiǎomíng zuò shénme ne? « Que fait Xiaoming? »

(13) a. 小明在打篮球。 Xiǎomíng zài dǎ lánqiú.

b. 小明打篮球呢。 Xiǎomíng dǎ lánqiú ne.

c. * 小明打着篮球。 *Xiǎomíng dǎzhe lánqiú.

« Il est en train de jouer au basket. »

Conclusion

Nous proposons de restreindre au niveau débutant l'apprentissage du suffixe -zhe à sa fonction statique et résultative, qui modifie le sens dynamique de verbes de changement de posture et de placement comme « s'allonger » ou « accrocher » en sens statique d'état résultant comme « être allongé » ou « être accroché ». Ces formes du verbe exprimant l'état résultant sont incontournables dans l'apprentissage du lexique de base du chinois : on est très souvent obligé dans la langue courante de recourir aux formes dérivées en -zhe pour des situations comme « être assis » ou « porter ».

L'étiquette proposée pour aider les apprenants à identifier ces verbes est celle de « verbes de posture et de placement », qui prennent ainsi la place spécifique qui leur est due dans une classification générale des verbes chinois (voir 戴耀晶 , 1997 : 13). Cette étiquette nous semble suffisamment transparente pour être efficace dans une grammaire pédagogique.

La fonction statique et résultative est la fonction primaire du suffixe verbal -zhe dans une phrase simple à un seul prédicat, elle est aussi primaire du point de vue de la variation interne au sein des dialectes chinois (王健 , 2005). L'emploi de -zhe derrière le premier prédicat d'une phrase à prédicats en série ne nécessite pas dans un premier temps d'être directement relié au suffixe résultatif et peut se faire dans un point de grammaire indépendant. Les verbes d'action suffixés par -zhe pourront, quant à eux, attendre un stade ultérieur, quand les apprenants seront en mesure de faire le lien entre les divers emplois de -zhe appris auparavant, et de comprendre en quoi son rôle de « mise en arrière-plan » de l'action contribue à la cohésion textuelle d'un récit.

Bibliographie

陈　平，1988. 论现代汉语时间系统的三元结构 [J]. 中国语文（6）.

戴耀晶，1997. 现代汉语时体系统研究 [M]. 杭州：浙江教育出版社.

邓守信，1986. 汉语动词的时间结构 [A]. 第一届国际汉语教学讨论会论文选 [C]. 北京：北京语言学院出版社.

邓守信，2010. 对外汉语教学语法（简体字版）[M]. 北京：北京语言大学出版社.

方　梅，2000. 从"V着"看汉语不完全体的功能特征[J].语法研究和探索（9）.

龚千炎，1995. 汉语的时相时制时态 [M]. 北京：商务印书馆.

郭　锐，1993. 汉语动词的过程结构 [J]. 中国语文（6）.

贺　阳，2008. 现代汉语欧化语法现象研究 [M]. 北京：商务印书馆.

刘一之，2001. 北京话中的"着（·zhe）"字新探 [M]. 北京：北京大学出版社.

刘月华，潘文娱，故　铧，2001. 实用现代汉语语法（增订本）[M]. 北京：商务印书馆.

吕叔湘，1999. 现代汉语八百词（增订本）[M]. 北京：商务印书馆.

马希文，1987. 北京方言里的"着"[J]. 方言（1）.

孟　琮，郑怀德，孟庆海，等，1999. 汉语动词用法词典 [M]. 北京：商务印书馆.

木村英树，1983. 关于补语性词尾"着 /zhe/"和"了 /le/"[J]. 语文研究（2）.

三宅登之，2007. 表示动态的"V着"的实际使用情况考察 [A]. 日本现代汉语语法研究论文选（张黎等主编）[C]. 北京：北京语言大学出版社.

王　健，2005. 汉语方言中的两种动态范畴 [J]. 方言（3）.

雅洪托夫，1958. 汉语的动词范畴（陈孔伦译）[M]. 北京：中华书局.

Bellassen, J. & Arslangul, A. *Bescherelle : le chinois pour tous*. Paris : Hatier, 2010.

Bellassen, J., Kanehisa T. & Zhang Z. *Chinois mode d'emploi* (nouvelle édition). Paris : Éditions You-Feng, 2006.

Hoa, M. *C'est du chinois. Manuel pour débutants 1, Comprendre et parler*. Paris : Éditions You-Feng, 1999.

Jaxontov, S. Resultative in Chinese. *Typology of resultative constructions*, édité par Vladimir Nedjalkov (Traduit du russe). Amsterdam : John Benjamins, 1988, pp. 113-133.

Li, P. Acquisition of aspect in Chinese. *The acquisition of lexical and grammatical aspect*, édité par Li Ping & Yasuhiro Shirai, Berlin/New York : Mouton de Gruyter, 2000.

Martin, R. Temporalité et "classes de verbes". *L'information grammaticale*, 39, 1988, pp. 3-8.

Paris, Marie-Claude. *Problèmes de syntaxe et de sémantique en linguistique chinoise*. Paris : Collège de France, Institut des hautes études chinoises, 1981.

Smith, C. *The parameter of aspect*. Dordrecht : Kluwer Academic Publishers, 1991.

Tai, J. Verbs and times in Chinese : Vendler's four categories. *Papers from the parasession on lexical Semantics*. Chicago Linguistic Society, 1984.

Xu, D. *Initiation à la syntaxe chinoise*. Paris : L'Asiathèque, 1996.

汉语初级阶段有无必要讲解动词的语义类型

——以词尾"着"为例

柯理思

［法国］巴黎东方语言文化学院

摘　要　初级汉语教材在教各种动态标记时通常不涉及动词的语义类型，这往往让学习者感到困扰。本文以持续体标记"着"为例，基于法语母语者的习得特点，讨论持续体动词词尾"着"的教学策略。我们主张初级阶段最好先从"着"表示位置变化后的状态持续的用法入手，即"着"出现在姿势类（坐、站、蹲、躺）、放置类（放、贴、停、挂）、穿着类（穿、戴）、拿类（拿、抱）等类动词后的静态用法。在初级阶段，教师就提及动词的语义类型不仅可以帮助学习者理解持续体标记"着"的基本语法意义，还有益于存现句的习得。

关键词　教学语法　持续体标记　动词分类　初级汉语教学

Les contraintes syntaxiques régissant le groupe verbal en chinois : l'importance de l'opposition traditionnelle zhuàngyǔ vs. bīnyǔ et bǔyǔ

Waltraud Paul

Centre National de la Recherche Scientifique

Résumé Le but de cet article est de démontrer l'importance des connaissances linguistiques dans l'enseignement du chinois, aussi bien de la part de l'enseignant que de la part de l'apprenant. Car les concepts « préformés » de la grammaire du français et du chinois ne permettent souvent pas de bien saisir les généralisations en vigueur en chinois. C'est le groupe verbal en chinois et les contraintes le régissant qui servent d'exemple pour illustrer la nécessité d'avoir recours aux outils d'analyse de la linguistique générale. Plus précisément, il s'agit de la dichotomie fondamentale en syntaxe entre *argument* (constituant exigé par le verbe) et *non-argument* (expression périphérique supplémentaire). En chinois, cette dichotomie argument vs. non-argument est reflétée en termes de positions : seuls les arguments peuvent occuper la position postverbale, tandis que les expressions périphériques sont confinées à la position préverbale.

Mots clés argument vs. non-argument, groupe verbal, expressions adverbiales, complément de durée/fréquence, complément descriptif

1. Introduction

Confronté au contraste illustré dans (1a) vs (1b), l'apprenant francophone est assez démuni, d'autant plus qu'en grammaire traditionnelle française, le groupe prépositionnel (GP) zài Běijīng 'à Beijing' est appelé *complément circonstanciel de lieu* dans les deux cas :

（1a）他　住　　在　北京。

Tā　zhù　[zài Běijīng].

3sg habiter à　Beijing

'Il habite à Beijing.'

（1b）他　在　北京　　碰到了　　　　很　多　　　　朋友。

Tā [zài Běijīng] pèngdào-le　hěn duō　　péngyou·

3sg à　　Beijing　rencontrer-perf très beaucoup ami

'Il a rencontré beaucoup d'amis à Beijing.'

Or, le rôle grammatical joué par ce GP n'est pas du tout le même dans les deux phrases, ni en chinois ni en français : dans (1a), zài Běijīng 'à Beijing' est exigé par le verbe zhù 'habiter' et a donc le statut d'argument, tandis que dans (1b) zài Běijīng 'à Beijing' est une expression périphérique supplémentaire. Par conséquent, zài Běijīng est facultatif en (1b), mais obligatoire en (1a) :

（2a）*他　住

　　　　Tā　zhù

　　　　3sg habiter

　　　　(*'Il habite')

（2b）他　碰到了　　　很　多　　　朋友。

　　　　Tā pèngdào-le　hěn duō　péngyou·

　　　　3sg rencontrer-perf très beaucoup ami

　　　　'Il a rencontré beaucoup d'amis.'

Contrairement au français où le GP à Beijing occupe la même position en fin de phrase, peu importe s'il est argument (1a) ou pas (1b), le chinois présente l'avantage de refléter la différence argument vs. non-argument en surface : un GP argumental occupe la position postverbale, tandis qu'un GP non-argumental doit obligatoirement précéder le verbe (3) :

（3）*他　碰到了　　　很　多　　　朋友　　在　北京

　　*Tā　pèngdào-le　hěn duō　　péngyou [zài Běijīng]

　　　3sg rencontrer-perf très beaucoup ami　　　à　Beijing

　　　('Il a rencontré beaucoup d'amis à Beijing.')

Cette brève discussion illustre bien le défi à relever dans l'enseignement du chinois. Premièrement, il faut amener les apprenants à réfléchir sur la grammaire de leur propre langue ; comme la terminologie traditionnelle de la grammaire française cache souvent-pour des raisons historiques-des généralisations importantes, il est donc nécessaire de les initier à la linguistique générale et de leur enseigner les connaissances de base. Secundo, l'enseignant de son côté doit également revoir ses connaissances de la grammaire du chinois à la lumière de la linguistique générale, car là aussi la terminologie traditionnelle ne permet pas toujours de complètement saisir les règles syntaxiques. Dans ce qui suit, je discuterai l'incidence d'une telle approche sur l'enseignement des contraintes régissant le groupe verbal en prenant comme point de départ l'opposition bien connue en linguistique chinoise entre zhuàngyǔ 状语 d'un côté, et bīnyǔ 宾语 et bǔyǔ 补语 de l'autre.

2. Argument vs. bīnyǔ

Nous avons vu ci-dessus que le chinois reflète la dichotomie argument vs. non-argument d'une façon très claire, c'est-à-dire en termes de positions. Seuls les arguments peuvent occuper la position postverbale, tandis que les expressions périphériques sont confinées à la position préverbale (Paul, 1988, Yang-Drocourt, 2007 : ch. 10). Il est important de souligner que toutes sortes de syntagmes peuvent fonctionner comme arguments, à savoir des groupes nominaux (2b, 6a, entre autres), prépositionnels (1a, 5, 6b), postpositionnels (4) ainsi que des phrases (7). C'est la raison pour laquelle le terme *argument* est plus approprié que le terme bīnyǔ 'objet', car ce dernier est associé en premier lieu aux GN.

（4）你 坐　　　　椅子 上，　我 坐　　　　凳子　 上。
　　　Nǐ zuò [GPostp yǐzi　shang], wǒ zuò [GPostp dèngzi　shang].
　　　2sg s'asseoir　　chaise sur　1sg s'asseoir　　tabouret sur
　　　'Tu t'assieds sur la chaise, et moi, je m'assieds sur le tabouret.'

（5）他 放了　 几　 本 书 在 桌子 上。
　　　Tā fàng-le [jǐ　běn shū] [zài zhuōzi shang].
　　　3sg mettre-perf plusieurs cl livre à table sur
　　　'Il a mis plusieurs livres sur la table.'

(6a) 她 送了 孩子们 一百 块 钱。

Tā sòng-le [háizimen] [yìbǎi kuài qián].

3sg offrir-perf enfants cent cl argent

'Elle a offert 100 kuai aux enfants.'

(6b) 她 寄了 一个 包裹 给 小 王。

Tā jì-le [yí gè bāoguǒ] [gěi Xiǎo Wáng].

3sg envoyer-perf 1 cl colis à Xiao Wang

'Elle a envoyé un colis à Xiao Wang.'

(7a) 我 告诉 你 一 个 消息。

Wǒ gàosu nǐ [yí gè xiāoxi].

1sg raconter 2sg 1 cl nouvelle

'Je vais te raconter une nouvelle.'

(7b) 大夫 告诉 妈妈 孩子 应该 吃 什么 药。

Dàifu gàosu māma [háizi yīnggāi chī shénme yào].

médecin raconter mère enfant devoir manger quel médicament

'Le médecin a dit à la mère quels médicaments l'enfant doit prendre.'

Dans (4) l'argument sélectionné par le verbe est un groupe postpositionnel. Les autres exemples illustrent tous des verbes ditransitifs, à savoir des verbes à deux arguments. Ces deux arguments peuvent être soit deux GN (6b, 7a), soit un GN et un GP (5, 6b) ou un GN et une phrase (7b).

Il est vrai que des apprenants français ne vont probablement pas faire trop de fautes ici dans la mesure où les arguments suivent également le verbe en français ; par conséquent, l'ordre des mots en français et en chinois se ressemble beaucoup. Il est néanmoins important d'insister sur ce point, parce que l'opposition entre argument et non-argument est indispensable pour comprendre le positionnement des expressions périphériques.

3. Expressions adverbiales

Contrairement aux arguments, les expressions périphériques supplémentaires telle que le GP zài Běijīng 'à Beijing' en (1b) sont confinées à la position préverbale (à droite ou à gauche du sujet) et inacceptables en position postverbale. C'est ici que les apprenants français auront le plus de problèmes et qu'ils doivent bien maîtriser la différence entre argument et non-argument. Car en français les expressions adverbiales-tout comme les arguments-suivent le verbe, comme le montrent les traductions des phrases chinoises.

（8）他　　在窗　　前　　看　报纸。(* 在窗　　　前)

    Tā [GP zài chuāng qián]　kàn bàozhǐ. (*zài chuāng qián)

    3sg　　à　fenêtre devant lire journal　à　fenêtre devant

    'Il lit le journal près de la fenêtre.'

（9）我 的 皮包 不 见 了，你　给　我　找　　一找。(* 给　我)

    Wǒ de píbāo bú jiàn le, nǐ [GPgěi wǒ] zhǎo　yi zhǎo. (*gěi wǒ)

    1sg sub sac　neg voir part 2sg　pour 1sg chercher 1 chercher pour 1sg

    'Mon sac a disparu, cherche-le pour moi.'

（10）他　吹着　　口哨　　下　　　楼梯。

    Tā [Ø chuī-zhe　kǒushào] xià　lóutī.

    3sg　souffler-dur sifflement descendre escalier

    'Il descend l'escalier en sifflant.'

Afin d'éviter toute confusion que peut créer le terme *complément circonstanciel* (de lieu, de temps et de manière) de la grammaire française traditionnelle (voir section 4 plus loin), il paraît indiqué d'utiliser un terme neutre tel que *expression adverbiale* comme équivalent du terme chinois zhuàngyǔ 状语 . Notons que les expressions adverbiales subsument aussi bien des adverbes proprement dits, en tant que partie du discours (tels yě 'aussi', hái 'encore', yǐjīng 'déjà', chángcháng 'souvent', mànyōuyōu de 'lentement'), mais aussi des GN (měi tiān 'chaque jour'), des GP (gēn péngyou 'avec des amis'), et des phrases à fonction adverbiale (10). Ces dernières, subordonnées au prédicat principal et dont le sujet silencieux (marqué par Ø) est interprété comme étant identique au sujet principal (ici tā 'lui') sont souvent négligées lorsqu'on aborde les expressions adverbiales ; or, elles obéissent aux mêmes règles de positionnement et peuvent créer des problèmes pour un apprenant francophone qui sera tenté de les mettre en fin de phrase tout comme en français.

La distribution des adverbes est en fait un exemple par excellence pour démontrer que l'enseignant doit non seulement parfaitement maîtriser la grammaire du chinois, mais aussi avoir des connaissances approfondies de la langue des apprenants, ici le français. Car sur le fond de l'asymétrie positionnelle dégagée pour le chinois régissant la distribution des arguments et des expressions adverbiales, lorsqu'on regarde la position entre le sujet et le verbe et celle entre le verbe et l'objet, on observe que la grammaire du français est le contraire de la grammaire du chinois. Plus précisément, le français n'admet pas d'expression adverbiale entre le sujet et le verbe fléchi (12), mais le met souvent entre le verbe et l'objet, possibilité totalement exclue en chinois (11) :

（11）他 常常　　/也/ 每　 天 看（＊常常　　 /＊也/＊每天） 报纸。

Tā chángcháng/yě/ měi tiān kàn{*chángcháng/*yě /*měi tiān} bàozhǐ.

3sg souvent / aussi/ chaque jour lire souvent / aussi/ chaque jour journal

'Il lit souvent/ aussi/ chaque jour des journaux.'

(12) Il {*souvent/ *aussi/ *chaque jour} lit souvent/ aussi/ chaque jour des journaux.

Notons finalement que le nombre d'expressions adverbiales dans une phrase est en principe illimité, pourvu que le résultat soit sémantiquement plausible. C'est une autre différence importante avec les arguments dont le nombre est limité à un ou deux (sujet exclu) :

（13a）他 每　 天 在 公园　　 跟 朋友　　 慢悠悠　　 地 走

Tā [měi tiān] [zài gōngyuán] [gēn péngyou] [mànyōuyōu de] zǒu

3sg chaque jour à parc avec ami tranquillement marcher

一 圈。 {＊每天在公园跟朋友慢悠悠地 }

yì quān.

1 tour

'Il fait un tour au parc tranquillement chaque jour avec des amis.'

（13b）他 常常　　 故意 装　 病。（＊常常故意）

Tā chángcháng gùyì zhuāng bìng.

3sg souvent exprès feindre malade

'Il feint souvent exprès d'être malade.'

Comme le montre la traduction des exemples, la possibilité d'avoir autant d'expressions adverbiales que sémantiquement plausible s'observe pour les langues en général, un fait qui mérite d'être souligné dans l'enseignement du chinois car il ôtera au chinois le caractère « exotique » et facilitera par là son apprentissage.

4. Compléments bǔyǔ

4.1 Compléments de durée/fréquence

Les bǔyǔ 补语 tels que les compléments indiquant la durée ou la fréquence sont des « quasi-arguments » 准宾语 (朱德熙, 1982 : 119-120). Le choix de ce terme est motivé par le fait que les compléments ne représentent pas d'arguments exigés par le verbe, mais entretiennent néanmoins un rapport très étroit avec le verbe et dépendent de ses propriétés aspectuelles inhérentes. Les verbes d'état et les verbes téliques (y inclus les composés résultatifs), par exemple, sont incompatibles avec des compléments de fréquence et de durée (14-15), et ce contrairement aux verbes d'action (16-17) :

(14)* 他 明白 / 写完 {三 天 / 三 次}

Tā míngbai /xiěwán sān tiān/ sān cì

3sg comprendre/écrire-finir 3 jour/ 3 fois

(15) 这个 问题 他 可能 会 {考虑 /* 解决} 三 个 小时。

Zhège wèntí tā kěnéng huì kǎolǜ / *jiějué sān gè xiǎoshí.

ce cl problème 3sg probablement fut réfléchir/résoudre 3 cl heure

'Ce problème, il va probablement {y réfléchir/*le résoudre} pendant trois heures.'

(16) 他 问了 三 次 了。

Tā wèn-le sān cì le.

3sg demander-perf 3 fois part

'Il a demandé trois fois.'

(17) 他 等了 半天 了。

Tā děng-le bàntiān le.

3sg attendre-perf longtemps part

'Il a déjà attendu longtemps.'

Un verbe tel que míngbai 'comprendre' désigne un état sans bornes et par conséquent, ne peut pas être quantifié, ni pour la durée, ni pour la fréquence. Quant au composé résultatif xiěwán 'finir d'écrire', il s'agit d'une action ponctuelle et non-itérative, d'où l'incompatibilité avec le complément de durée/fréquence. Les verbes d'activité atéliques tels que wèn 'demander', děng 'attendre', finalement, peuvent être mesurés dans le temps, aussi bien pour la durée et la fréquence.

En revanche, les expressions adverbiales sont compatibles avec toutes les classes verbales (sous réserve de plausibilité sémantique) :

(18) 这个　问题　　他 明天　　会　　　　{考虑　/解决/　问 }。

Zhège wèntí　　tā míngtiān huì　　　　kǎolù /jiějué/　wèn.

ce cl　problème 3sg demain　probablement fut réfléchir/ résoudre/ demander

'Ce problème, il va {y réfléchir/ le résoudre/ le poser} demain.'

La relation étroite que les compléments de durée/fréquence entretiennent avec le verbe les distingue clairement des expressions adverbiales. C'est la raison pour laquelle il faut absolument éviter d'utiliser dans l'enseignement du chinois le terme *complément circonstanciel* de la grammaire traditionnelle française, parce que ce dernier désigne entre autres des expressions adverbiales ; or, en chinois tous les compléments bǔyǔ 补语 occupent obligatoirement la position postverbale et contrastent nettement avec les expressions adverbiales zhuàngyǔ 状语 confinées à la position préverbale.

4.2 Complément descriptif

Il n'y a pas encore d'analyse satisfaisante pour ledit *complément descriptif* introduit par de 得 en position postverbale, ce qui rend encore plus difficile son enseignement. Même s'il est correct de le *traduire* par un adverbe en français, il est clair que son statut en syntaxe chinoise n'est pas celui d'une expression adverbiale de manière. La raison à cela est que le constituant suivant de peut être questionné sous forme de 'A bu A', procédé exclu pour les expressions adverbiales préverbales (22-23) ; il peut être nié, modifié par des adverbes de degré et être utilisé dans la construction de comparaison avec bǐ 比 .

(19a) 他 猜　　得对。

Tā cāi　　de duì.

3sg deviner de correct

'Il a bien deviné.'

(19b) 他　猜　　得对　　不 对？

Tā　cāi　　de duì　　bu　duì?

3sg deviner de correct neg correct

'Est-ce qu'il a bien deviné?'

(20) 他　回答　　得非常　　自然。

Tā　huídá　　de fēicháng zìrán.

3sg répondre de très　　　naturel

'Il a répondu très naturellement.'

(21a) 他 说　　得 不 清楚。

Tā shuō　de [bù　qīngchu].

3sg parler de　neg clair

'Il n'a pas su parler clairement.'

(21b) 他 说　　得 比　　　你 更　　　清楚。

Tā shuō　de [[bǐ　　nǐ] gèng　　qīngchu].

3sg parler de　comparé.à 2sg davantage clair

'Il a parlé encore plus clairement que toi.'

(22)* 他 慢悠悠　　地 不 慢悠悠　　地 走　　　一 圈

Tā [mànyōuyōu de] bú [mànyōuyōu de] zǒu　　yì quān

3sg tranquillement　neg tranquillement　marcher 1　tour

(23)* 他 故意 不 故意 迟到

Tā [gùyì] bu [gùyì] chídào

3sg exprès neg exprès être.en.retard

(24)* 他 不　故意 迟到

Tā bú　[gùyì] chídào

3sg neg exprès être.en.retard

Le constituant suivant de montre donc toutes les propriétés qui caractérisent les adjectifs. La seule différence réside dans le fait que le groupe adjectival introduit par de ne constitue pas le prédicat principal comme c'est le cas dans (25-26), mais fonctionne comme prédicat secondaire qui forme un prédicat complexe avec le verbe principal (*Cf.* Huang, 1992, Paris, 1979, qui évoquent des analyses similaires, mais sans l'étendre au complément descriptif en général).

(25a) 她 的 答案 对， 你 的 不 对。

Tā de dá'àn duì, nǐ de bú duì.

3sg sub réponse correct 2sg sub neg correct

'Sa réponse est correcte, la tienne n'est pas correcte.'

(25b) 她 的 答案 对 不 对?

Tā de dá'àn duì bu duì?

3sg sub réponse correct neg correct

'Est-ce que sa réponse est correcte?'

(26) 他 的 看法   很 自然。

Tā de kànfǎ   hěn zìrán.

3sg sub point.de.vue très naturel

'Son point de vue est naturel.'

Finalement, l'analyse du constituant suivant de comme groupe adjectival peut également expliquer pourquoi une phrase telle que (27) ci-dessous est inacceptable ; cuò 'faux' est un adjectif non-prédicatif (28) et donc exclu de la position après de, où seuls les adjectifs prédicatifs sont admis :

(27a) * 他 猜 得错

* Tā cāi de cuò

3sg deviner de faux

(27b) * 他 猜 得错 不 错

* Tā cāi de cuò bu cuò

3sg deviner de faux neg faux

(28)* 她 的 答案 错

Tā de dá'àn cuò

3sg sub réponse faux

Pour résumer, le constituant suivant de représente un syntagme adjectival, plus précisément un syntagme dont la tête est un adjectif prédicatif (Paul, 2010, 2016).

Dans l'enseignement, il est néanmoins possible de présenter ce groupe adjectival en tant qu'expression adverbiale, pourvu qu'on précise qu'il s'agit d'un « adverbe » au sens strict, à savoir d'un adverbe qui modifie exclusivement l'événement proprement dit. Cette distinction est de toute façon requise pour expliquer la différence d'interprétation (correspondant à une différence de portée) observée pour le même item en position préverbale vs. postverbale (Ernst, 1994 : 48) :

(29a) 他们　很 不 礼貌 地 对　老师　　说话。

　　　 Tāmen hěn bù lǐmào de duì lǎoshī ，shuōhuà.

　　　 3sg　 très impoli　　 vers professeur parler mot

　　　 (i) 'Impolis, ils ont parlé au professeur.'

　　　 (ii) 'Ils ont parlé au professeur d' une façon très impolie.'

(29b) 他们　对 老师　　说话　 说　得 很 不 礼貌。

　　　 Tāmen duì lǎoshī　　shuōhuà shuō de hěn bù lǐmào.

　　　 3sg　　 vers professeur parler mot parler de très impoli

　　　 'Ils ont parlé au professeur d'une façon très impolie.'

Comme l'observe Ernst (1994 : 48), (29a) est ambigu : soit hěn bù lǐmào de 'très impoliment' se rapporte à toute la phrase et indique que le fait même d'avoir parlé au professeur a été impoli (*cf.* (i)), soit hěn bù lǐmào de 'très impoliment' est compris comme modifiant uniquement l'événement proprement dit (*cf.* (ii)). En revanche, dans (29b) où hěn bù lǐmào 'très impoli' occupe la position postverbale et fonctionne comme prédicat secondaire, on obtient qu'une seule interprétation, traduite en français par un adverbe de manière.

On observe un contraste similaire en (30a) et (30b) ; kuài 'rapide' en position préverbale est un adverbe de phrase et indique que l'action en question doit débuter sous peu (mais ne précise pas la manière de l'action elle même) ; kuài 'rapide' en position postverbale, par contre, se réfère uniquement à la manière de manger :

(30a) 你 快　吃　 吧！

　　　 Nǐ kuài chī　 ba！

　　　 2sg rapide manger part

'Dépêche-toi de manger!'

(30b) 她 小 时候 吃 饭 吃 得太 快。

Tā xiǎo shíhou chī fàn chī de tài kuài.

3sg petit quand manger nourriture manger de trop rapide

'Quand elle était petite, elle mangeait trop vite.'

L'analyse proposée ici pour le complément descriptif en termes de prédicat secondaire aboutit à une généralisation très nette : les expressions adverbiales sont toutes confinées à la position préverbale, tandis que les arguments et les compléments occupent la position postverbale.

5. Conclusion

Nous avons constaté l'importance d'utiliser une terminologie de linguistique générale, étant donné que celle du français était complètement inapte à saisir les contraintes positionnelles en vigueur dans le groupe verbal en chinois. Bien que la terminologie traditionnelle en linguistique chinoise aille dans le bon sens, elle ne permet pas de saisir parfaitement les généralisations observées. Aussi, l'enseignant doit-il enseigner aux étudiants les concepts de base en linguistique, afin de rendre compréhensible les notions utilisées-une exigence valable pour l'enseignement des langues étrangères en général.

L'enseignant doit donc non seulement maîtriser parfaitement les règles syntaxiques de sa langue maternelle, mais il doit aussi avoir suffisamment de connaissances linguistiques pour pouvoir les « traduire », c.-à-d. les formuler d'une façon transparente et accessible aux étudiants, ce qui nécessite souvent de dépasser les explications données par la tradition grammaticale chinoise. En d'autres termes, il faut fournir à l'étudiant les outils nécessaires pour qu'il puisse réfléchir sur la grammaire de sa propre langue, ce qui par la suite lui facilitera l'acquisition d'une langue étrangère, en l'occurrence le chinois.

Bibliographie

吕叔湘，1999. 现代汉语八百词（增订本）[M]. 北京：商务印书馆.

朱德熙，1980. 汉语句法里的歧义现象 [J]. 中国语文（2）.

朱德熙，1982. 语法讲义 [M]. 北京：商务印书馆.

Ernst, T. Chinese adjuncts and phrase structure theory. *Journal of Chinese Linguistics*, 22 (1) , 1994, pp. 41-71.

Huang, C.-T. J. *Logical relations in Chinese and the theory of grammar*. Thèse de doctorat. MIT, 1982.

Huang, C.-T. J. Complex predicates in control. *Control and grammar*, édité par Richard K. Larson et al., Dordrecht : Kluwer, 1992, pp. 109-147.

Paris, M.-C. *Nominalization in Mandarin Chinese : the morpheme de and the shi... de construction*. Paris : Université Paris 7, 1979.

Paul, W. *The syntax of verb-object phrases in Chinese : constraints and reanalysis*, 1988. http://lodel.ehess.fr/crlao/document.php?id=177.

Paul, W. Adjectives in Mandarin Chinese : the rehabilitation of a much ostracized category. *Adjectives : formal analyses in syntax and semantics*, édité par Cabredo-P. Hofherr & O. Matushansky, Amsterdam : Benjamins, 2010, pp. 115-152.

Paul, W. Adverbs in Mandarin Chinese. *Encyclopedia of Chinese language and linguistics*, édité par Rint Sybesma, Leiden : Brill, 2016.

Yang-Drocourt, Z. *Parlons chinois*. Paris : L'Harmattan, 2007.

汉语动词词组的句法制约：为什么传统语法中状语与宾语／补语的对立是非常重要的

包华莉

[法国] 国家科学研究中心

摘　要　本文要指出，在对外汉语教学中，无论对教师还是对学习者来说，语言学知识都是十分重要的。因为，法语语法里现成的概念通常不能直接套用在汉语上。我们以汉语动词词组的句法制约为例来说明为什么需要利用普通语言学的分析方法。具体地说，在句法层面上要严格区分论元（动词所要求的成分）和非论元。这种对立在汉语里表现为句法位置的不同，只有论元才能位于动词的后面，而其他外围成分都只能出现在动词的前面。

关键词 论元与非论元　动词词组　状语　时段／动量补语　"得"字补语

Les contraintes syntaxiques régissant le groupe verbal en chinois : l'importance de l'opposition traditionnelle zhuàngyǔ vs. bīnyǔ et bǔyǔ

Ambiguïté des syntagmes interrogatifs en chinois mandarin

Victor Junnan Pan

The Chinese University of Hong Kong

Résumé Il a été observé d'une part qu'un syntagme interrogatif en chinois peut avoir des interprétations non-interrogatives dans les différents contextes, par exemple, existentielle, universelle ; et d'autre part qu'un syntagme interrogatif est ambigu dans certains contextes, où il présente plusieurs interprétations, mais non-ambigu dans d'autres. Les apprenants s'interrogent souvent sur le fonctionnement des pronoms interrogatifs en chinois, et se demandent comment savoir quand et dans quels contextes un syntagme interrogatif reçoit une interprétation non-interrogative. Cette étude présente en réponse à ces questions une explication théorique basée sur la linguistique formelle, qui pourra être utilisée par les enseignants de chinois langue étrangère. En nous situant dans le cadre de la linguistique générative, nous cherchons d'une part à identifier la nature des syntagmes interrogatifs en chinois, et d'autre part à expliquer comment et sous quelles conditions sont légitimées leurs interprétations non-interrogatives, sans perdre de vue l'objectif d'intégrer ces explications théoriques dans une pratique pédagogique destinée aux apprenants de la langue.

Mots clés mots interrogatifs, *wh*-in-situ, syntaxe générative, chinois mandarin

1. Observations et problématiques de recherches

Il a été observé dans la littérature sur la grammaire du chinois mandarin que les pronoms appelés « pronoms interrogatifs » peuvent avoir des interprétations non-interrogatives (Chao, 1968, Li & Thompson, 1981, 朱德熙, 1982, Huang, 1982). Premièrement, un syntagme interrogatif peut recevoir une interprétation dite « existentielle » (i.e. équivalent d'un indéfini) non-ambigüe dans certains contextes. Par exemple, dans une question *oui/non* (cf. 1a), dans une question A-nég.-A (cf. 1b) et dans une proposition conditionnelle (cf. 1c).

(1) a. Nǐ   xiǎng   chī   shénme   ma?[①]

 2S   vouloir   manger   quoi   Q$_{oui/non}$

 'Veux-tu manger quelque chose?' (*Interprétation existentielle*)

 b. Zài zhèr,   nǐ   rèn-bu-rènshi   shénme rén?

 à   ici   2S   connaître-nég. -connaître   quelle   personne

 'Est-ce que tu connais quelqu'un ici ? '(*Interprétation existentielle*)

 c. Rúguǒ   nǐ   xiǎng   chī   shénme   jiù   gàosu   wǒ.

 si   2S   vouloir   manger   quoi   alors   avertir   1S

 'Si tu veux manger quelque chose, dis-moi alors.' (*Interprétation existentielle*)

Un syntagme interrogatif peut être ambigu entre une interprétation interrogative et une interprétation existentielle dans certains contextes, par exemple, dans un contexte avec un verbe non-factif (cf. 2) et dans un contexte négatif (cf. 3).

(2) Tā   rènwéi   nǐ   mǎi-le   shénme

 3S   penser   2S   acheter-Perf   quoi

 'Qu'est-ce qu'il croit que tu as acheté?' (*Interprétation interrogative*)

 'Il croit que tu as acheté quelque chose.' (*Interprétation existentielle*)

(3) Tā   bù   xiǎng   chī   shénme

 3S   nég.   vouloir   manger   quoi

 'Qu'est-ce qu'il n'a pas envie de manger?' (*Interprétation interrogative*)

 'Il ne veut rien manger.'[②] (*Interprétation existentielle*)

Un syntagme interrogatif peut recevoir une interprétation dite « universelle » quand il se situe à gauche de l'adverbe dōu 'tout', comme en (4).

(4) Tā   shéi   dōu   xǐhuan.

 3S   qui   tout   aimer. bien

 'Il aime tout le monde.' (*Interprétation universelle*)

Une paire de syntagmes interrogatifs morphologiquement identiques reçoit une

---

① Les abréviations utilisées dans le mot à mot sont les suivantes : 1 : première personne ; 2 : 2ème personne ; 3 : 3ème personne ; S : singulier ; Pl : pluriel ; Qoui/non : particule interrogative pour les questions totales ; nég. : négation ; PART : particule ; DE : particule structurale.

② Une interprétation plus fidèle à la langue d'origine de cette phrase serait 'Il ne veut *pas* manger quelque chose' dans laquelle la négation porte sur l'expression existentielle, donc ¬ > ∃. Cette interprétation est équivalente de 'Il ne veut rien manger' avec l'expression universelle portant sur la négation, donc ∀ > ¬. Dans la logique, ¬∃ et ∀¬ donnent la même interprétation.

interprétation de nécessité, qui est traitée comme l'équivalent d'une lecture universelle, dans une « proposition conditionnelle nue », comme en (5)[1].

(5) a. Shéi xiān   lái, shéi xiān   chī.

      qui d'abord venir qui d'abord manger

      'Le premier arrivé, le premier servi.'

    b. Pour toutes les *x*, *x* une personne, c'est le cas que si *x* vient en premier alors *x* mangera en premier. (*Interprétation de nécessité*)

Parallèlement, un autre phénomène connu dans les interrogatifs du chinois est que pour former une question partielle, les syntagmes interrogatifs chinois restent dans leur position originale (cf. 6) au lieu de se déplacer en position initiale de la phrase comme dans des langues telles que l'anglais et le français (cf. 7-8).

(6) Tā xǐhuan   chī   shénme?

    3S aimer.bien manger quoi

    'Qu'est-ce qu'il aime manger?' (*Interprétation interrogative*)

(7) a. What$_j$ does   he   like   eating   t$_j$? (question standard)

    b. He likes eating what? (seulement interprétée comme une *question écho*)

(8) a. Qui$_j$ as-tu vu t$_j$? (question standard)

    b. T'as vu qui? (à l'oral)

En (7) et (8), le symbole *t* indique la trace laissée après le déplacement du syntagme interrogatif concerné. Ce syntagme interrogatif déplacé et la trace qu'il a laissée à sa position originale partagent le même indice *j*. (7a) et (8a) sont des questions partielles *standard* en anglais et en français, qui exigent le déplacement d'un syntagme interrogatif vers la position initiale de la phrase. Les variantes où ces syntagmes interrogatifs restent *in-situ* sont soit interprétées comme des questions écho en anglais (cf. (7b)) soit employées à l'oral comme en (8b) en français.

Dans l'enseignement de la langue chinoise, ces faits posent problème aux apprenants. Les questions qui reviennent le plus souvent sont : *comment* les pronoms interrogatifs fonctionnent-ils en chinois? *Quand* et *dans quels contextes* un syntagme dit « interrogatif » reçoit-il une interprétation non-interrogative? Généralement, les

---

[1] Une proposition conditionnelle nue est une proposition qui ne contient aucun marqueur conditionnel visible comme rúguǒ 'si', mais qui est interprétée comme une conditionnelle.

apprenants n'ont pas beaucoup de difficultés de saisir la bonne interprétation des syntagmes interrogatifs à l'écrit et à l'oral, c'est-à-dire qu'ils peuvent les comprendre correctement dans un contexte précis. Cependant, nous avons observé des difficultés chez les apprenants pour reproduire correctement les lectures non-interrogatives dans les phrases contenant les syntagmes interrogatifs, ainsi que des difficultés pour maitriser les contextes dans lesquels sont légitimées les interprétations non-interrogatives.

Dans cet article, nous présenterons dans un premier temps une explication à ces observations du point de vue de la linguistique générative, afin d'en donner une vision globale ; nous verrons ensuite de quelle façon l'analyse théorique des syntagmes interrogatifs peut nous permettre d'en améliorer l'enseignement.

Nous discuterons d'abord le côté théorique du problème en répondant à la question suivante : pourquoi ces observations posent-elles problèmes en linguistique théorique?

Afin de mieux comprendre le raisonnement à la base de l'analyse faite dans le cadre de la linguistique formelle, nous présenterons d'abord quelques notions de mathématique et de logique formelle. En mathématique, nous avons les opérateurs et les variables. Les variables ne possèdent pas de valeur propre, leur valeur vient des opérateurs qui les lient. Par exemple, « + », « − », « X » et « / » sont considérés comme des opérateurs qui permettent de calculer. En (9), « ^{2} », « % » et « $\sqrt{}$ » sont aussi des opérateurs en ce sens ; x est une variable. La valeur de la variable x dépend de l'opérateur qui la lie.

(9) x^2, $x\%$, $\sqrt{x}$

En logique formelle, les expressions quantifiées comme *quelque, tous, une, des* sont intrinsèquement des opérateurs au sens mathématique du terme. Nous nous concentrons ici sur $\exists$ et $\forall$ qui sont les quantificateurs directement concernés dans cette étude. Le quantificateur existentiel $\exists$ possède une valeur existentielle, qui est interprétée comme 'il existe quelque chose/ quelqu'un/ un endroit…' ; il dénote donc l'existence. En général, un indéfini est interprété comme une expression existentielle. Le quantificateur universel $\forall$ possède une valeur universelle, qui est interprétée comme 'pour tous/toutes…'. Dans le tableau ci-dessous, x est une variable qui appartient à l'ensemble des garçons. Quand x est lié par un quantificateur existentiel, il est interprété comme l'existence d'un garçon ; quand x est lié par un quantificateur universel, il est interprété comme 'pour tous les garçons'.

Tableau 1

$\exists$	quantificateur existentiel	$\exists x, x \in \{$ garçon $\}$ il existe un garçon
$\forall$	quantificateur universel	$\forall x, x \in \{$garçon$\}$pour tous les garçons

Un quantificateur a une portée quantificationnelle ; en général, la position la plus haute dans une phrase (i.e. la périphérie gauche de la phrase) est une position de portée. Un quantificateur monte dans cette position de portée en Forme Logique. La forme logique est la représentation sémantique d'une phrase. Par exemple, (10b) est la forme logique de (10a) et l'expression universelle *tous les étudiants* est interprétée dans la position la plus haute comme il est montré en (10b).

(10) a. Le professeur a rencontré *tous les étudiants* de sa classe.

b. Forme Logique : *pour tous les étudiants* x, il est vrai que le professeur a rencontré x.

Nous pouvons nous demander pourquoi il est nécessaire d'interpréter un quantificateur dans la position la plus haute dans une phrase? C'est nécessaire car cela nous fournit une explication sur l'ambiguïté d'une phrase qui contient plusieurs quantificateurs, comme en (11).

(11) a. Chaque garçon (x) a offert un cadeau à une fille (y).(ambiguë)

b. $\forall(x)$, x un garçon, $\exists(y)$, y une fille, c'est le cas que x a offert un cadeau à y. (Jean a offert un cadeau à Marie, Paul a offert un cadeau à Sylvie, Pascal a offert un cadeau à Valérie...)

c. $\exists(y)$, y une fille, $\forall(x)$, x un garçon, c'est le cas que x a offert un cadeau à y. (Jean, Paul, Pascal et les autres garçons ont tous offert un cadeau respectivement à Marie.)

La phrase dans (11a) contient deux expressions quantifiées[1] : l'une est existentielle *une fille* ($\exists(y)$, y une fille), l'autre est universelle *chaque garçon* ($\forall(x)$, x un garçon). La phrase est ambiguë, avec deux interprétations possibles indiquées respectivement

[1] Nous ne considérons pas pour l'instant l'expression quantifiée *un cadeau* dans ce cas.

en (11b) et (11c). (11b) donne une interprétation où à chaque garçon est associée une fille différente ; tandis que (11c) exige l'existence d'une seule fille qui est associée à tous les garçons. La raison pour laquelle cette phrase est ambiguë est que chacun des deux quantificateurs n'a pas la même portée quantificationnelle dans (11b) et dans (11c). En (11b), c'est le quantificateur universel qui monte le plus haut et il a donc une portée quantificationnelle plus large que celle du quantificateur existentiel. Autrement dit, le quantificateur universel porte sur le quantificateur existentiel. Cet ordre exige que l'existence de chaque fille varie selon le changement de garçon ; pour chaque garçon différent, il existe une fille différente à qui le garçon a offert un cadeau. En revanche, en (11c) c'est le quantificateur existentiel qui monte le plus haut, qui a une portée quantificationnelle plus large que le quantificateur universel. Par conséquent, ce premier porte sur ce dernier. Cet ordre exige donc que l'existence de la fille reste tout à fait indépendante de la variation de l'existence de chaque garçon. Que ce soit Jean, Paul ou Pascal, c'est toujours la même fille à qui tous les garçons ont offert des cadeaux.

Un autre avantage de cette explication est qu'elle peut rendre compte de la même ambigüité observée dans les langues différentes. Dans l'école générative, ceci est considéré comme une propriété commune partagée par les langues humaines, donc c'est un principe invariant[1]. (12) montre que cette ambiguïté persiste aussi en anglais et en mandarin.

(12) a. Everyone saw someone.   *Anglais*

b. Měi-gè   nánshēng dōu sòng-le   yí-gè lǐwù   gěi yí-gè nǚshēng.
chaque-Cl. garçon   tout offrir-Perf un-Cl. cadeau à   une-Cl. fille
'Chaque garçon a offert un cadeau à une fille.'   *Chinois*

Ces notions sur la quantification nous aident à mieux comprendre les interrogatifs. En réalité, les syntagmes interrogatifs qui doivent subir un déplacement dans une question partielle dans les langues comme l'anglais et le français sont traités comme des quantificateurs, et ils montent dans une position de portée pour être correctement

---

[1] C'est une explication basée sur le modèle dit « des Principes et des Paramètres » dans le cadre de la syntaxe générative. Les propriétés communes dans les langues différentes sont considérées comme les principes, donc invariants ; les langues sont différentes en ce qui concerne les paramètres. Les études sur les interrogatives en chinois sont généralement basées sur ce modèle (Pan 2011c).

interprétés (Chomsky, 1977). Par conséquent, le déplacement d'un syntagme interrogatif vers la position initiale dans une question partielle et la montée d'un quantificateur dans une position de portée quantificationnelle en logique formelle sont de la même nature. Par exemple :

(13) a. Who$_j$ did he meet t$_j$ last night?   /   Qui$_j$ a-t-il rencontré t$_j$ hier soir?

b. Pour quelle x, x une personne, est-ce le cas qu'il a rencontré x hier soir?

c. Qx, x={humain}, il a rencontré x hier soir?

En Forme Logique, un syntagme interrogatif est représenté par un opérateur interrogatif Q qui possède une force quantificationnelle. (13b, c) montrent que cet opérateur doit occuper la position initiale dans la phrase, donc la position la plus haute. C'est seulement dans cette position de portée qu'un quantificateur est interprété correctement. Nous observons aussi qu'en (13), une trace t$_j$ est laissée dans la position originale après le déplacement du syntagme interrogatif. Cette trace est représentée par la variable x en Forme Logique. L'opérateur interrogatif lie x, donc la trace, comme variable et lui donne une interprétation interrogative.

Si la montée d'un syntagme interrogatif dans la position de portée pour être proprement interprété est un principe commun à toutes les langues, alors nous nous posons immédiatement la question de savoir comment un syntagme interrogatif en chinois peut être interprété correctement, vu qu'il ne monte pas dans la position de portée. Nous discuterons les analyses proposées dans les travaux précédents afin de répondre à cette question dans la Section 2.

2. Fil historique des solutions proposées

Nous nous intéresserons alors à la nature de ces syntagmes interrogatifs en chinois. Sont-ils opérateurs aussi comme leurs équivalents en anglais et en français? Huang (1982) affirme que les syntagmes interrogatifs chinois sont aussi des quantificateurs. La seule différence entre l'anglais et le chinois est que les syntagmes interrogatifs en anglais se déplacent au niveau de la Syntaxe explicite, donc visible ; tandis que ceux du chinois ne se déplacent pas au niveau de la Syntaxe mais au niveau de la Forme Logique (FL), le déplacement est donc silencieux. L'argument crucial est basé sur les contraintes de localité imposées sur les déplacements. L'idée est que le déplacement d'un syntagme interrogatif ne peut croiser certaines frontières propositionnelles, dites les « îlots », par exemple, les propositions relatives. (14b) montre que l'on ne peut questionner le sujet *Jean* enchâssé dans une proposition relative et que l'extraction de ce sujet hors de la proposition relative rend la phrase agrammaticale.

(14) a. Tu aimes les livres [que Jean a écrits].

b. * Qui$_j$ aimes-tu les livres que [t$_j$ a écrits]?

Le phénomène similaire est observé aussi en chinois. La phrase agrammaticale dans (15a) montre que nous ne pouvons questionner le complément circonstanciel de raison qui est enchâssé dans une proposition relative. Selon Huang (1982), la raison pour laquelle (15a) est agrammaticale est que l'adverbe wèi shénme 'pourquoi' s'est déplacé hors de la proposition relative vers la position initiale de la phrase en Forme Logique. Ce déplacement silencieux viole également les contraintes d'îlot (cf. 15b).

(15) a. *Nǐ   xǐhuan   [Lǔ Xùn   wèi shénme   xiě   de]   shū?

2S   aimer.bien   Lu Xun   pourquoi   écrire   DE   livre

(sens visé : 'Pour quelle raison x, est-ce le cas que tu aimes les livres [que Lu Xun a écrits pour x]?')

b. *FL: Wèi shénme$_j$ nǐ   xǐhuan   [Lǔ Xùn   t$_j$ xiě   de]   shū?

pourquoi   2S   aimer.bien   Lu Xun   écrire DE   livre

Un autre point de vue proposé par Cheng (1991/1997) est que les syntagmes interrogatifs en chinois sont en fait des éléments de polarité négative, comme *any* en anglais. *Any* peut apparaître dans les contextes négatifs (cf. 16a), conditionnel (cf. 16b), et interrogatif (cf. 16c) mais pas dans un contexte affirmatif (cf. 16d). Par contre, *some* peut apparaître seulement dans un contexte affirmatif, et sa présence est généralement exclue dans les contextes où la présence de *any* est légitimée.

(16) a. I didn't see *anyone/*someone*. (contexte négatif)

'Je n'ai pas vu quelqu'un. = Je n'ai vu personne.'

b. If you see *anyone/*someone*, please tell me. (proposition conditionnelle)

'Si tu vois quelqu'un, tiens-moi au courant s'il te plaît!'

c. Did you eat *anything/*something* this morning? (question *oui/non*)

'As-tu mangé quelque chose ce matin?'

d. I'm looking for *someone*/ **anyone*. (contexte affirmatif)

'Je suis en train de chercher quelqu'un.'

En se basant sur les observations des exemples (1) et en (2), Cheng (1991/1997) affirme que les contextes dans lesquels un syntagme interrogatif peut recevoir une interprétation existentielle (i.e. *quelque chose, quelqu'un*) coïncident avec les contextes qui légitiment l'élément de polarité négative *any* en anglais. Ceci motive ensuite sa proposition que les syntagmes interrogatifs en chinois sont en fait des éléments de polarité négative. Nous reviendrons sur la validité de cette hypothèse plus loin.

Tsai (1994, 1999) adopte un autre point de vue complètement différent. Un syntagme interrogatif nominal en chinois, comme shénme 'quoi' ou shéi 'qui', est intrinsèquement une variable, et il a toujours besoin d'un opérateur qui lui donne une valeur/interprétation. Tsai suit l'hypothèse de Cheng (1991/1997) suivant laquelle dans une question partielle, c'est la particule ne ou son équivalent silencieux Op qui donne une interprétation interrogative. Cet opérateur interrogatif Op se situe dans la position de portée, qui légitime le pronom interrogatif qui reste dans sa position originale. Ceci évite le déplacement éventuel du syntagme interrogatif d'une part, et garantit une interprétation interrogative d'autre part.

(17) Tā   xǐhuan   chī   shénme   (ne)?

3S   aimer.bien   manger   quoi   Q

'Qu'est-ce qu'il aime manger?'   (Q)

Dans les contextes qui légitiment les interprétations non-interrogatives, ce sont les opérateurs existentiel ($\exists$) et universel ($\forall$) qui donnent les interprétations associées aux syntagmes interrogatifs. Par exemple, en (18b), le quantificateur existentiel qui se situe en position de portée légitime le pronom interrogatif shénme en lui donnant l'interprétation existentielle *quelque chose*.

(18) a. Nǐ   xiǎng   chī   shénme   ma?

2S   vouloir   manger   quoi $Q_{oui/non}$

'Veux-tu manger quelque chose?'   ($\exists$)

b. $\exists(x)$, x une chose, est-ce le cas que tu veux manger x?

(19) a. Rúguǒ   nǐ   xiǎng   chī   shénme   jiù   gàosu   wǒ.

si   2S   vouloir   manger   quoi   alors   avertir   1S

'Si tu veux manger quelque chose, tiens-moi au courant.'   (∃)

b. ∃(x), x une chose, si tu veux manger x, tiens-moi au courant.

(20) a. Tā   shéi   dōu   xǐhuan.

3S   qui   tout   aimer.bien

'Il aime tout le monde.'   (∀)

b. ∀(x), x une personne, c'est le cas qu'il aime (toutes les) x.

(21) a. Shéi xiān   lái,   shéi   xiān   chī.

qui   d'abord   venir   qui   d'abord   manger

'Le premier arrivé, le premier servi.'

b. Pour toutes les x, x une personne, c'est le cas que si x vient en premier alors x mangera en premier.' (*Interprétation de nécessité*)

c. ∀(x), x une personne, si x vient en premier, x mangera en premier.

Pour justifier le statut de variable d'un syntagme interrogatif en chinois, Tsai (1994) montre que morphologiquement il y a une relation entre la forme interrogative, la forme d'indéfini et la forme universelle en anglais, en chinois et en japonais. Nous ajoutons dans le tableau ci-dessous le français également.

Tableau 2

	Interrogative	Existentielle	Universelle	Polarité négative
Anglais	*who* *what* *where*	*some-what* *some-where*	*who-ever* *what-ever* *where-ever*	*any-where*
Japonais	*dare* *nani* *doko*	*dare-ka* *nani-ka* *doko-ka*	*dare-mo* *nani-mo* *doko-mo*	*dare-mo* *nani-mo* *doko-mo*
Chinois	shéi shénme nǎlǐ	shéi shénme nǎlǐ	(wúlùn) shéi⋯dōu (wúlùn) shénme⋯dōu (wúlùn) nǎlǐ⋯dōu	shéi shénme nǎlǐ
Français	*qui* *que/quoi* *où*		*n'importe qui/qui-conque* *n'importe quoi* *n'importe où*	

La Tableau (2) confirme donc qu'il est mieux de traiter les pronoms interrogatifs en chinois comme des variables.

Pan (2011a, 2011b, 2011c) préfère lui un autre point de vue, et montre qu'un syntagme interrogatif est intrinsèquement sous-spécifié et possède deux valeurs : [± Q] (interrogative et non-interrogative). D'abord, il affirme que les syntagmes interrogatifs en chinois <u>ne sont pas</u> des éléments de polarité négative, contrairement à ce que dit Cheng (1991/1997). (22) montre que l'interprétation existentielle existe aussi dans les contextes positifs/affirmatifs.

(22) Wǒ è-le,   xiànzài   xiǎng   chī   diǎnr   shénme.

1S   avoir.faim   maintenant   vouloir   manger   un.peu   quoi

'J'ai faim et j'ai envie de manger quelque chose maintenant.'   (彐)

Il est évident que (22) n'est pas un contexte qui légitimerait un élément de polarité négative comme *any* en anglais.

Ensuite, Pan reprend l'idée que la particule *ne* <u>n'est pas</u> une particule interrogative, ce qui a été montré dans la littérature antérieure (Paris, 1981, Li, 2006, Pan, 2011c). (23) montre que sans la présence de ne, un syntagme interrogatif obtient une interprétation interrogative non-ambiguë dans un contexte simple. Cet exemple remet donc en question la validité de l'hypothèse que c'est la particule ne qui donne une interprétation interrogative aux syntagmes interrogatifs dans une question partielle en chinois.

(23) Nǐ xiǎng   kàn   nǎ-bù   diànyǐng?

2S   vouloir   voir   quel-Cl.   film

'Quel film veux-tu voir?'

Jusqu'à présent, nous avons présenté des réponses à la question portant de la nature intrinsèque des syntagmes interrogatifs en chinois. En réalité, les études sur le statut des syntagmes interrogatifs ne vont pas nous aider à répondre à la question suivante : *comment* et *sous quelles conditions* leurs interprétations non-interrogatives sont-elles légitimées? Autrement dit, le fait que les syntagmes interrogatifs soient traités comme des variables pures (Tsai, 1994) ou comme des éléments sous-spécifiés à deux valeurs (Pan, 2011c) ne permet toujours pas de rendre compte du fait qu'ils sont ambigus dans certains contextes et pas dans les autres.

D'autre part, pour les apprenants, il est important de noter la distribution des lectures différentes (interrogative, existentielle et universelle) des syntagmes interrogatifs et les différents contextes qui légitiment ces lectures.

Pan (2011c) propose de différencier trois types de contextes selon leurs forces quantificationnelles : faible, forte et moyennement forte. Seuls les contextes moyennement forts tolèrent l'ambiguïté des syntagmes interrogatifs, pas les contextes faibles et forts. Maintenant, nous allons examiner chacun de ces trois types de contextes :

a. Dans les contextes quantificationnellement faibles, un syntagme interrogatif peut seulement avoir une interprétation interrogative [+Q] (non-ambiguë) (cf. 6, 23). Les contextes de ce type ne peuvent introduire aucun opérateur susceptible de lier le syntagme interrogatif comme variable. Dans ce cas, un syntagme interrogatif se comporte comme un quantificateur qui possède une force interrogative inhérente. Par conséquent, un syntagme interrogatif ne peut avoir qu'une seule interprétation, donc interrogative.

b. Dans les contextes quantificationnellement forts, un syntagme interrogatif ne peut avoir qu'une seule lecture, non-interrogative [-Q] (non-ambiguë). Ce type de contexte est suffisamment fort pour introduire à lui seul un opérateur – existentiel ou universel – susceptible de lier le syntagme interrogatif comme variable. Par conséquent, l'intervention des éléments prosodiques n'est pas nécessaire. Ci-dessous la liste des contextes figurant dans cette catégorie,

- la question *oui/non* : (1a)

- la question A-nég.-A : (1b)

- la proposition conditionnelle en rúguǒ 'si' : (1c)

- la quantification en dōu 'tout' : (4)

- une proposition conditionnelle nue : (5)

Nous ajoutons également le contexte comprenant le verbe hǎoxiàng 'sembler' dans lequel le pronom interrogatif ne reçoit que l'interprétation existentielle.

- le verbe hǎoxiàng 'sembler' : (24)

（24）Tā hǎoxiàng chī-le   shénme / zài shénme dìfang kū   ne.

3S sembler manger-Perf quoi / à quel   endroit pleurer Part.

'Elle semble avoir déjà mangé quelque chose. / Il semble qu'elle pleure quelque part.'

c. Dans les contextes moyennement forts en terme de force quantificationnelle, un syntagme interrogatif peut avoir soit une lecture non-interrogative [-Q] soit une lecture interrogative. Ce type de contexte tolère donc l'ambiguïté d'un syntagme interrogatif. L'intervention de la prosodie est activée pour enlever l'ambiguïté des différentes lectures. La prosodie fonctionne comme déclencheur qui introduit de différents opérateurs. Par exemple, nous avons déjà observé les contextes qui contiennent :

– les verbes non-factifs : (2)

– la négation : (3)

Ici, nous ajoutons également les contextes suivants dans cette catégorie :

– les phrases passives : (25)

（25）Tā   bèi   shénme   pèngle   yíxià

3S   passif   quoi   toucher-Perf   un-coup

'Il est touché par quoi?'   (*Q*)

'Il est touché par quelque chose.'   (∃)

– l' aspect progressif : (26)

（26）Tā   zài   chī-zhe   shénme

3S   prog.   manger-Dur   quoi

'Qu'est-ce qu'il est en train de manger ?'   (*Q*)

'Il est en train de manger quelque chose.'   (∃)

– l'adverbe de certitude : (27) (cf. Lin (1996, 1998) pour une analyse théorique)

（27）Tā   kěnéng   huì   duǒ   zài   shénme dìfang kū

3S   probablement   Mod.   cacher   à   quel endroit   pleurer

'Pour quel endroit *x*, est-ce le cas qu'il est possible qu'elle pleure en se cachant à *x*?'   (*Q*)

'Il est possible qu'elle pleure en se cachant quelque part.'   (∃)

3. Conclusion

Dans cette étude, nous montrons que l'interprétation interrogative [+Q] d'un syntagme interrogatif est une lecture par défaut qui n'a besoin d'aucun contexte de légitimation et que les syntagmes interrogatifs se comportent comme des opérateurs dans ce cas. Cependant, les interprétations non-interrogatives [-Q] ne sont possibles que dans des contextes de légitimation : les contextes quantificationnellement forts, moyennement forts (donc les contextes ambigus). Dans les contextes ambigus, la prosodie permet d'enlever l'ambiguïté des lectures, et les syntagmes interrogatifs se comportent comme des variables.

En général, comprendre l'interprétation d'un pronom interrogatif dans un contexte précis, [+Q] ou [-Q], ne pose pas de problème majeur aux apprenants ; la difficulté générale pour eux est d'utiliser correctement et de reproduire correctement les interprétations visées dans ces différents contextes. Nous suggérons donc de leur présenter la liste de ces trois catégories de contextes afin qu'ils parviennent à une meilleure maîtrise de la distribution de ces différentes lectures.

Bibliographie

朱德熙，1982. 语法讲义 [M]. 北京：商务印书馆.

Chao, Y.-R. *A grammar of spoken Chinese*. Berkeley : University of California Press, 1968.

Cheng, L. L.-S. *On the typology of wh-questions*. Thèse de doctorat. Cambridge, MA : MIT, 1991/1997.

Chomsky, N. On *wh*-movement. *Formal syntax*, édité par P. W. Culicover, T. Wasow et A. Kmajian. New York : Academic Press, 1977, pp. 71-132.

Huang, C.-T. J. *Logical relations in Chinese and the theory of grammar*. Thèse de doctorat. MIT, 1982.

Li, B. *Chinese final particles and the syntax of the periphery*. Thèse de doctorat. Netherlands : Universteit Leiden, 2006.

Li, N. C. & Thompson, S. A. *Mandarin Chinese : a functional reference grammar*. Berkeley / Los Angeles : University of California Press, 1981.

Lin, J. *Polarity licensing and wh-phrase quantification in Chinese*. Thèse de doctorat. University of Massachusetts, 1996.

Lin, J. On existential polarity *wh*-phrases in Chinese. *Journal of East Asian Linguistics*, 7, 1998, pp. 219-255.

Pan, V. J. ATB-topicalization in Mandarin Chinese : an intersective operator analysis, optionality of *wh*-movement. *Linguistic Analysis*, 37, 2011a, pp. 231-272.

Pan, V. J. Interface strategy in Mandarin : when syntax interacts with prosody and discourse. Communication invitée à Joint Symposium on the Interfaces of Grammar. Pékin : Institute of Linguistics, Chinese Academy of Social Sciences, 2011b.

Pan, V. J. *Interrogatives et quantification en chinois mandarin : une approche générative*. Rennes : Presses Universitaires de Rennes, 2011c.

Paris, M.-C. *Problèmes de syntaxe et de sémantique en linguistique chinoise*. Paris : Collège de France, Institut des Hautes Études Chinoises, 1981.

Tsai, D. W.-T. *On economizing the theory of A-bar dependencies*. Thèse de doctorat. MIT, 1994.

Tsai, D. W.-T. On lexical courtesy. *Journal of East Asian Linguistics*, 8, 1999, pp. 39-73.

汉语疑问短语的歧义性

潘俊楠

香港中文大学

摘　要　汉语的疑问词在某些语境中会有非疑问的解读，如存在解读、全称解读、必然解读等。同时，汉语疑问词在某些特定的语境中会表现出歧义性。而究竟如何得知具体在哪一种语境下，汉语疑问词能够获得什么样的解读，是很多外国学生在使用汉语的时侯经常提出的问题。本文从形式语言学的角度介绍了一些对于这个问题的理论上的回答，并对汉语疑问词的本质及其非疑问解读出现的语境做了一些归纳，希望能对从事汉语教学的同人有所启发。

关键词　疑问词　疑问句　生成句法　汉语

La grammaire de l'espace : composés verbaux directionnels et intégration au contexte

Arnaud Arslangul

Institut National des Langues et Civilisations Orientales

Résumé　L'étude des différences entre les langues au niveau des événements spatiaux est un sujet de recherche important dans le domaine de l'acquisition des langues. La sélection des informations encodées dans les langues est influencée par des caractéristiques typologiques (Talmy, 2000), mais aussi par les situations concrètes de réalisation. L'objectif de cette étude est d'observer l'expression des événements spatiaux sous l'angle de leur intégration au contexte (Klein, 1989). Cette étude est basée sur l'analyse d'un corpus oral comprenant des productions de natifs du chinois et du français, ainsi que des apprenants avancés du chinois langue étrangère. Le support de cette narration de fiction est une bande-dessinée intitulée « Frog, where are you? » (Mayer, 1969). L'analyse des récits a montré une grande régularité dans le choix des informations exprimées chez les locuteurs natifs et une difficulté chez les apprenants à sélectionner les informations pertinentes à encoder dans le contexte précis de l'histoire. La forme linguistique utilisée pour établir ces relations spatiales est très majoritairement le composé verbal directionnel. Cette discussion porte tout particulièrement sur le premier verbe de manière (走 zǒu « marcher », 跑 pǎo « courir », 飞 fēi « voler »...)et le troisième verbe de trajectoire déictique(来 lái « venir » ou 去 qù « aller »). Pour le premier verbe, qui n'est grammaticalement bien souvent pas indispensable, se pose la question des conditions sémantiques et contextuelles qui poussent à son utilisation. Pour le troisième verbe, la principale difficulté de conceptualisation pour les apprenants se trouve dans le choix entre les deux possibilités, en fonction du point de vue de la situation. En utilisant le modèle de production langagière de Levelt (1989), nous avons observé que la différence majeure entre les sinophones et les apprenants se trouve sur le plan de la conceptualisation et non de la formulation linguistique.

Mots clés acquisition du chinois langue étrangère, événements spatiaux, composé verbal directionnel, contexte discursif, conceptualisation

Introduction

Cette étude se situe dans le domaine de la linguistique de l'acquisition des langues étrangères. Nous allons étudier l'expression des événements spatiaux, et plus particulièrement des déplacements volontaires (qui ne sont pas causés par une force extérieure), chez les apprenants francophones du chinois pour comprendre leur utilisation des composés verbaux directionnels. Notre objectif est double. Le premier est d'identifier certains facteurs qui influencent l'utilisation du verbe de manière dans les événements spatiaux (représenté par la lettre V dans les composés VD1D2). Le second est d'identifier des facteurs qui guident le choix entre les deux verbes déictiques (D2) 来 lái « venir » et 去 qù « aller ». L'accent sera tout particulièrement mis sur le rôle du contexte situationnel (contexte d'énonciation extra-linguistique de la situation) sur ces facteurs, puisque la mise en contexte est une des tâches importantes que doit réaliser l'apprenant de langue étrangère (Klein, 1989).

1. Méthodologie

1.1 Informateurs

Les participants à la présente étude sont au nombre de 48, divisés en 3 groupes :
• 16 sinophones, récits en langue maternelle (CL1) ;
• 12 francophones, récits en langue maternelle (FL1) ;
• 16 apprenants francophones du chinois, récits en chinois langue étrangère (CL2).

Le groupe CL1 est composé de 8 femmes et 8 hommes, âgés d'une vingtaine d'années, ils étaient tous étudiants dans des universités chinoises au moment du recueil. Le groupe FL1 est composé 4 femmes et 8 hommes, étudiants ou travailleurs, âgés de 21 à 39 ans. Le groupe CL2 est composé de 12 femmes et 4 hommes, étudiants de 22 à 45 ans. Ils étaient tous engagés dans un cursus de langue et civilisation chinoises au niveau Master 1 dans deux universités françaises. Ils avaient tous appris le chinois pendant 4 à 7 ans et avaient voyagé ou étudié en pays sinophones de un mois à une ou deux années. On peut les décrire comme des apprenants avancés d'un haut niveau d'instruction (Bartning, 1997).

1.2 Support

Le corpus est constitué de récits (tâche verbale complexe de production) basés sur le livre de 24 images sans paroles de Mayer (1969), intitulé « Frog, where are you? ». Il raconte l'histoire d'un garçon qui, avec son petit chien, part à la recherche de sa grenouille disparue. Cette méthodologie de recherche est connue sous le nom de «l' histoire de la grenouille » et a été largement utilisée dans la recherche en acquisition des langues (Berman & Slobin, 1994). La méthode est simple, mais présente plusieurs avantages (Slobin, 2004) : l'histoire, puisqu'elle est sans parole, peut être utilisée avec des locuteurs de toutes les langues sans interférences linguistiques ; elle est facile à comprendre, indépendamment du contexte culturel et même pour de jeunes enfants ; elle est composée d'une longue série d'événements qui conduit à un récit complexe et invite à la description de nombreux événements spatiaux. C'est donc une excellente base de recueil de données pour les analyses translinguistiques.

1.3 Procédure

Les récits des informateurs ont été recueillis en se basant sur la procédure proposée par Berman et Slobin (1994). Le livre d'images est donné aux participants pour une première lecture complète. Ils sont ensuite invités à raconter l'histoire à un destinataire naïf (sans accès visuel aux images), tandis qu'ils parcourent à nouveau le livre image par image. Il n'y a pas de limite de temps imposée. L'enquêteur travaille avec chaque sujet individuellement, et fait un enregistrement audio de l'histoire, sans intervenir.

1.4 Modèle d'analyse

1.4.1 Evénements spatiaux

D'après Talmy (2000), lors de la description des événements spatiaux, il est possible d'isoler dans les langues les éléments de deux niveaux différents : les composants sémantiques comprenant le mouvement, la trajectoire, la figure (entité en déplacement), le fond (espace servant à localiser la figure), la manière et la cause du mouvement d'une part, et les éléments linguistiques de surface comprenant les verbes, les adpositions, les propositions subordonnées et les satellites d'autre part. L'objectif central de son approche est de comprendre comment les éléments sémantiques sont encodés dans les éléments linguistiques de surface, ce qu'il nomme la lexicalisation des procès. Ainsi, Talmy propose une typologie des langues établie en fonction de la place du composant sémantique de trajectoire qui implique le déplacement dans l'espace dans les éléments linguistiques : encodé dans le verbe ou en dehors du verbe (dans ce qu'il appelle un satellite). Il existe donc d'un côté les langues qui encodent ce composant à l'intérieur du verbe (comme le français) et de l'autre les langues qui incluent ce composant dans le satellite (comme le chinois).

1.4.2 Production langagière

Levelt (1989) propose un modèle de production langagière qui détaille les opérations en jeu et la façon dont elles s'articulent pendant l'utilisation de la langue. Le modèle donne une représentation de ce qui se passe dans le cerveau du locuteur depuis l'intention de communication jusqu'à l'articulation de la parole. Il rend compte du discours spontané oral du locuteur adulte. D'après l'auteur, le processus de production se divise en trois macro-opérations : la conceptualisation du message préverbal, la formulation du message préverbal et l'articulation.

La première opération de conceptualisation se manifeste en deux étapes : la macro-planification et la micro-planification. Lors de la première étape le locuteur définit ses intentions de communication et sélectionne l'information nécessaire pour les accomplir. La deuxième étape est celle de la hiérarchisation et de la linéarisation des informations. Il s'agit de construire une structure propositionnelle et informationnelle pour le contenu de chaque acte de langage en tenant compte des exigences de la langue utilisée. La seconde opération de formulation du message préverbal voit le passage du niveau conceptuel au niveau linguistique avec l'encodage grammatical qui produit la structure de surface, puis l'encodage phonologique qui aboutit au discours interne. La troisième opération d'articulation consiste à passer du discours interne au discours externe au moyen des organes articulatoires.

Le modèle de Levelt permet de distinguer les niveaux informationnel et linguistique dans la production langagière. Chez le locuteur natif, la conceptualisation du message préverbal (activité de haut niveau) requiert une attention permanente alors que les opérations de formulation et d'articulation sont plus automatisées (activités de bas niveau). Pour l'apprenant de L2, la maîtrise encore partielle de ces deux dernières opérations peut éventuellement perturber l'activité de haut niveau.

2. Quand exprimer la manière du déplacement?

2.1 Résultats

La grande fréquence du composant sémantique de manière caractérise le récit des sinophones. Nous allons voir, grâce à quatre exemples de procès, l'utilisation effective que font ces locuteurs de la manière du déplacement, par rapport aux apprenants et aux francophones. Voici les scènes choisies au sein de l'histoire de la grenouille :

- Procès n° 1 : la grenouille sort du bocal (image 2)
- Procès n° 2 : le garçon grimpe à l'arbre (image 11)
- Procès n° 3 : le hibou sort du trou de l'arbre (image 12)
- Procès n° 4 : le garçon rentre à la maison (image 24)

Pour les procès n° 1, 2 et 3, les sinophones expriment la manière du déplacement à 87,5%, avec des verbes comme : 跳 tiào « sauter », 爬 pá « se déplacer à quatre pattes » ou 钻 zuān « se faufiler » (cf. tableau 1). Les francophones n'encodent ce composant qu'à 11,1%. Ces quelques occurrences apparaissent seulement dans le deuxième procès, avec le verbe « grimper » – un des rares verbes français du corpus à lexicaliser en un seul morphème deux composants distincts, la manière et la trajectoire. Les apprenants expriment la manière en chinois à hauteur de 33,3%. Le choix de ces deux derniers groupes porte donc très largement sur le composant sémantique de trajectoire avec « sortir », 出 chū et « monter », 上 shàng. On peut dire que le lecte des apprenants se rapproche des habitudes des natifs du chinois puisqu'ils portent déjà plus d'attention à l'expression de la manière que ne le font les locuteurs de leur langue maternelle. En revanche, ils sont visiblement encore loin de l'utiliser avec la même importance et régularité que les locuteurs de leur langue cible.

Tableau 1. Fréquence de l'expression de la manière du déplacement

Procès	CL1	CL2	FL1
grenouille sort du bocal	100%	43,8%	0%
garçon grimpe à l'arbre	87,5%	50%	33,3%
hibou sort du trou de l'arbre	75%	6,3%	0%
Moyenne	**87,5%**	**33,3%**	**11,1%**

Pour le dernier procès n° 4, « le retour à la maison », les trois groupes de locuteurs utilisent des verbes de trajectoire sans aucune indication de manière. Dans le cas présent, le choix du composant sémantique principal des apprenants est conforme à celui des francophones, mais se trouve être aussi en adéquation avec celui des sinophones.

Ces exemples de procès révèlent deux phénomènes. Tout d'abord, les sinophones encodent la manière du déplacement pour trois situations sur les quatre observées ici, ce que ne font ni les francophones ni les apprenants. Cependant, cela n'est pas automatique, comme le montre le dernier procès pour lequel les productions de tous les locuteurs sont proches au niveau des informations exprimées. Une question se pose donc : quand doit-on préciser la manière du déplacement en chinois?

2.2 Discussions

En se basant sur notre corpus, il est possible de dégager deux éléments qui incitent à l'expression de la manière dans le groupe verbal.

2.2.1 Manière et fond

Les verbes de manière utilisés dans les procès ci-dessus décrivent de façon implicite les propriétés dimensionnelles du fond dont il est question. La sémantique de ces verbes établit un certain type d'interaction entre la figure et le fond (Sarda, 1996 : 98). Par exemple, « se baigner » implique un volume, alors que « grimper » implique une surface support.

Pour comprendre le choix des sinophones dans la sélection de cette information, essayons d'analyser dans quelles conditions les trois premiers procès ci-dessus sont effectivement réalisés. Dans tous les cas, les fonds semblent posséder des propriétés spatiales qui imposent cette information.

Procès n° 1, « la grenouille sort du trou » : la grenouille se trouve dans un bocal en verre, puis, sort de ce contenant aux parois élevées. Mais, pour cela, elle doit obligatoirement 跳 tiào « sauter » ou 爬 pá « se déplacer à quatre pattes ». Procès n° 2, « le garçon grimpe à l'arbre » : le garçon aperçoit un trou qui se trouve dans l'arbre, et pour l'atteindre, le garçon doit monter en s'aidant de ses bras et jambes ; il ne peut pas en être autrement sans une aide extérieure (d'une personne ou d'un objet comme une corde). Procès n° 3, « le hibou sort du trou de l'arbre» : le hibou caché à l'intérieur du trou de l'arbre, en sort rapidement. Pour cela, il doit se « faufiler » 钻 zuān entre les parois étroites de l'arbre.

Nous voyons ici que les caractéristiques spatiales du fond contraignent très largement le choix du verbe de manière. Dans ce genre de situations pour lesquelles la manière du déplacement est imposée par le contexte, les sinophones ont tendance à exprimé ce composant sémantique. Cette relation entre configuration spatiale et expression de la manière n'a pas été identifiée par les apprenants.

2.2.2 Manière et agent

Les caractéristiques de l'agent en déplacement possèdent aussi une influence sur l'emploi du verbe de manière. Distinguons tout d'abord deux types d'agents : les êtres animés humains et non-humains.

Procès n° 4, « le retour à la maison » : le garçon fait un signe de la main aux grenouilles assises sur le tronc d'arbre et s'en va dans la direction par laquelle il est arrivé ; le lecteur comprend qu'il retourne chez lui. L'histoire s'achève sur cette image, mais l'on devine que l'enfant rentre en marchant, le mode de déplacement le plus courant chez l'homme. C'est peut-être justement pour cette raison que les sinophones n'encodent pas la manière avec 走 zǒu « marcher », considérant qu'il s'agit d'une information évidente et donc superflue. Si, malgré cela, le verbe était explicité, il servirait alors à établir un contraste avec une autre manière de déplacement possible ou attendue (en courant, en nageant, etc.).

L'hypothèse selon laquelle le verbe 走 zǒu « marcher » peut parfois être omis puisqu'il décrit la manière la plus courante de se déplacer chez l'homme, ne semble pas s'appliquer aux animaux et aux verbes que l'on considère pourtant aussi comme représentatif de leurs déplacements. Ainsi le verbe 飞 fēi « voler », mode de déplacement caractéristique du hibou (procès n° 3) est rarement omis dans les récits. Une des hypothèses possibles est donc que pour les êtres humains le verbe est précisé soit pour insister sur la manière du déplacement, soit pour faire la distinction entre plusieurs manières possibles ; alors que, pour les êtres animés non-humains, la manière est toujours encodée.

3. Comment fixer l'origo du déplacement?

3.1 Résultats

Les statistiques descriptives sur l'ensemble des corpus montrent que les sinophones utilisent comme D2, dernier verbe du complément directionnel, 来 lái « venir » à 60,9% et 去 qù « aller » à 39,1% (sur 150 groupes verbaux de type VD1D2, VD2). Les pourcentages des apprenants sont respectivement de 65,6% et 35,4% (sur 98 groupes verbaux). Les chiffres des deux groupes de locuteurs sont donc similaires, ils ne laissent entrevoir aucun phénomène idiosyncrasique chez les apprenants. Cependant, ils présentent l'inconvénient de ne révéler que la répartition des deux verbes déictiques dans les récits entiers, sans tenir compte des différentes configurations spatiales. Pour pallier à cela, nous allons procéder à une analyse détaillée de l'utilisation de ces D2, cette fois dans leurs contextes situationnels, à l'aide de quatre procès de trajectoires, sortantes et descendantes, dans le récit :

- Procès n° 1 : la grenouille sort du bocal (image 2)
- Procès n° 2 : la taupe sort du trou (image 10)
- Procès n° 3 : le chien tombe de la fenêtre (image 6)

• Procès n° 4 : le garçon tombe de la falaise (image 17)

Dans le cas d'un discours à la troisième personne, deux éléments doivent être pris en considération : la figure en déplacement et l'origo (point d'origine) du système fixé par le narrateur. Il existe deux positions possibles pour ce deuxième élément. Le narrateur peut placer l'origo dans l'espace-source où se trouve la figure avant déplacement ; c'est ce que nous appelons une centration sur la source, le D2 utilisé est 去 qù « aller » :

(1) 他　　就　　　爬上去
　　 tā　　jiù　　　pá-shang-qu
　　 il　　alors　　se déplacer à quatre pattes-monter-aller
　　 alors il grimpe

Le narrateur peut aussi placer l'origo dans l'espace cible du déplacement effectué par la figure (centration sur la cible), le D2 utilisé est alors 来 lái « venir » :

(2) 猫头鹰　　　　突然间　　　从　　　树洞中　　　　　　钻出来
　　 māotóuyīng　tūránjiān　cóng　shùdòng-zhōng　zuān-chu-lai
　　 hibou　　　　soudain　　depuis　trou d'arbre-milieu　se faufiller-sortir-venir
　　 le hibou sort soudain du trou d'arbre

Le tableau 2 montre deux phénomènes intéressants dans ce domaine. Tout d'abord, lorsque les sinophones expriment très majoritairement la cible du déplacement pour les deux premiers procès, comme on peut le voir en (a), les apprenants sont beaucoup moins catégoriques, avec une utilisation fréquente de la centration sur la source, en (b). En outre, lorsque les sinophones expriment cette fois très largement la source du déplacement pour les deux derniers procès en (c), les apprenants choisissent la centration sur la cible en (d). Ceci montre que les apprenants ne savent pas toujours quelle centration utiliser et où placer l'origo du système, provoquant ce que l'on pourrait appeler des « cassures » au niveau de l'angle d'observation entre les déplacements. Ceci entraîne une impression d'instabilité chez l'auditeur qui ne sait plus d'où la scène est observée. Nous allons tenter d'expliquer les raisons à cela dans le deux sections ci-dessous.

Tableau 2. Trajectoire déictique du déplacement

Procès	CL1		CL2	
	来 (%)	去 (%)	来 (%)	去 (%)
grenouille sort du bocal	83,3	16,7	60	40
taupe sort du trou	100	0	57,1	42,9
Moyenne	**88,9 (a)**	**11,1**	**58,8**	**41,2 (b)**
chien tombe de la fenêtre	20	80	70	30
garçon tombe de la falaise	16,7	83	50	50
Moyenne	**18,75**	**81,25 (c)**	**64,3 (d)**	**35,7**

3.2 Discussion

3.2.1 Configuration spatiale

Les caractéristiques spatiales du fond jouent un rôle au niveau du placement de l'origo dans la scène. Comme le montre l'analyse du corpus des sinophones, il est impensable pour un locuteur natif d'utiliser une centration sur la source, s'il ne peut concevoir de s'inclure lui-même dans le fond où se trouve l'entité avant son déplacement. C'est la raison pour laquelle les changements de localisation de la grenouille et de la taupe (localisées respectivement dans le bocal et le trou dans le sol) sont observés de l'extérieur (cf. tableau 2 (a)). Par ce principe la place de l'origo dans les énoncés suivants, produits par des apprenants, est erronée :

(3) 突然　　那个　　小　青蛙　　从　　瓶子里　　跑出去
　　　tūrán　nàge　xiǎo qīngwā　cóng　píngzi-li　pǎo-chu-qu
　　　soudain　cela-CL　petit　grenouille　depuis　bocal-dans　courir-sortir-aller
　　　soudain cette petite grenouille s'enfuit du bocal en courant

(4) 忽然　　从　　洞　里边　　出去　　一　只　鼹鼠
　　　hūrán　cóng　dòng　lǐbian　chū-qu　yì　zhī　yǎnshǔ
　　　soudain　depuis　trou　dans　sortir-aller　un　CL　taupe
　　　soudain du trou sort une taupe

Les sinophones placent dans ces deux cas l'origo dans un espace large, le fond cible du déplacement du thème et non pas dans le bocal ou le trou du sol. Ce facteur n'a pas encore été intégré par les apprenants (cf. tableau 2 (b)).

3.2.2 Points de vue

Pour ce qui est de la description d'une trajectoire descendante, comme celle des procès n° 3 et 4 avec le chien et le garçon, il faut distinguer entre deux conceptions possibles.

Il est possible de décrire ces scènes comme des « chutes » vers le point de repère :

(5) 这　时候，　小　狗　　从　　　窗台上　　　　　掉了下来
　　 zhè shíhou, xiǎo gǒu cóng chuāngtái-shang diào-le-xia-lai
　　 ceci moment,petit chien depuis fenêtre-sur　　 tomber-LE-descendre-venir
　　 à ce moment-là, le petit chien est tombé de la fenêtre

C'est le point de vue majoritaire chez les apprenants (cf. tableau 2 (d)).

Mais il est aussi possible de concevoir ces scènes comme des « disparitions » de l'espace où se trouve le point de repère :

(6) 这个　　时候，　它　站在　　　　　窗台上
　　 zhège shíhou, tā zhàn-zài　　　 chuāngtái-shang
　　 ceci-CL moment, il se tenir debout-à rebord de fenêtre-sur
　　 不　小心　　　　　就　　　掉了下去
　　 bù　xiǎoxīn　　　 jiù　　　 diào-le-xia-qu
　　 NEG faire attention alors　　 tomber-LE-descendre-aller
　　 à ce moment-là, il était debout sur le rebord de la fenêtre et est tombé par mégarde

Ici, l'entité quitte la scène et se déplace vers une zone inconnue. Avec cela, le locuteur marque la fin d'une action, d'un épisode de l'histoire. Le locuteur doit ensuite introduire une nouvelle entité ou bien réintroduire l'entité précédente pour continuer le récit.

C'est le point de vue majoritaire chez les sinophones (cf. tableau 2 (c)), mais cette fonction de 去 qù « aller » ne semble pas avoir encore été identifiée par les apprenants.

4. Conclusion

Concernant l'expression du composant sémantique de manière, les apprenants conservent souvent le type de lexicalisation des procès de leur langue maternelle, le français étant une langue qui encodent ce composant à l'intérieur du verbe et non dans un satellite comme en chinois (avec les D1 et D2 des composés verbaux directionnels). Leur attention porte donc plus sur l'expression de la trajectoire qui est pour eux la seule information réellement indispensable dans le verbe pour décrire les scènes de l'histoire. Pour ce qui est de la sélection du composant sémantique de la trajectoire déictique, les apprenants ne maîtrisent pas tous les éléments de la langue cible à considérer sur le plan du contexte situationnel pour choisir la place correcte de l'origo et par conséquent le bon D2.

D'après Levelt (1989), le processus de production langagière se divise en trois macro-opérations : la conceptualisation du message préverbal, la formulation du discours interne et l'articulation. La question centrale dans l'étude de l'acquisition L2 du point de vue de ce modèle est : dans quelle mesure la formation du message préverbal est-elle dépendante de son encodage grammatical? L'analyse du corpus des apprenants révèle peu de phénomènes idiosyncrasiques sur le plan syntaxique. L'opération de formulation qui voit le passage du niveau conceptuel au niveau linguistique est réalisée sans trop de difficultés par les locuteurs. La différence entre les sinophones et les apprenants se trouve plutôt au niveau de la conceptualisation, opération pendant laquelle le locuteur définit ses intentions de communication et surtout sélectionne l'information nécessaire pour les accomplir avant de procéder à sa linéarisation. Cette activité de haut niveau qui requiert une attention permanente est perturbée chez les apprenants par les opérations de formulation et d'articulation, encore mal maîtrisées. Les récits des apprenants divergent de ceux des sinophones au niveau de la sélection des composants sémantiques dans les événements spatiaux.

Bibliographie

刘月华, 1998. 趋向补语通释 [M]. 北京：北京语言文化大学出版社.

齐沪扬，1998. 现代汉语空间问题研究 [M]. 上海：学林出版社.

Arslangul, A. *Les relations spatiales dynamiques en chinois langue étrangère*. Sarrebruck : Editions universitaires européennes, 2011.

Bartning, I. L'apprenant dit avancé et son acquisition d'une langue étrangère. Tour d'horizon et esquisse d'une caractérisation de la variété avancée. *AILE*, 9, 1997, pp. 9-50.

Berman, R. & Slobin, D. *Relating events in narrative : a crosslinguistic developmental study*. Hillsdale, NJ : Lawrence Erlbaum Associates, 1994.

de Lorenzo Rosselló, C. *Les relations temporo-aspectuelles dans le récit oral en français et en castillan, langues premières et langues étrangères. Etude transversale du stade ultime de l'acquisition d'une langue étrangère*. Thèse de doctorat. Université Paris 10, 2002.

Hendriks, H. Comment il monte le chat? En grimpant! L'acquisition de la référence spatiale en chinois, français et allemand LM et LE. *AILE*, 11, 1998, pp. 147-190.

Klein, W. *L'acquisition de langue étrangère*. Paris : A. Colin, 1989.

Levelt, W. J. M. *Speaking : From intention to articulation*. Cambridge, MA, : MIT Press, 1989.

Mayer, M. *Frog, where are you?* New York : Dial Books, 1969.

Sarda, L. Eléments pour une typologie des verbes de déplacement transitifs directs du français. *Cahiers de grammaire*, 21, 1996, pp. 95-123.

Slobin, D. I. From "thought and language" to "thinking for speaking". *Rethinking linguistic relativity*, édité par John Joseph Gumperz et Stephen C. Levinson Cambridge/ New York : Cambridge Universtiy Press, 1996, pp. 70-96.

Slobin, D. I. The many ways to search for a frog : linguistic typology and the expression of motion events. *Relating events in narrative : vol. 2. Typological and contextual perspectives*, édité par Ludo Verhoeven et Sven Strömqvist. Mahwah, NJ : Lawrence Erlbaum, 2004, pp. 219-257.

Talmy, L. *Toward a cognitive semantics*. Cambridge, MA : MIT Press, 2000.

空间位移语法：动趋结构在语境下的用法

安其然

[法国] 巴黎东方语言文化学院

摘　要　不同语言之间在位移事件方面的差别，是第二语言习得研究的一项重要的课题。某种语言中的语义成分的选择，会受到语言类型的特点以及说话时具体语境的影响。本研究的目的是分析语境中是如何带入位移事件的。本文语料出自汉语为母语的受访者、法语为母语的受访者及法语为母语的汉语学习者。调查对象根据同一份图画故事材料进行口头叙述，采样后笔者对这三组调查对象的语料进行分析，分析对象为空间位移事件。结果表明，汉语为母语的受访者和法语为母语的受访者，均对空间位移的描述具有规律性，即在语义成分的选择上，受访者遵循其母语语言的特征，对空间位移事件的描述一致采用与母语相同的语义成分。而法语母语的汉语学习者，普遍具有语义成分选择上的差异性。本文分析了法语为母语的汉语学习者在表示位移方式的动词（走、跑、飞……）和指示路径的动词（来、去）上选词的困惑。表示位移方式的动词，语法上可以省略，对于学习者来说，难点在于搞清在什么样的语义和语境下，必须用此类动词才符合母语使用者的习惯；表示指示路径的动词，对于学习者来说，主要困难在于特殊语境下两个动词之间的选择上。分析结果表明，汉语为母语和汉语为外语之间的主要区别出现在概念层，不在句法层。

关键词　汉语二语习得　位移事件　趋向补语　语境　概念层

La grammaire de l'espace : composés verbaux directionnels et intégration au contexte

计算机辅助汉语教学研究

谈谈计算机辅助听力教学建设中的几个问题

——以法国司汤达大学汉语混合课程为例

郭 晶

［法国］巴黎东方语言文化学院

摘　要　混合课程是课堂教学结合远程教学的一种新兴教学模式，其远程部分的教学常常通过互联网教学平台来实现。这种教学模式是世界教育教学领域的一个重大创新，它把传统教学的优势和数字化教学的优势结合起来，二者互补，从而获得最佳的教学效果。作为计算机辅助教学的一个组成部分，这种教学模式在全世界范围内越来越受到人们的关注，尤其在企业及教育培训领域被广泛应用。这种教学模式在语言教学领域，特别是对外汉语教学领域的实践和研究还不多见。本文介绍了法国司汤达大学混合式教学模式在汉语听力教学中的一个应用实践。文章介绍了课程设计者如何通过网络部分的课程设置帮助学习者提高 Albero 等定义的七个领域的自主学习能力（技术、信息、方法、社会、认知、元认知、心理情感），并且应如何在课程设置方式、自主学习能力和听力能力之间建立互助互利的关系。通过多次对该课程应用于汉语听力教学的效果的观察和评估，我们能够肯定混合式教学模式对汉语听力教学的促进作用，但同时也发现了该类课程的几个弊端。因此我们就混合式教学模式下汉语网络课程设置中几个十分重要却容易被忽视的方面，如网络教学环境下教师角色的转变、远程小组活动的设置等进行了分析。

关键词　混合式教学模式　对外汉语听力理解　网络汉语教学课程设置

　　从广义上讲，计算机辅助教学（Computer-Assisted Instruction，CAI）包括用计算机辅助制定教学大纲、编写教材、教学与学习、学习效果分析、测试和管理等，就语言教学来讲，包括语料分析、语言训练、语言测试、文字处理和教学管理等；狭义上的计算机辅助教学指的是用计算机辅助教学与学习（郑艳群，2008）。用于汉语的计算机辅助教学称为汉语计算机辅助教学（Chinese Computer-Assisted Instruction，CCAI）（郑艳群，2006）。从形式上来看，汉语计算机辅助教学涵盖了多媒体汉语课堂教学、多媒体汉语教材及资源的应用、网络远程汉语教学等等。汉语计算机辅助教学借助多媒体等现代技术手段使语言教学发生了一场革命，它引发了传统语言课堂教学模式的一系列变革，包括教材形式的变化、教师备课和授课方式的变化、学生学习和复习方式的变化、测试方式的变化等等。其中网络教学技术的发展为创造学习者自主学习的环境提供了一个有利的条件，网络教学的广泛应用与发展也更符合建构主义强调的"以学生为中心，学生是认知主体、是知识的主动建构者"等原则。

我们一直对汉语计算机辅助听力教学的教学模式及课程设置方式比较感兴趣，因为如何提高在法国本土学习汉语的学生的听力能力，一直是我们十分关注的问题。我们的学生每周只有两个小时的中文课，其他时间他们根本没有听汉语的机会，而教师又无法在有限的课堂时间内安排大量的听力活动，这样就导致这些学生的听力输入量很小，听力水平很差。面对这种情况，我们决定改革传统的课堂教学模式，引入计算机辅助教学手段，采用课堂学习和网上远程学习相结合的混合式教学模式来帮助学生提高听力能力。

一、混合式教学模式、自主学习能力和听力学习

混合式教学模式又可称为混合课程、混合学习。从最狭义的角度来看，它就是课堂教学结合远程教学的一种混合教学模式，其远程教学常常通过互联网来实现。从广义的角度来看，混合式教学模式体现了教学方法、方式的创新，它运用高科技媒体技术实现了师生对学习概念的一次新的认识。瑞士学者 Charlier Bernadette 所领导的科研小组是当今世界上在混合课程领域最权威的研究队伍之一。他们将这种教学模式描述为：混合式教学模式中的远程学习方式体现了教育教学的重大创新，我们用"混合式教学模式"来定义这个由创新所带来的新的教学环境，这个概念综合了崭新的现代教育方法、复杂的媒体技术手段和新兴的教学理念 (Charlier et al., 2006)。

混合式教学模式的最大优点是它可以综合传统学习方式和网络学习方式的两大优势，即既能发挥教师引导、启发、监控教学过程的主导作用，又能充分体现

学生作为学习过程主体的主动性、积极性与创造性（何克抗，2004）。

混合课程中网络部分的远程课程，需要学习者具有一定的自主学习能力才能保证其发挥出最佳功效。具有自主能力，就是个体建立一个行为目标，并且管理为实现此目标所需要的一切活动（Portine, 1998）。自主学习能力被学者们看作是提高学习效率的一个重要条件。Charlier et al.（2006）认为，学习活动可为学生提供自我提高的机会，然而高质量的教学内容和资源需要在特定的学习环境下，由学生自己开发和利用才能发挥作用。混合课程为学生提供了这样的机会，可是为了充分利用混合课程中的资源，学生必须具备一些基本的能力，其中很重要的一个能力就是自主学习能力。笔者的研究中多次提到自主学习能力在 Albero 等（2003）定义的七个领域的发展会利于学生听力能力的提高（郭晶，2009）。

1. 技术领域：技术上的自主能力使学生能够利用各种多媒体工具独立进行听力学习活动。

2. 信息领域：信息上的自主能力在听力学习上表现为学生能够主动查找与听力语料及说话人背景相关的信息，因此它可以帮助学生更好地完成听力任务。

3. 方法领域：方法上的自主能力使学生在听力学习中能够为自己的学习做决策、进行自我监控和自己组织学习，这样可以使自主听力学习更加有效。同时，方法上的自主能力使学生能够区分学校教学目标和个人学习目标，从而提高其主动参与性。

4. 社会领域：根据 Vygotsky（1985）的社会互动理论，团队活动可以帮助学生更好地认识自己的认知能力，这对外语听力的学习非常有利。

5. 认知领域：听力活动是一种认知活动。在预测式听力理解模式里，良好的认知能力有利于理解过程的进行，它可以更好地帮助学生调动已有的知识来对听力的内容进行预测，更好地验证听力假设，以及更好地处理听力的结果。

6. 元认知领域：元认知能力是自主学习法的中心能力。它强调个人意识的作用，即学习者对自己学习进程的管理的意识。元认知能力在每个学习阶段都能够了解和监督学习者的学习情况，使学生及时地修正自己的学习方法，重新设定个人的学习目标，并根据自己的学习节奏和需要重新组织学习活动。

7. 心理情感领域：心理情感自主能力与元认知领域和社会领域的自主能力密不可分。学生的心理情感可以很大地影响他的自我评估结果。在遇到困难时能有效地调控自己的情绪是保证听力活动顺利进行的重要条件，同时，个人的情绪也会影响其所在小组的整体活力。

二、混合式教学模式在汉语教学中的实践

在法国罗纳省大学远程语言开放课程项目的资助下，2006 年我们有机会和法国司汤达大学混合式教学模式科研小组合作，专门为提高学生汉语听力水平而开发了一套混合课程。该混合课程的教学目的是使学习者在学年末达到《欧洲语言共同参考框架：学习、教学、评估》（Conseil de l'Europe, 2001）A2 的听力水平。同时，在听力微能力目标里，我们希望远程部分的内容能够帮助学生在辨音、词汇量和自动化方面有所提高。2006 年以来，我们一直将此教学模式应用于同一个年级水平（A2）。每年参加该课程的学习者有 10 ～ 15 人，在培训前他们都已经有至少 144 个学时的汉语基础。该课程一共分为两个学期共 48 个学时，每个学生要参加 36 个学时的面对面课堂学习和 12 个学时的网络远程学习。

具体来说，课堂教学的重点是传授语言文化知识和介绍学习策略。比如，我们常常观察学生在做听力练习时的表现，分析每个学生遇到的实际困难，并给他们做个性化的听力学习指导，还通过实例来帮助他们运用各种听力策略，使他们能更有效地完成练习。另外，我们曾多次邀请本校的中国留学生加入到汉语课堂活动中来，让他们帮助法国学生做听力练习。这项举措使法国学生有机会结识中国朋友，并能够听到除授课教师外的不同的汉语口音，这样学生学习汉语的兴趣就大大提高了。

远程学习是通过互动辅助教学设计环境（ESPRIT）教学平台实现的。在这个平台上，我们设计了"语音自检练习""听力自检测试""知识宝库""网上工具"，以及论坛、聊天室等多种栏目，这些栏目的内容都和课堂学习有直接联系。为了更能体现听力个性化教学的宗旨，我们把每次远程课程的内容分为必修和选修两个部分。在必修部分里，学生要在两个小时内按照教师的要求完成规定的学习内容；在选修部分里，学生可根据自己的实际情况、个人的兴趣爱好，在教师所提供的资源中选择内容来学习。

三、混合式教学模式在应用实践过程中的突出问题

为了了解我们的混合课程对学习者自主学习能力和听力理解能力的影响，笔者对几组学习者进行了比较深入的观察研究（郭晶，2009，2010）。从听力学习

的方面来看，几乎所有的学生都认为，混合式教学模式对汉语听力学习有比较积极的影响。其中，远程部分的听力练习增加了量的积累，并且帮助他们"增强了汉语语感""提高了反应速度""更容易在其他听力环境中听出已经学过的词"。课堂学习中与中国学生的互动提高了他们汉语学习的积极性。很多同学还提到该课程给他们提供了个性化的学习空间，使他们能够更合理、更有效地学习。在促进学习者自主学习能力方面，我们的课程也发挥了积极的作用。我们观察到学习者的自主学习能力在技术领域、信息领域、方法领域、认知领域和元认知领域都有了很大的进步（郭晶，2009）。比如，我们了解到他们通过该课程学会了输入汉字、使用网上学习工具并能主动通过使用网上工具等解决远程学习时遇到的问题。他们不再像以前那样每次都关注平台上所有的学习栏目，而是能够根据自身的情况有选择地学习。还有，所有学生都能够做到先自己努力理解听力语料，然后再阅读参考答案，这个结果和开始学习时的情况相比有了很大的改善。这些都说明他们通过参与此课程，具有了一定的自制力和自我管理学习的能力。另外，他们也学会了更客观地比较和分析远程课堂和面对面课堂这两种学习方式的利弊，能够对两种情境下听力学习的效率做出较深入的评估。

除了上述一些比较积极的反馈，我们更加关注的是此类课程在运行过程中出现的问题。在研究过程中，我们发现学习者在社会领域的自主学习能力的发展最为缓慢，在远程平台上几乎没有学生间互动。笔者发现从未有学生在聊天室里进行过任何交流，也从未有人主动在论坛上留言，唯一的互动痕迹是教师曾经收到的几个学生的电子邮件；大多数学习者在遇到语言困难的情况下并不能够、也不愿意主动与他人联系；在调查的11名学生中有10名选择了"如果遇到问题的话，我等着课堂学习的时候问老师"（郭晶，2009）。以上结果表明学习者对通过与他人在网上互动来解决问题的方式持不信任的态度。

同时，我们知道，在远程学习平台上，社会领域的自主能力整体比较差的群体，其心理情感领域的自主能力也会整体较弱，因为社会领域的自主能力在很大程度上支撑着学生的心理情感自主能力。在远程学习平台上，学生间的互动很少，没有交流，没有联系，这样大家都觉得自己很孤单，尤其在出现问题的时候，很快就会泄气。比如在我们2009年的研究中发现，第一次远程课程后，有两名学生表明她们非常不喜欢网上学习。有的学生解释说她每次都会遇到大量的生词，所以要花费大量的时间来查词义，这样她很快就觉得很丧气，没有勇气继续下去。还有人在问卷中写道，当自己遇到问题的时候，没有人来帮助自己，觉得十分无助。有两名学生提出，在三次远程课程后，他们仍然无法在听力活动中有效地调节自己的情绪，很容易在出现困难的时候放弃听力活动。这个结果也与我们后来多次研究的结果相吻合，虽然学习者承认远程学习对听力能力的提高有着举足轻重的作用，但相比之下，他们更喜欢面对面的学习，因为他们在远程学习的过程中总是觉得十分闭塞，而与教师面对面地互动学习才最方便、最生动有趣。另外，在我们更早期的研究中发现，学习者在混合课程学习中对教师人身陪伴的依赖度非常高，一方面他们赞同远程教学，另一方面他们又要求教师自始至终在自己的身边。学生认为，有老师在身边的时候，如果有不懂的问题可以马上问，得到的回复更加快捷、清晰，而自己学习时则会显得十分吃力。和老师一起练习听力时，如果老师发现学生的不足就会马上指正，学生也能根据自己的弱点立即进行有效的练习，这是学生自己在网上学习无法实现的。

四、混合式教学模式中汉语网络课程的设置应该注意的几个问题

从司汤达大学汉语混合式教学的研究结果中，我们得到一些启发：一方面，为了能够保证远程部分的课程发挥出最大的作用，要帮助学习者提高自主学习能力，帮助他们真正发挥学习的主人的作用；另一方面，网络教学中教师的角色需要重新定位。课堂学习中教师的主要角色是帮助学生理解语言知识，提高语言技能，而网络教学中教师的角色变得复杂得多，因为除了上述任务之外，教师还要保证学习者顺利完成远程学习任务，这样教师就需要掌握好教育技术、课程设计和策划、学习者个体学习情况等方面。上面提到的多次实验和调查的结果都表明学习者对计算机辅助教学中教师指导的要求是很高的。由于有时候会出现一些网络技术、语言等方面的问题，很多人不知道、也不愿意花时间自己去解决这些问题，所以他们会觉得面对面的课程更方便，对网络课程存有排斥性。学生对远程课程学习中遇到的困难十分敏感，一遇到困难就会把原因归咎于网络学习的形式上，这样反复几次就失去了学习动机。因此，如何在帮助学习者完成语言学习任务的同时给他们创造良好的远程学习环境，提供及时有效的远程辅导，同时激发和保持学习者高度的学习动机，就成了教师新角色的一个重要挑战。下面我们就谈谈在混合式教学模式中汉语网络课程的设置应该注意的几个问题。

4.1 教师和学习者的角色分配

使用网络远程教学的目的之一是改善传统课堂学习中的时间、地点和教学方式的有限性，用更方便、更自由的方式建立一个丰富的、个性化的学习空间，帮助学习者通过自主学习提高他们的学习效率。在这个学习环境中，学习的主动权转移到了学习者手中，教师的操控权威被弱化，教师从教授者变成了辅导员和顾问。但同时，这也无形中扩大了教师的任务范围，因为除了语言和技术上的支持外，教师还要帮助学习者树立自主学习观，并且培养他们自主学习的能力，而这一点往往是被忽视的。网络课程不是仅给学习者提供先进、高效的技术环境，将书本上的内容数字化，然后让学生自己去学就松手不管了。其实，教师既要给学习者提供高质量的学习资源，更要帮助他们学会学习。比利时著名教育学家 Marcel Lebrun 曾说过，从根本上来看，学习不能单靠教师教，在学习者学会和掌握知识的过程中，教师只是提供了一个学习的条件，知识获得的最根本途径还是靠学习者自身积极主动的建构和整合。学生才是学习的中心，是主体，而为了能够发挥出学习者主体的作用，教师需要对其进行引导、激励和支持。所以在网络远程教学中，学习者是主体，教师是主导，教师是学习者主体角色能否真正实现的领路人。

4.2 混合课程中网络汉语听力教学的整体设计

前面提到学习者对远程课程中遇到的困难尤为敏感，他们对远程课程平台上的课程结构框架和课程指令的解释说明的清楚性要求都很高。除了课程的页面内容布置要条理清晰外，课程内容的结构和教学活动的安排也要科学、合理，符合学习者的认知规律。以听力教学为例，在每节课中教师都要先指明学习者应该达到的学习目标，让学生知道学习后应达到的能力水平如何。这样就要先给学生一个明确的标准，如果要求学习者能听懂某一类语料，就要在练习和作业中给出实例。此外，练习内容的安排上应该从易到难、循序渐进。要注意听练时词、词组、句子、语段的过渡，不能只给出一个语段的语音文件，然后让学习者自己反复听、回答问题并要求他们如果实在听不懂就看文字解释。教师应该知道，如果学习者听不懂某一语段，不是他们多听几遍或者看了文字注释稿后问题就一定解决了。我们调查的多数学习者在听了六七次后会放弃听录音，然后直接看文字注释。但是很多学习者的真正的听力困难并没有解决，教师也并不清楚他们没有听懂语料的原因，更谈不上给他们提供有效的练习来帮助他们克服这些困难。通过一系列调查研究（郭晶，2014），笔者发现初中级水平（A2）学习者的听力困难主要表现在词汇和语音解码两方面。词汇上的困难表现为学习者不能将听到的语音与语义联系起来，或者无法在听力活动中听认出自己以前学过的词。解码上的困难表现为学习者听音错误或无法听辨语音。所以，我们认为应该利用远程学习不受时空限制、可反复练习的优势来帮助学习者锻炼听力微能力。因为这些微能力正是以一定量的积累为前提才能建立起来的，它们也是听力能力的支架，是基本功，是实现听者从词、词组、句子到语段的听力理解能力自动化过渡的最基础环节。面对面听力课堂上没有时间练习这些内容，远程部分就应该以这部分为重点，给学习者提供大量练习的机会。

此外，教师如果决定采用混合式教学模式，网络部分内容的安排要有一定的灵活度。应该允许学习者对学习方式、时间和内容有一定的自主选择权，为实现学习者的个性化学习创造必要条件。此外，我们前期的研究和观察证明，每两次远程学习的时间间距不可太长，否则不利于学习者保持远程学习的节奏和养成良好的混合课程学习习惯。

4.3 网络汉语听力练习的反馈与教师辅导

前面的实验结果表明，没有教师的人身陪伴，学习者往往会感到很不放心，尤其是遇到困难的时候，他们很想有教师在身边解答，所以远程课程中练习题目的反馈解释显得尤为重要。编写详尽而又清晰的练习反馈是一项很艰苦的工作，大多数课程设计者因为时间和精力有限而无法做到这点。我们通常的做法就是以"对"或"错"作为自动反馈内容来提示学习者。问题是很多时候学习者并不知道自己为什么错了，也不知道如何提高。反馈的质量越高，解释得越详尽，学习者在远程学习过程中遇到的困难就会越少，他们才会更愿意接受网络学习。所以我们认为，如果学校的条件比较好，应该在开发和建立远程课程的时候重点编写自检练习的反馈。

同时，如前面所述，即使有了高质量的远程课程内容，教师的辅导仍然不可或缺。网络学习过程中教师的及时指导，包括语言和技术上的指导必须贯穿始终，这是网络教学成功的关键因素之一。我们发现，很多学习者遇到问题后不敢或者不愿意主动提出来，所以网络教学不仅要保证对学生有问必答，还要主动接触学生，鼓励他们提问。帮助和答疑的形式可以灵活多样，比如我们调查的学习者一般首选电子邮件和教师交流（郭晶，2009），此外也可以通过论坛和聊天室进行。论坛的好处就是教师可以集中一类问题进行解答，节省时间；聊天室则要求教师和学习者同时在线，所以有时候会受到技术和个人作息时间的限制。

混合课程环境下，教师也可以利用课堂学习的机会帮助学习者解决远程学习中的困难。针对听力学习的特殊情况，我们认为有一部分问题还是需要通过面对面辅导来解决的，这部分问题主要集中在语音解码和从连续语流中听辨词或词组等方面，在这些方面遇到困难的学习者应该受到教师的特别关注。一方面，需要给他们增加语音解码和词汇方面的网上练习；另一方面，应该给他们提供面对面的答疑辅导的机会。应该鼓励学习者对远程学习中听了很多次仍听不懂的语料进行详细记录，这样便于教师有的放矢，在和学习者一起重复听这些语料时能更好地帮助学习者解决问题。

4.4 网络汉语听力教学的资源管理与评估

网络远程教学并不要求教师有太高深的多媒体技术，但是教师必须有一定的资源规划和管理意识。今天，有关汉语学习的网络资源从数量、规模、技术和质量上都发生了飞跃性的变化。无论是汉语教师还是学习者都能轻而易举地在自己的搜索引擎上找到大量的生动有趣的汉语学习材料。但是，网络资源的迅速发展也给教师带来了一些挑战：教师要有对资源进行重组的能力，要能够根据学习者的特点、教学目标和教学活动的实际情况，帮助学习者筛选高质量的网络学习资源。教师要对选择的资源进行分类，既要有适合所有学生的学习材料，也要有能够满足自学能力强、渴望多提高的学生的材料。不同类型的材料应该明确地区分开来，不能让学生感觉像是在大海里捞针。适合母语为法语学习者的初中级水平的听力资源相对较少，比较出色的网站资源有 CRI Online、Audio Lingua 等。英语网站上的听力资源比较丰富，如 BBC Real Chinese、中国的网络孔子学院、美国长堤加州州立大学谢天蔚教授的个人网页等等。无论是哪类网站、哪种资源，教师在选择的时候都要考虑资源的内容是否与课程内容紧密相关，资源中的哪些材料、材料中的哪些部分能够推荐给学习者，他们又应该怎样使用这些材料。也就是说，教师要投入大量的时间和精力查找、筛选、改编和整合自己所需要的网络资源。另外，网上资源每天都在更新，所以教师要定期刷新教学平台上的链接，保证平台的可操作性。

除了对网络学习资源进行管理，网络教学部分也要有评估，至少要对远程作业进行评估，以便教师掌握学习者是否达到了教学的要求。但是如前文所述，网络远程学习从教学组织形式上来说，其意义已经远远超越了知识的传播和语言能力的培养。我们应该在教学活动中鼓励学习者在语言学习的同时发掘自己的自主学习潜力，掌握良好的学习方法，从而提高自己的学习效率。所以，教师在评估学习者语言能力是否达标的同时，还要关心他们的自主学习能力的发展和进步。这样，教师就要观察学习者在远程平台上是否在积极主动、有规律、科学地学习。辅导教师如果无法做到个例跟踪观察，也可以查看学习者的远程学习记录，现在很多远程学习平台都能提供个体学习跟踪服务。我们建议对经常积极主动参与网络课程活动的学习者予以一定的奖励，这有助于学习者保持参与的积极性和学习的热情。

4.5 网络汉语教学中的小组活动

我们从司汤达大学混合课程的实践中发现，网络学习平台上常常缺少学生间的互动，很多学习者感到孤单乏味，学习起来不如面对面课堂那么有集体归属感，所以一遇到困难就很丧气，失去了学习动机。为了更好地帮助学习者提高社会和心理情感领域的自主学习能力，我们建议远程部分的教学给学习者创造丰富的小组学习活动的机会（郭晶，2010）。小组活动一直都被视为优质教学课程设计中不可缺少的环节。小组学习环境可以给各成员带来技术、信息和心理上的支持（Nissen，2007）。通过团队学习，组员可以各自建立一个学习圈，并可以在这个学习圈里面与他人共享信息，交换并丰富自己的知识。同时，在团队学习环境中，各组员能够学会如何面对自己与他人观点不一致的冲突，并能够重新审视自己的思考方式。

按照活动的组织方式，Dejean-Thircuir & Mangenot（2006）在网络教学领域中把小组活动分为以下四种类型。

1. 个体简单集合型（Mutualisation）：在远程平台上把个人作品或作业集合到一起而形成的一个小组空间。

2. 讨论型（Débat/Discussion）：在远程平台上由某一议题引起的多人讨论。

3. 任务分工型（Coopération）：为完成某一任务，学生被分成若干小组，组内成员可以对任务进行分工。

4. 协作型（Collaboration）：为完成某一任务，学生被分成若干小组，小组成员通过协商共同解决每一个环节出现的问题，直到任务完成。协作型小组活动有两个特点：小组成员目标相同，知识的分享和建构过程相同。小组成员要有通过和他人协商来共同解决问题的意识。

四种网络小组活动各有利弊，有的操作简单，学习者自由度大，但是互动性差，需要教师督促并花费大量时间予以反馈（如个体简单集合型、讨论型）；有的能够大大促进学习者之间互动，但是对小组成员的要求比较高，小组成员要有责任心，能够投入大量的个人时间和精力来保证小组活动正常进行（如任务分工型、协作型）。在网络汉语教学中引入小组活动时还要注意小组的规模、小组成员的分配、小组成员的文化背景等各个方面因素（郭晶，2010），这里不再展开。

从听力教学的角度出发，我们认为单纯的听力任务不太容易以小组的形式安排和设计，所以我们建议多设计听力和书写表达或口语表达相结合的组合类小组活动。也就是说，应该既尊重听力学习属于高度的个人认知活动这个特点，又能以此为出发点，激发小组成员发挥自己的才华，通过与其他成员的分享、交流、协商等互动形式，将听力理解活动中的所得在表达作品时体现出来。

五、总结

我们介绍了计算机辅助教学的一种形式——混合式教学模式应用于汉语听力教学的一些实践及反馈。通过设置网络远程教学，我们能够为学习者提供一个比较理想的、个性化的听力学习空间，也能够帮助学习者提高自主学习能力，从而提高其听力学习的效率。同时，从我们在实践过程中所发现的问题来看，网络远程教学必须重视学习者社会领域和心理情感领域里的自主学习能力的发展，这是此类课程里一个突出的、不容易解决的问题。针对这个问题，我们建议在设计汉语混合课程时，应该重塑教师角色，教师应通过提供科学的、高质量的学习资源和及时有效的辅导，最大限度地减少学习者远程学习的困难，并在语言教学的同时有意识地培养学习者的自主学习能力。同时，教师可以尝试通过提供丰富多样的小组活动来促进网络学习平台上学习者之间的互动，以保证整个课程更加顺畅地进行。

参考文献

郭　晶，2009. 远程课程的设置与学生自主学习能力的发展 [J]. 中国远程教育（5）.

郭　晶，2010. 混合式教学在对外汉语教学领域中的应用实践与反思 [J]. 国际汉语教育（1）.

郭　晶，2014. 法国汉语学习者听力理解困难分析 [J]. 海外华文教育（2）.

何克抗，2004. 从 Blending Learning 看教育技术理论的新发展 [J]. 中小学信息技术教育（4）.

郑艳群，2006. 对外汉语计算机辅助教学的实践研究 [M]. 北京：商务印书馆.

郑艳群，2008. 计算机技术与世界汉语教学[M]. 北京：外语教学与研究出版社.

Albero, B. L'autoformation dans des dispositifs de formation ouverte et à distance : instrumenter le développement de l'autonomie dans les apprentissages. *Les TIC... Au cœur de l'enseignement supérieur,* Paris : édité par I. Saleh, D. Lepage & S. Bouyahi, Paris : Université Paris 8, 2003.

Charlier, B. Deschryver, N. & Pereya, D. Apprendre en présence et à distance. Une définition des dispositifs hybrides. *Distances et savoirs*, 4, 2006, pp. 469-496.

Conseil de l'Europe. *Cadre européen commun de référence pour les langues : apprendre, enseigner, évaluer*. Paris : Didier, 2001.

Dejean-Thircuir, C. & Mangenot, F. Tâches et scénario de communication dans les classes virtuelles. *Les Cahiers de l'Asdifle*, 17, 2006, pp. 310-321.

Lebrun, M. (non daté) Blog personnel. http://lebrunremy.be/WordPress/.

Nissen, E. Quelles aides les formations hybrides en langues proposent-elles à l'apprenant pour favoriser son autonomie? *Apprentissage des langues et systèmes d'information et de communication (ALSIC)*, 10 (1), 2007, pp. 129-144.

Portine, H. L'autonomie de l'apprenant en questions. *Apprentissage des langues et systèmes d'information et de communication (ALSIC)*, 1 (1), 1998, pp. 73-77.

Vygotsky, L. S. *Pensée et langage* (Trd. Françoise Sève). Paris : Éditions Sociales, 1985.

谈谈计算机辅助听力教学建设中的几个问题

Quelques questions sur l'enseignement de la compréhension orale assistée par ordinateur : l'expérience d'une formation hybride à l'Université Stendhal

Guo Jing

Institut National des Langues et Civilisations Orientales

法语国家与地区汉语教育研究（第一辑）

Résumé Une formation hybride est un nouveau dispositif d'enseignement relativement récent qui consiste en une combinaison de séances en présentiel et de séances à distance. Ce genre de dispositif constitue une grande innovation dans le domaine de l'enseignement des langues au niveau mondial. Il associe les avantages de l'enseignement traditionnel et de l'enseignement numérique, les deux se complétant, ce qui permet d'obtenir de très bons résultats. Formant partie intégrante de l'enseignement assisté par ordinateur, ce type de dispositif fait l'objet d'une attention croissante, et est largement utilisé dans les domaines de la formation professionnelle. Dans le domaine de l'enseignement des langues, et plus particulièrement dans l'enseignement du chinois langue étrangère, ce type d'expérimentation est encore assez rare. Le présent article présente une expérimentation réalisée dans une formation hybride de compréhension orale de l'Université Stendhal. L'article présente comment le concepteur de la formation a pu, grâce à des séances en ligne, aider les étudiants à progresser dans 7 compétences d'autonomie telles que définies par Albero (2003) : les autonomies de type technique, informationnel, méthodologique, social, cognitif, métacognitif, psycho-affectif. L'auteur présente en outre comment a pu s'instaurer un système d'échange gagnant-gagnant entre la conception de la formation, l'autonomie et les compétences en compréhension orale. Nos observations et évaluations répétées nous ont permis de mettre en évidence l'utilité d'une formation hybride pour la compréhension orale du chinois, tout en révélant quelques écueils. Ainsi, nous analysons plusieurs aspects importants mais facilement négligés dans la conception des séances à distance, comme par exemple la modification du rôle de l'enseignant ou la mise en place d'activités de groupe.

Mots clés type d'enseignement mixte, enseignement de la compréhension orale en chinois langue étrangère, conception de cours de chinois en ligne

La conscience interculturelle dans l'apprentissage du chinois langue étrangère à travers un projet de webcollaboration

Ya Rao Chen

Univ Paul Valéry Montpellier 3, IRIEC EA 740, F3400, Montepellier, France

Résumé   L'article souhaite présenter une expérimentation mise en place dans le cadre de l'enseignement du chinois langue étrangère (CLE) et du français langue étrangère (FLE) avec l'utilisation des outils socio-numériques (blogue, forum et facebook) afin de renforcer les compétences linguistiques et interculturelles des étudiants aux niveaux A1/A2 acquis. D'après les résultats de l'analyse du discours, les participants de l'échange par écrit interactif sur le blogue ont pris dès le départ conscience de la différence entre la culture chinoise et française et ont adopté une attitude ouverte envers la culture cible. Le développement de la conscience interculturelle s'est traduit par l'acceptation et l'appréciation de la diversité des deux cultures et par la capacité à jouer le rôle de médiateur entre les deux systèmes de valeur. Les participants sont même parvenus à une collaboration interculturelle à travers des actions et des propositions de tâches liées à l'apprentissage collaboratif et communautaire des langues et cultures.

Mots clés   chinois langue étrangère, outils web 2.0, communauté d'apprentissage, compétence interculturelle

Introduction

Le projet collaboratif que nous avons mené a consisté à réunir deux groupes d'étudiants distants, un groupe d'étudiants français de l'université de Strasbourg apprenant le chinois et un groupe d'étudiants chinois de l'alliance française de Qingdao apprenant le français. Nous proposons d'étudier à travers le corpus réuni le développement de la conscience interculturelle pour chaque groupe et aussi au niveau de la communauté d'apprentissage afin d'évaluer si ce développement s'est réalisé de la même façon pour le groupe d'étudiants français et pour le groupe d'étudiants chinois.

1. Construit théorique

1.1 Didactique des langues et conscience interculturelle

Le concept d'interculturel, pour Manaa (2009 : 212), émerge dans l'interaction entre la culture de l'apprenant et celle véhiculée par la langue étrangère ciblée. L'enseignement a une tâche consistant à faire connaître aux apprenants de nouveaux systèmes de valeurs et à les faire réfléchir à leur propre système culturel. L'objectif de la démarche interculturelle dans la didactique des langues est de sensibiliser les apprenants à de nouvelles perceptions du monde afin qu'ils disposent une conscience interculturelle plus profonde en face de la diversité culturelle.

À ce sujet, Blanchet (2005) affirme que l'idée principale de l'approche interculturelle en didactique des langues étrangères « est de s'intéresser à ce qui se passe concrètement lors d'une interaction entre des interlocuteurs appartenant, au moins partiellement, à des communautés culturelles différentes, donc porteurs de schèmes culturels différents, même s'ils communiquent dans la même langue ». Les stratégies utilisées par les interlocuteurs afin de connaître la culture cible, de comprendre les différences et les ressemblances entre des cultures différentes, et d'améliorer les relations entre les deux peuvent être : « de prévenir, d'identifier, de réguler les malentendus, les difficultés de la communication, dus à des décalages de schèmes interprétatifs, voire à des préjugés (stéréotypes, etc.). »

La pratique et l'évaluation de l'enseignement de l'interculturel dans le cadre de la didactique des langues étrangères exige un ensemble d'« indications précises » tout en s'appuyant sur les standards normatifs des droits de l'homme (Byram, 2003). D'après Lázár et al. (2007), la compétence interculturelle ne doit pas être envisagée comme une somme de connaissances culturelles assimilées par l'apprenant que l'on pourrait mesurer mais en tant que « conscientisation culturelle», ouverture à la diversité, empathie, respect de l'autre. La prise de conscience interculturelle constitue un élément important du Cadre européen commun de référence pour les langues (Conseil de l'Europe, 2001 ; Byram, 2011), puisque la finalité éducative et humaine consiste à former des acteurs sociaux et des citoyens du monde aptes à agir efficacement dans des situations interculturelles. Plus précisément, la conscience interculturelle constitue la clé principale d'une communication interculturelle, elle est devenue incontournable en didactique des langues (Meziani, 2012 : 103).

Bennett a conçu un modèle de sensibilisation interculturelle en 1986. Il s'agit d'un modèle visant à hiérarchiser et expliquer les postures et les réactions des individus vis-à-vis des différences culturelles. Il est constitué d'un continuum divisé en six stades par lesquels il est possible d'observer le développement graduel de l'ouverture à l'altérité. À chaque stade, l'individu adopte une posture face à la différence qui se manifeste par des attitudes et des comportements caractéristiques. La posture optée par le sujet détermine le type de rapport à l'Autre. Les stades successifs reflètent un degré accru du rapport entre les sujets porteurs de cultures différentes et entre les différents groupes.

En nous appuyant sur les travaux sur la conscience interculturelle (Meziani, 2012 ; Lázár et al., 2007) et le modèle du développement de sensibilité interculturelle de Bennett (1986), nous proposons de construire un modèle qui permet de situer certaines attitudes et réactions personnelles qui reflètent l'état d'esprit adopté par l'usager des langues étrangères face à la différence culturelle.

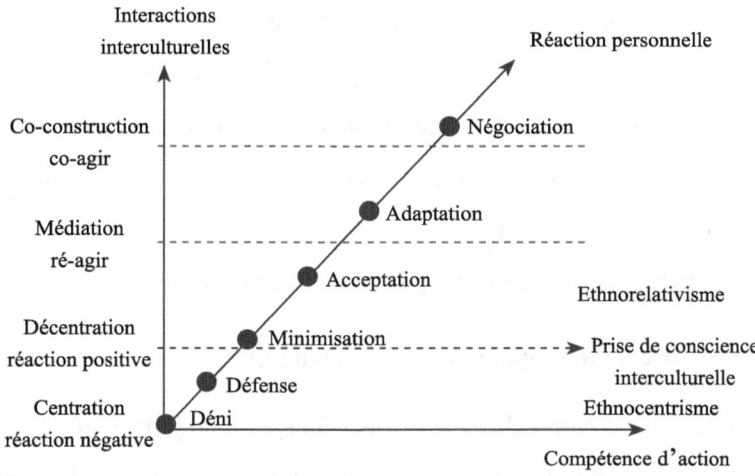

Figure 1 : Développement de la conscience interculturelle (adapté de Bennett, 1986)

Le modèle de la conscience interculturelle comprend quatre stades : la centration de sa culture d'origine, la décentration culturelle, la médiation entre la culture d'origine et la culture cible et la reconstruction et co-construction d'une nouvelle culture.

Dans le cadre de notre recherche, le projet de blogue d'échanges fournit aux apprenants français et chinois une expérience de rencontre à l'Autre à distance. L'importance d'étudier la conscience interculturelle pour notre recherche est d'observer à quel stade se situe la prise de conscience interculturelle des sujets fondée sur la décentration, la médiation et la construction culturelles.

2. Analyse de notre corpus

2.1 Le contexte

L'expérimentation a été menée dans le cadre d'une collaboration entre le département d'études chinoises de l'Université de Strasbourg et l'Alliance Française de Qingdao en Chine : le projet d'échange linguistique et culturel sur le blogue et le forum. Du côté français, une tutrice et 33 étudiants de niveau A1 et A2 ont participé au projet d'échange une heure toutes les deux semaines pendant 16 semaines. Du côté chinois, un tuteur et 24 apprenants chinois de niveau A2 qui se sont inscrits à l'atelier du blogue Qingdao-Strasbourg une heure toutes les semaines. Le cours de français à l'AF n'a duré que deux mois et demi, c'est pourquoi les Chinois ont été répartis en deux sessions, chaque groupe n'a participé au projet d'échange que pendant 8 semaines. Ils ont commencé la publication des billets deux mois plus tard que les Français à cause des contraintes organiques et administratives. Par conséquent, le nombre de tâches proposées aux deux groupes nationaux est différent : les Français ont publié 6 articles au total par personne, et les Chinois ont publié 2 articles par personne.

2.2 Questionnement et approche méthodologique

Notre étude tente de répondre à trois questions : La communauté franco-chinoise dans son ensemble a-t-elle progressé et montré une prise en compte de l'autre? Quels sont les niveaux de conscience interculturelle des étudiants dans l'échange en ligne? Y a-t-il en fait une différence d'approche interculturelle entre les deux groupes nationaux?

Nous avons effectué une analyse qualitative de leurs niveaux de conscience interculturelle à différents moments en nous appuyant sur quatre indicateurs (Bennett, 1986 ; Lázár et al., 2007) : l'ouverture à l'autre, la décentration interculturelle, la médiation interculturelle et la collaboration interculturelles. Les échanges sur le blogue en 2010-2011 comptent 81 billets et 298 commentaires. Ils ont été retenus pour l'analyse de la conscience interculturelle. Le nombre de mots des contributions en chinois est 4 fois plus important que le nombre de mots en français. Cela est dû au grand nombre de contributions des billets en chinois des étudiants français de l'Université de Strasbourg.

2.3 Résultats

2.3.1 Représentations de l'Autre

Les représentations de l'Autre relevées dans notre corpus comprennent deux catégories : les stéréotypes culturels individuels et les représentations reconstruites en dialogue. La première catégorie est apparue majoritairement dans les premières interactions de l'échange, tandis que la deuxième catégorie a été présente tout au long de l'expérimentation.

Concernant les stéréotypes culturels, les participants français ont exprimé leurs représentations assez positives mais générales. Par exemple : « j'aime la cuisine chinoise », « je trouve que la culture chinoise est intéressante », ou « j'aime les films chinois ». Du côté chinois, les participants ont exprimé une vision plutôt idéalisée de la culture française. Nous avons trouvé plusieurs échanges autour de l'idée de culture et d'art avec de nombreux adjectifs pour exprimer leur admiration. Les adjectifs employés par ces participants sont représentatifs pour résumer leurs stéréotypes culturels à l'égard de la culture française : riche, artistique, profonde, charmante, populaire, moderne, avancé, développé, etc. Nous sommes dans une acceptation de l'autre, dans l'expression d'un désir d'une réalité idéalisée. Cependant, cette idéalisation de la culture cible peut aussi se voir comme une vision d'infériorité de sa propre culture. Ceci se retrouve également dans les échanges autour des études.

Dans leurs échanges sur le blogue, nous avons pu observer d'autres manières de se représenter l'autre aussi bien côté chinois que côté français. Une Française a pensé que selon les Chinois, une fille née de l'année du tigre sera farouche. Elle voulait connaître l'avis des Chinois membres de la communauté en posant directement une question. Nous voyons avec cet exemple qu'il y a un contact direct avec l'Autre qui va permettre de co-construire d'autres représentations de l'Autre.

Frederique: [……] 我四十八岁，属老虎。[……] 中国人说女老虎很坏，真的吗？我不想。[……]

[Traduction en français : J'ai quarante huit ans, et suis de l'année du tigre. Les Chinois disent qu'une fille née de l'année du tigre est méchante. Est-ce vrai? Je ne pense pas.]

Liu Boyang: [……] 在中国，一般认为女人属老虎可能会脾气比较厉害，男人可能比较害怕，呵呵。其实属相就是中国的传统文化，没有什么好坏之分。最近几十年以来，人们比较喜欢的属相有 [……]

[Traduction en français : En Chine, on pense généralement qu'une fille de l'année du tigre aura un caractère plutôt affirmé, et que l'homme a peur probablement d'elle, Hehe. En fait, les signes astrologiques ne font que partie de la culture traditionnelle chinoise, ils n'ont pas une signification positive ou péjorative.]

Ces stéréotypes peuvent être considérés comme une centration sur le « nous » et donc une défense du « nous » par rapport aux « autres ». Cependant quand on se situe dans le fils du temps (ou l'évolution ou la continuité) des échanges, nous voyons ici que les membres de la communauté sont déjà en mouvement, ils veulent parler la langue et s'adapter à l'Autre. Les stéréotypes permettent une première étape de catégorisation et de prise de conscience de l'Autre et des différences.

2.3.2 Acceptation et appréciation de la diversité

D'après l'analyse du discours, la décentration est une des caractéristiques principales dans notre communauté franco-chinoise. L'attitude d'ouverture se manifeste par plusieurs formes de pratiques, la première est de montrer de l'intérêt pour la culture cible, c'est la pratique utilisée le plus par les étudiants français. Les phrases types sont : « j'aime la Chine ou la culture chinoise », « j'ai envie d'aller en Chine », « je vais souvent au restaurant chinois ». La deuxième forme consiste à manifester l'intention de se faire des amis, de communiquer avec l'autre, la troisième forme est de poser des questions qui montrent le désir d'appréhender des réalités autres que la sienne. Les participants sont curieux de l'Autre, ils cherchent à créer des parallélismes entre leur univers culturel et celui de l'Autre. On s'adresse à d'autres personnes, d'autres individus et non plus à un groupe social indifférencié. Le « je » renvoie à un « tu » qui reconnaît le « je » dans sa spécificité, de même pour le « tu ». À travers ces dialogues, l'individualité se constitue dans la rencontre avec une autre individualité et constitue en même temps un « nous » intersubjectif co-construit.

Nous avons vu aussi que les échanges permettent petit à petit de reconstruire une autre représentation de l'Autre. C'est à l'intérieur de ces échanges que les membres de la communauté vont construire ensemble une culture commune.

Dans les exemples de la première catégorie on partage les mêmes préoccupations sur des questions de société, on se rapproche ainsi de l'Autre. Ces partages peuvent ainsi se situer au niveau sociétal ou au niveau plus individuel comme dans ces exemples dans lesquels on partage les mêmes goûts. On peut ainsi se reconnaître dans l'Autre.

> Thierry : Partout dans le monde on observe le même phénomène dans les grandes villes : les prix de l'immobilier et des loyers augmentent! C'est vraiment très inquiétant et je vous comprends. C'est la même chose à Paris.
>
> Lufeng: 你说的很对，每种语言都是活的，否则就跟不上时代的要求。其实中文也是一样。
>
> [Traduction en français : Tu as raison, toutes les langues sont vivantes, sinon elles ne peuvent pas s'adapter aux époques. En effet, le chinois est également concerné.]
>
> Mirana : 哈哈，我也好喜欢血拼（shopping），现在在法国就是打折季！
>
> [Traduction en français : Ha, j'aime aussi beaucoup faire du shopping. Maintenant, nous sommes en saison de solde en France!]
>
> Sara : J'aime beaucoup la culture chinoise et surtout la musique! J'aime bien aussi Harry Potter et la lecture en général, je trouve que tes loisirs sont très intéressants. Le cinéma c'est quelque chose que j'aime aussi et le shopping!
>
> Flora : J'ai toujours été fascinée par la calligraphie chinoise, qui nécessite une

réelle adresse. J'aime également les groupes de rock (entre autres Queen. Le chanteur a vraiment une voix impressionnante).

La décentration peut être également démontrée par la comparaison des deux cultures tout en ayant conscience de la diversité. Les comparaisons culturelles portent principalement sur cinq sujets : la culture gastronomique, les villes Qingdao-Strasbourg et autres villes, Noël et la fête du Nouvel An, l'éducation de l'enfant et la musique. Nous avons constaté que ce sont surtout les étudiants français qui sont allés en Chine et qui ont un contact direct avec la culture gastronomique chinoise qui font des comparaisons et donnent des avis sur la nourriture et la bienséance à table des deux pays.

En comparant les deux cultures différentes, ils ont démontré une sympathie envers les porteurs de la culture cible, et ils ont également établi des relations avec l'autre tout en ayant conscience de leur culture d'origine et de celle de l'autre, ainsi que des différences culturelles.

2.3.3 Les médiations interculturelles

Si la décentration est très présente dans les échanges par le fait que dans une communauté on doit s'intéresser à l'Autre, nous pouvons aussi relever une conscience de l'Autre dans le fait de se mettre au niveau de compréhension de l'Autre et en lui donnant les éléments nécessaires au décodage. On peut ainsi distinguer une médiation interculturelle et une médiation interlinguistique.

Plusieurs apprenants chinois ont effectué cette médiation sans qu'on le leur demande. Cela implique que les participants ont conscience qu'un des objectifs est d'apprendre la langue et la culture de l'autre, et qu'ils sont là aussi pour soutenir l'apprentissage des autres. Dans ce sens, nous pouvons dire qu'il s'agit non seulement de médiation interlinguistique, mais aussi de collaboration qui vise à l'apprentissage de la langue et de la culture étrangères dans un esprit de solidarité de la communauté d'échange. Notons que la médiation interlinguistique se manifeste davantage chez les apprenants chinois que les étudiants français.

2.3.4 La co-construction interculturelle

La co-construction interculturelle peut être retrouvée encore plus explicitement par le fait de proposer une tâche à faire aux apprenants natifs de langue cible afin qu'ils comprennent mieux la culture étrangère. Plusieurs étudiants ont proposé d'écouter les chansons ou de la musique pour mieux connaitre la musique de leur pays comme le dialogue ci-dessous.

Luding : J'adore le rock. Mon groupe préférable étranger est 'Queen' (ancien aussi). Je voudrais aller au karaoké avec mes amis pendent les week-ends.

Hamza : En matière de rock, je suis assez connaisseur aussi, surtout le rock des années 70's! Queen je trouve que c'est légèrement commercial sur les bords, mais ça reste de la grande qualité. Ces derniers temps j'écoute beaucoup Thin Lizzy (faut écouter « Whiskey in the Jar » et « Cowboy Song » !) et Yes (là tu peux écouter toute la discographie haha).

Nous tentons d'obtenir un résultat quantitatif selon les indicateurs des trois niveaux de la conscience interculturelle : sympathie, empathie, émergence d'une nouvelle culture partagée par négociation. Les participants sont classés dans les différents stades de conscience interculturelle selon les indices de la prise de conscience interculturelle repérés dans les interactions écrites. Nous constatons que la plupart des membres de la communauté d'échange sur le blogue, soit 80,5%, ont manifesté une attitude d'ouverture à l'Autre qui signifie un décentrage culturel.

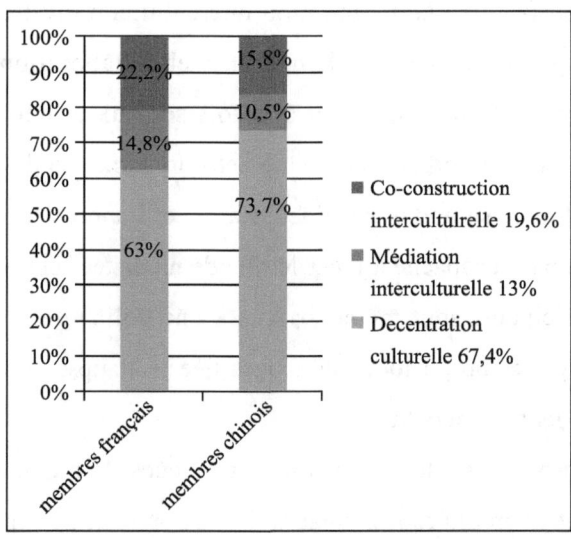

Figure 2 : Effectifs des membres aux trois stades de la conscience interculturelle ethnorelativiste

Tableau 1 : Effectifs et pourcentage des membres au trois stades de la conscience interculturelle ethnorelativiste

	Tous les membres	Membres français	Membres chinois
Co-construction interculturelle	9/46	6/27	3/19
	19,6%	22,2%	15,8 %
Médiation interculturelle	6/46	4/27	2/19
	13%	14,8%	10,5%
Décentration culturelle	31/46	17/27	14/19
	67,4%	63%	73,7%

3. Conclusion

Pour nous résumer, les participants de l'échange par écrit interactif sur le blogue ont montré dès le départ de l'échange une conscience de la diversité entre la culture chinoise et française et une attitude ouverte envers la culture cible. Le scénario pédagogique proposé dans cette expérimentation a permis de mettre en contact les apprenants français et chinois, ce contact à distance via le blogue et le forum a favorisé ainsi la curiosité et l'acceptation de l'Autre.

Nous avons constaté que la décentration interculturelle illustre la caractéristique essentielle de ce type de projet d'échange en webcollaboration enrichie par les outils web 2.0 (Springer, 2014) qui sont à la fois sociaux et interactifs. Pour notre expérimentation, un certain ethnorelativisme est dominant. Le développement de la conscience interculturelle se traduit par l'acceptation et l'appréciation sur la différence des deux cultures et par la capacité à jouer le rôle de médiateur entre les deux systèmes de valeur. Les participants sont même arrivés à une collaboration interculturelle à travers des actions et des propositions de tâches liées à l'apprentissage collaboratif et communautaire des langues et cultures.

Nous avons pu voir que les formes plus avancées de médiation sont à la fois interlinguistiques et interculturelles. Néanmoins, la présence de médiation n'est pas symétrique dans les deux groupes nationaux. La médiation interculturelle est plutôt présente chez les étudiants français, tandis que la médiation interlinguistique se manifeste davantage chez les étudiants chinois.

Bibliographie

Bennett, M. J. A developmental approach to training for intercultural sensitivity. *International Journal of Intercultural Relations*, 10, 1986, pp. 179-198.

Blanchet, P. *L'approche interculturelle en didactique du FLE*. Cours d'UED de Didactique du Français Langue Étrangère. Haute Bretagne : Université Rennes 2, 2005.

Byram, M. *La compétence interculturelle*. Strasbourg : Conseil de l'Europe, 2003.

Byram, M. La compétence interculturelle. *Guide pour la recherche en didactique des langues et des cultures*, édité par P. Blanchet & P. Chardent. Paris : Editions des archives contemporaines, 2011, pp. 253-260.

Conseil de l'Europe, *Cadre européen commun de référence pour les langues*. Paris : Les Éditions Didier, 2001.

Lázár, I., Huber-Kriegler, M., Lussier, D., Matei, Gabriela S. & Peck, C. *Développer et évaluer la compétence en communication interculturelle : un guide à l'usage des enseignants de langues et des formateurs d'enseignants (Les langues pour la cohésion sociale)*. Centre européen pour les langues vivantes (Graz), Conseil de l'Europe, 2007.

Manaa, G. L'enseignement/apprentissage du français langue étrangère et la quête d'une nouvelle approche avec les autres cultures. *Synergies Algérie*, 4, 2009, pp. 209-216.

Meziani, A. *Interactions exolingues entre étudiants de FLE via un blogue communautaire : Vers le développement d'une conscience interculturelle*. Thèse de doctorat, Université de Biskra, 2012.

Springer, C. La webcollaboration pour les classes bilingues/FLE. *Synergies Espagne*, 2014.

用远程交流合作的方式学习中文的实例中
出现的跨文化意识类型

饶　雅

[法国] 蒙波利埃第三大学

摘　要　本文介绍了一项利用教学信息交流技术来学习汉语和法语的教学方案和实施结果。这项方案是为了让学法语的中国学生和学中文的法国学生在远程交流和合作完成任务的过程中提高语言能力和跨文化能力。根据对参与者在博客上交流的语料的分析，我们观察到，参与者在交流一开始就表现出对文化差异的一定认知，并且表现出了一种对不同文化的开放态度。他们的跨文化意识也在参与的过程中有所发展，其表现是部分参与者接受和认同文化的差异，并在面对文化差异时扮演媒介的角色。有些参与者甚至用跨文化合作的能力来共同建构新的集体和个人的文化认知。

关键词　中文外语学习　教学信息交流技术　学习团体　跨文化意识